Dialogroboter

Armin Sieber

Dialogroboter

Wie Bots und künstliche Intelligenz
Medien und Massenkommunikation
verändern

Armin Sieber
Aschheim, Deutschland

ISBN 978-3-658-24392-0   ISBN 978-3-658-24393-7 (eBook)
https://doi.org/10.1007/978-3-658-24393-7

Die Deutsche Nationalbibliothek verzeichnet diese Publikation in der Deutschen Nationalbibliografie; detaillierte bibliografische Daten sind im Internet über http://dnb.d-nb.de abrufbar.

Springer VS
© Springer Fachmedien Wiesbaden GmbH, ein Teil von Springer Nature 2019
Das Werk einschließlich aller seiner Teile ist urheberrechtlich geschützt. Jede Verwertung, die nicht ausdrücklich vom Urheberrechtsgesetz zugelassen ist, bedarf der vorherigen Zustimmung des Verlags. Das gilt insbesondere für Vervielfältigungen, Bearbeitungen, Übersetzungen, Mikroverfilmungen und die Einspeicherung und Verarbeitung in elektronischen Systemen.
Die Wiedergabe von Gebrauchsnamen, Handelsnamen, Warenbezeichnungen usw. in diesem Werk berechtigt auch ohne besondere Kennzeichnung nicht zu der Annahme, dass solche Namen im Sinne der Warenzeichen- und Markenschutz-Gesetzgebung als frei zu betrachten wären und daher von jedermann benutzt werden dürften.
Der Verlag, die Autoren und die Herausgeber gehen davon aus, dass die Angaben und Informationen in diesem Werk zum Zeitpunkt der Veröffentlichung vollständig und korrekt sind. Weder der Verlag, noch die Autoren oder die Herausgeber übernehmen, ausdrücklich oder implizit, Gewähr für den Inhalt des Werkes, etwaige Fehler oder Äußerungen. Der Verlag bleibt im Hinblick auf geografische Zuordnungen und Gebietsbezeichnungen in veröffentlichten Karten und Institutionsadressen neutral.

Verantwortlich im Verlag: Barbara Emig-Roller

Springer VS ist ein Imprint der eingetragenen Gesellschaft Springer Fachmedien Wiesbaden GmbH und ist ein Teil von Springer Nature
Die Anschrift der Gesellschaft ist: Abraham-Lincoln-Str. 46, 65189 Wiesbaden, Germany

Inhaltsverzeichnis

1	**Vorwort**		1
2	**Die Dialogwende**		5
	2.1	Das Zeitalter der Transformation	5
		2.1.1 Die Magie der Medien	5
		2.1.2 Von der Gutenberg- zur Turing-Galaxis	9
		2.1.3 Der lange Marsch der Digitalisierung	12
	2.2	Das Dialogprinzip	19
		2.2.1 Am Anfang war der Small Talk	19
		2.2.2 Das Medium erwacht	22
	2.3	Automatisierung des Dialogs	28
3	**Die Digitalisierung als Treiber der Dialogwende**		33
	3.1	Automatisierung der Medien	33
		3.1.1 Krieg der Trending Topics	36
		3.1.2 Von der *Datafication* zum *Automated Journalism*	39
	3.2	Natural Language Processing	42
		3.2.1 Spracherkennung und Sprachverstehen	44
		3.2.2 Sprachausgabe und Sprachsynthetisierung	47
		3.2.3 Textgenerierungsalgorithmen	49
		3.2.4 Dialogsysteme	53
	3.3	Künstliche Intelligenz	60
		3.3.1 Symbolische und subsymbolische KI	61
		3.3.2 Künstliche emotionale Intelligenz	66
	3.4	Post-Screen-Technologien	75

4	**Dialogsysteme in der Praxis**	79
4.1	Klassifizierung von Dialogsystemen	79
4.2	Anwendungsfelder von Dialogsystemen	84
	4.2.1 Homebots	85
	4.2.2 Superbots	89
	4.2.3 Corporate-Bots	94
	4.2.4 Medienbots	102
	4.2.5 Beziehungsbots	111
	4.2.6 Ro-Bots	118
	4.2.7 Identity-Bots	124
5	**Conversational Design**	129
5.1	Planung eines Dialogsystems	129
	5.1.1 Am Anfang steht der Bedarf	131
	5.1.2 Framework oder Plattform	132
	5.1.3 Konzeption eines Bots	135
	5.1.4 Prototyping	136
	5.1.5 Utterances, Intents und Entities	138
5.2	Sprachkompetenz und Dialoggestaltung	139
	5.2.1 Testing und Training	140
	5.2.2 Künstliche Intelligenz und Machine-Learning	142
	5.2.3 Kontext	143
	5.2.4 Dialogsteuerung	145
5.3	Persönlichkeit	147
	5.3.1 Modellieren von Persönlichkeit	148
	5.3.2 Physiognomie und Körperlichkeit	155
	5.3.3 Grenzen der Akzeptanz	158
	5.3.4 Persönlichkeit und Gesprächsführung	160
	5.3.5 Humor	161
6	**Psychosoziale Folgen der Dialogwende**	163
6.1	Automatisierung der Nähe	163
	6.1.1 Intuitives Design	163
	6.1.2 Macht der Computer	168
6.2	Soziale Substitution	172
	6.2.1 Otaku als Gesellschaftslabor	172
	6.2.2 Digitale Therapie	178

	6.3	Krise der Authentizität	181
		6.3.1 Dialogroboter als Illusionsmaschinen	181
		6.3.2 Mediengesellschaft als Kosmos der Simulation	183
		6.3.3 Wege aus der Authentizitätskrise	190
7	**Postscriptum**		195
8	**Konsequenzen aus der Dialogwende**		201
Literatur			213

Vorwort

„Siri. Ist noch Bier im Kühlschrank?"
„Ist mir scheißegal. Frag doch Deine neue Schlampe Alexa!"[1]

Man kann über die Qualität von Witzen streiten. Dass Witze aber oft gesellschaftliche Trends aufgreifen und markieren, ist unbestritten. Ja, es mag sogar sein, dass Witze ein Stück Normalisierung oder gar Entdämonisierung von neuen, unbekannten oder gar einschüchternden Entwicklungen darstellen. Wie dem auch sei, dieser und viele andere Witze, Satiren oder Bonmots, die man in letzter Zeit zu hören bekommt, zeigen eines deutlich: Dialogroboter, Sprachdialogsysteme, Bots – oder wie auch immer man sie nennen mag – sind in der allgemeinen Wahrnehmung angekommen. Die Vision, dass man im Alltag mit einem Computer sprechen kann, in einer Form, die sehr menschliche Züge annimmt, wird Realität. Werbung und Webvideos verankern die dazugehörigen Produkte als neue begehrliche Wareware in unseren Köpfen. Wir leben am Anfang eines Zeitalters massenhafter Verbreitung von Sprachdialogsystemen als Instrumente eines automatisierten Dialogs.

2017 wird von vielen als das Jahr der Bots gesehen. Dialogroboter und Sprachdialogsysteme traten ihren Siegeszug an. Smartspeaker bevölkern seitdem immer mehr Wohnzimmer und es gab wohl kaum ein namhaftes Marken- und Medienunternehmen, das nicht mit Bots und künstlicher Intelligenz im Marketing zu experimentieren begann. Die fortschreitende Automatisierung des Dialogs wird in der Medienwelt bewusst wahrgenommen. Viel ist in Blogs und Fachartikeln über Themen wie *Conversational-UIs* (User Interfaces), *Conversational*

---

[1]Getwittert am 17. April 2017 um 19.00 Uhr von @BenObermeier, dokumentiert u. a. auf twitterperlen.de.

© Springer Fachmedien Wiesbaden GmbH, ein Teil von Springer Nature 2019
A. Sieber, *Dialogroboter*, https://doi.org/10.1007/978-3-658-24393-7_1

Commerce oder über den *Conversational Journalism* zu lesen – *Conversation* ist in aller Munde. Die spezifischen Ausprägungen und Konsequenzen dieser Trends und Entwicklungen sind aber noch kaum verstanden.

Als mir die Universität Regensburg im September 2017 die Chance bot, ein Jahr lang diese grundlegend neuen Phänomene unter medienwissenschaftlichen Gesichtspunkten zu untersuchen und zu beschreiben, da gab es nicht viel zu überlegen. Seit geraumer Zeit analysieren und begleiten wir in der Medien- und Marketingwelt Projekte zur Automatisierung der Medien (Sieber & Hoewner 2017). Algorithmen messen kontinuierlich den Nachrichtenstrom und zeigen den stündlichen Wechsel der angesagten Themen, der spannenden Blogs und Influencer sowie der besten Sendezeiten für Nachrichten und Posts. Roboter-Redakteure halten vermehrt Einzug in Redaktionen. Und nun schalten sich die Maschinen auch in Gespräche ein. Die Folgen sind vielfältig: Was bislang als klassische Texte vermittelt wurde, so die verbreitete Annahme, wird in Zukunft immer öfter in Dialogform aufbereitet und in Konversationen vermittelt. Wir stehen am Anfang einer Dialogwende. Dieses Buch ist der Versuch einer Sondierung dieses neuen Phänomens. Es beschreibt die explosionsartige Entwicklung von Dialogrobotern, ihre Einsatzmöglichkeiten in der Praxis und psychosozialen Konsequenzen für unsere Medienkultur.

Im Oktober 2017 nahm unsere kleine Arbeitsgruppe ihre Arbeit auf. Ein Jahr lang bin ich jede Woche die Strecke von München nach Regensburg gefahren, um meine Arbeit an diesem nun vorliegenden Buch voranzutreiben. Ein Jahr, in dem ich den wöchentlichen Wandel der Natur in der Holledau und im Donautal mitverfolgen konnte: Nebelfronten trieben über die Felder, Schnee und Eis, die Frühlingsarbeiten der Hopfenbauern, das Austreiben bis zur Ernte des Hopfens, jener markanten, ikonischen und für die Region so typischen Pflanzen. Eindrücke, die in so auffälligem Gegensatz zu den Erlebnissen im Testlabor und zu den Begegnungen mit Dialogrobotern standen. Studenten haben viele Stunden lang Dialoge protokolliert. Auf Messen oder bei Firmen haben wir vor Ort getestet, wie Dialogroboter interagieren. In meinem Münchner Büro türmten sich neben der üblichen Managementliteratur immer mehr Bücher über künstliche Intelligenz. Im Kopierer fanden sich neben den Vorstandspräsentationen für meine Mandanten immer öfter Paper von chinesischen oder amerikanischen KI-Forschergruppen.

Nach einem Jahr Arbeit neigt sich der Sommer erneut dem Ende zu und es liegt eine Reihe von Ergebnissen vor. Im Markt ist die Euphorie etwas abgeflaut. Siri, Alexa, Cortana und Co haben sich noch nicht als das erwiesen, was wir an Dialogrobotern aus den Science-Fiction-Welten kennen. Das war zu erwarten. Kaum ein Experte glaubt aber, dass diese Technologie wieder verschwinden

1 Vorwort

wird. Diese Systeme lassen uns gerade erst ahnen, was technisch möglich ist. In den Forschungslaboren der Internetkonzerne, in den Thinktanks und Eliteuniversitäten ist im Stillen eine Technologie herangereift, die das Potenzial in sich trägt, einen weiteren, erdrutschartigen Medienwandel auszulösen: Maschinen beginnen autonom zu sprechen und in den Dialog mit uns zu treten. Der Mensch-Maschine-Dialog war bisher bestenfalls eine Metapher – jetzt wird er Wirklichkeit.

Wir befinden uns gerade in einer Situation, die große Ähnlichkeiten mit der zu Ende des 19. Jahrhunderts hat: Der Verbrennungsmotor ist erfunden. Man weiß, dass man damit Auto fahren kann. Aber welche Segnungen (und welches Zerstörungspotenzial), welche transformatorische Kraft in dieser Technologie stecken, das kann man nur erahnen. Dass uns eine ähnliche Revolution bevorsteht, dafür haben wir etliche Indizien zusammentragen können. Ich selbst bin ein begeisterter Befürworter dieser Technologie. Ich möchte alle Medien- und Marketingprofis sowie eine breite interessierte Öffentlichkeit ermutigen, sich damit zu beschäftigen und mit möglichen Anwendungen zu experimentieren. Die eingehende Auseinandersetzung mit dem Thema hat mich allerdings auch etwas demütiger gemacht. Auch in dieser neuen Technologie steckt das Potenzial, positive wie zerstörerische Kräfte freizusetzen. Das Buch soll somit einen Beitrag leisten, beide Seiten besser einschätzen und vorurteilsfrei weiter erforschen zu können.

Es bleibt mir, mich zu bedanken: bei der Medienwissenschaftlerin und Institutsleiterin Frau Prof. Dr. Christiane Heibach, die dieses Projekt möglich gemacht hat; bei den zahlreichen Kollegen am Institut, allen voran denen aus der Informationswissenschaft und Medieninformatik. Zu danken ist Herrn Dr. Manfred Milz, der meine Arbeit, obwohl aus fachlich gänzlich anderer Perspektive, von Anfang an neugierig, kritisch und konstruktiv begleitet hat. Mein Dank gilt meinem Assistenten Stefan Wallner, der das Manuskript erstellt und umfassende Recherchearbeit geleistet hat. Er gilt meinen Geschäftspartnern Jörg Hoewner (Geschäftsführer K12) und Saim Alkan (CEO AxSemantics) und Frank Feulner (CVO AxSemantics), denen ich zahlreiche Denkimpulse und Einblicke in die Praxis von Natural Language Processing, Bots und Medienautomatisierung verdanke.

Möge diese kleine Schrift viele Diskussionen unter Praktikern auslösen und eine vertiefte Beschäftigung der Wissenschaft mit den grundlegenden Problemen nach sich ziehen, die hier aufgeworfen wurden. Ich bin sehr gespannt und neugierig darauf.

München im September 2018.

Die Dialogwende

Zusammenfassung

Die Medienwelt befindet sich in einer Phase radikaler Transformation, die vor allem von den Kräften der Digitalisierung geprägt ist. Computer, Internet und soziale Medien haben bereits gravierende Veränderungen angestoßen. Jetzt zeichnet sich ein weiterer Einschnitt ab: Dialogroboter beginnen, autonom mit uns zu sprechen. Sie sind zugleich Werkzeug und Medium einer neuen Kommunikationswelt. Dialoge sind die natürliche Form des Informationsaustausches zwischen Menschen. Sie üben eine starke Verführungskraft auf die Nutzer aus. In den Massenmedien kann man daher eine stetige Zunahme von dialogischer Kommunikation beobachten. Ein wesentlicher Treiber der digitalen Transformation in den Medien könnten in Zukunft Sprachdialogsysteme sein. Dialogroboter werden funktional wie Massenmedien eingesetzt, funktionieren strukturell aber nach den Prinzipien interpersoneller Kommunikation. Wir fassen diese Entwicklungen unter dem Begriff Dialogwende zusammen.

2.1 Das Zeitalter der Transformation

2.1.1 Die Magie der Medien

Haben Roboter ein Recht auf freie Meinungsäußerung? Die Frage klingt auf den ersten Blick absurd, bestenfalls nach einem verunglückten Seminarthema für Rechtsphilosophen. So dachte ich zumindest, als ich im Frühjahr 2017 das erste Mal durch einen Artikel in der Wochenzeitung *DIE ZEIT* darauf gestoßen wurde. Als hart gesottenem Kommunikationsexperten klang das für mich eher nach einem dieser typischen Scoops, die man gerne durch die Mediendörfer treibt.

Umso erstaunter musste ich feststellen, dass viele Juristen, mit denen ich darüber sprach, diese Frage gar nicht für absurd hielten. Angesichts des zunehmenden Einsatzes von künstlicher Intelligenz in der Wirtschaft schlagen sie sich immer öfter mit ganz konkreten, ungelösten Rechtsfragen im Roboterrecht herum – etwa im Bereich des Vertrags- oder Haftungsrechts. Auch die Vorstellung einer eigenständigen Rechtsperson für Roboter, vielleicht sogar mit eingeschränkten Persönlichkeitsrechten, klingt da plötzlich gar nicht mehr so absurd. Die technologische Entwicklung geht mit Riesenschritten voran – ethische und rechtliche Kategorien hinken wie so oft hinterher.

Höchste Zeit also, sich auch aus einer kommunikations- und medienwissenschaftlichen Perspektive dem Thema zu nähern. Aufgrund der neuen Technologien steht auch die Kommunikations- und Medienbranche vor einem enormen Innovationsschub. Chatbots mit oder ohne künstliche Intelligenz (KI) können heute bereits kleinere Dialoge selbstständig führen. Sie verstehen Menschen, ziehen Schlüsse und präsentieren eigenständige Lösungen – und vor allem sind sie lernfähig. Seit die KI-Technologie Watson von IBM in der amerikanischen Quizshow Jeopardy im Frühjahr 2011 mit Leichtigkeit zwei reale Champions an die Wand gespielt hat, ist die Vorstellung eines intelligenten Bots zu einem festen Bestandteil der Popkultur geworden. Und das war erst der Anfang.

In Wirtschaft, Politik und Gesellschaft fühlt man sehr deutlich, dass hier gewaltige Veränderungen anstehen. Es ist in dem Zusammenhang viel von der Epochenschwelle die Rede. Die breite Nutzung der künstlichen Intelligenz sei ein bedeutender Einschnitt für die Menschheitsgeschichte, meint unlängst etwa Googles CEO Sundar Pichai. Die Technologie sei grundlegender als Feuer oder Elektrizität. Daher sei es gut und wichtig, dass sich die Gesellschaft mit der Fortentwicklung befasse und versuche, ein gemeinschaftliches Einverständnis zu erzielen (MSNBC 2017).

Grundlegender als Feuer oder Elektrizität – ein starkes Statement! Was auch immer das genau bedeuten mag: Die Verunsicherung bezüglich einer in alle Lebensbereiche eindringenden künstlichen Intelligenz sitzt tief. Das gilt auch für Bots und autonom agierende Sprachsysteme. Haben wir es hier nur mit einem weiteren Schritt der medialen Extension unserer beschränkten menschlichen Kommunikationsfähigkeit zu tun? Oder geschieht hier etwas grundlegend Neues, wenn Computer anfangen autonom kommunikativ zu handeln? Bricht der Bot in ureigenes menschliches Territorium ein, wenn er beginnt, mit uns zu sprechen? Oder haben wir es hier nur mit ziemlich leistungsfähigen Werkzeugen zu tun, die mit einem Schleier des Geistigen umgeben sind? Wie auch immer: Dialogroboter treten als autonom kommunizierende Maschinen in breiter Front ins Medienzeitalter ein.

2.1 Das Zeitalter der Transformation

Egils Rat

Sprachassistenten und Sprachdialogsysteme, sind zunächst erst einmal Medien. Sie übermitteln Botschaften von einem Sender an einen Empfänger. Aber Medien waren zu jeder Zeit mehr als nur Instrumente und Technologien für die Übermittlung. „Statt Wissen nur ‚darzustellen', prägen sie ihm ihre spezifischen Muster und Fortentwicklungen auf", meint der Medienwissenschaftler Bernhard Dotzler (Dotzler & Roesler-Keilholz 2017, S. 14). Das ist nicht nur bei technischen Medien so – etwa bei Rundfunk, Fernsehen oder dem Internet. Bereits das erste kulturtechnische Medium der Menschheitsgeschichte, die Schrift, trägt einen Doppelcharakter in sich. Sie repräsentiert Wissen und färbt es zugleich charakteristisch ein. Wenn wir uns im Folgenden mit einer Technologie beschäftigen, die sich anschickt, die Schrift durch eine Automatisierung des natürlichsprachlichen Dialogs zu verdrängen, ist es möglicherweise nützlich, dass wir unsere Analyse mit der Betrachtung dieser ersten Medienrevolution beginnen: der Einführung der Schrift.

Wie viele neue Medien wurde auch die Schrift zu einem Katalysator für viele neue, technische, ökonomische und soziale Entwicklungen. Schrift machte Information speicherbar und transportfähig, sie sorgte so für eine enorme Beschleunigung und Effizienzsteigerung (Dotzler & Roesler-Keilholz 2017, S. 17–33). Die unsichere, manchmal vieldeutige Repräsentation der Realität machte die Schrift allerdings auch zu einem unsicheren Transporteur von Botschaften. Man musste sie erlernen, ihren Code kennen. Aber auch dann war der Umgang mit der Schrift keinesfalls unproblematisch. Das spiegelt sich bereits in der Geschichte des Wortes *Buchstabe*. Etymologisch gesehen geht es auf die *Buchenstäbe* zurück. Gemeint waren Holzscheite, auf die germanische Gelehrte, Handwerker und Krieger ihre Runen ritzten. Stäbe waren zugleich auch die senkrechten Striche, aus denen Runen „gelegt" wurden (Pfeifer 2000, S. 180 f.).

Für die Germanen transportierten Runen nicht nur Botschaften, sie konnten auch magischen Charakter annehmen. Der Unerfahrene durfte sie daher keinesfalls unbedacht verwenden, wie das etwa ein Bauernjunge in der isländischen *Die Saga von Egil Skalla-Grímsson* (entstanden um 1230) bitter erfahren muss. Er versucht, seine Geliebte durch die Nutzung von Runen zu heilen, verschärft und verlängert die Krankheit stattdessen ersichtlich – ohne jedoch zu verstehen, was er durch den Gebrauch dieses neuen Mediums auslöst. Und so belehrt ihn der Held der Erzählung, Egil Skalla-Grímsson, in mächtigen Stabreimen über seinen Irrtum:

Skalat maðr rúnar rísta,
nema ráða vel kunni,
þat verðr mǫrgum manni,
es of myrkvan staf villisk;

Niemand sollte Runen ritzen,
wenn ihm die Bedeutung nicht klar ist;
es geschieht manchem Mann,
dass er von einem dunklen Stabe irregeführt wird.

(Zitiert nach: Nordal 1933, S. 230[1], Übersetzung des Autors.)

Was hat es mit Egils Rat, der Warnung vor den dunklen Stäben *(myrkvan staf)*, auf sich?

Medien wie die Schrift sind in kulturelle Systeme eingebunden. Sie transportieren Informationen nicht eins zu eins, sondern färben sie charakteristisch ein. Die Schrift entstand im orientalischen Raum vor gut 5000 Jahren aus der ökonomischen Notwendigkeit einer Warendokumentation und -deklaration in der Verwaltung und im Handel. Die altorientalische Verwaltung und der Fernhandel bedienten sich dabei zunächst einfacher Zeichensysteme wie Tokens, Siegel oder Schrifttafeln, die eine persönliche Anwesenheit der Geschäftspartner bei Durchführung und Auslieferung einer Transaktion nicht mehr zwingend notwendig machte. Aus diesen pragmatischen Anfängen entwickelten die Sumerer um 3000 vor Christus die erste Schrift (Mittermayer 2014, S. 4 f.). Als dreitausend Jahre später die Germanen im europäischen Kulturraum erschienen und in die Geschichte eintraten, spielte für sie eher ein kultisches Element beim Legen und Lesen der Stäbe, also bei der Entstehung der Schrift, eine Rolle. Die Schrift als Medium kann in einem pragmatischen Kontext sehr effizient Botschaften transportieren. Die Menschen haben aber schon früh ein kultisches (oder gar okkultes) Element in ihr gesehen.[2] Durch die vieldeutige Beziehung zwischen Zeichen und Welt zieht seit den ersten Anfängen ein geheimnisvolles Raunen.

Schrift ist ein wichtiges, vielleicht sogar das erste kulturtechnische Medium der Menschheit. Was für Schrift gilt, gilt in ähnlicher Weise für alle Medien: Sie transportieren Botschaften auf ihre jeweils spezifische, ihnen eigentümliche Weise. Zu Informationen oder gar Wahrheiten werden sie allein durch uns – ihre Nutzer.

---

[1]Genauso: Karg-Gasterstädt 1934, S. 15. Alternative Schreibvarianten: Jónsson 1894, S. 241; Jónsson 1945, S. 172.

[2]Der Vollständigkeit halber sei erwähnt, dass auch vor den Germanen bereits in der altägyptischen Schriftkultur unterschiedliche Schriftsysteme für eher kultische und eher pragmatische Verwendungszwecke existierten.

Die Menschen hatten zu allen Zeiten das Empfinden, das Schrift auch eine verdeckte, geheime Seite besitzt – eine, die wir nicht sehen. Bis in die Gegenwart reichen daher Vorstellungen von einer quasi magischen Funktion, die die Sprache umgibt. Die moderne Forschung zeigt, dass diese Vermutung nicht völlig falsch ist, wenngleich das mit Okkultismus wahrlich nichts zu tun hat. Schrift ist ein kognitives System, das die Erkenntnis der Welt formt und gestaltet. Und das macht Schrift zu einem Instrument, das deutlich mehr und anderes leistet als die Stimme (Krämer et al. 2012).

Schrift ist ein Medium und Medien haben ihre eigene Materialität, die nicht hintergangen werden kann. Sie folgen einer Eigengesetzlichkeit, die über das reine Transportieren von Botschaften hinausgeht. Das ist Egils Botschaft an uns Menschen des 21. Jahrhunderts: Das Medium ist mehr, als wir sehen. Es funktioniert anders, als wir glauben. Und ein unreflektierter Umgang damit birgt Gefahren, die wir nicht unmittelbar registrieren.

Das gilt nicht nur für die Schrift. Auch die technischen Medien der Gegenwart haben ihren charakteristischen Einfluss auf die Inhalte. Und diese Medien waren umso erfolgreicher (oder wurden umso kritischer gesehen), je stärker sie als Projektionsfläche für Fantasien, Wünsche oder Erwartungen dienten.

Wenn wir in diesem Buch Bots und Sprachassistenzsysteme untersuchen, dann geht es darum, wie sich die Medienwelt verändert und welche gewaltigen Möglichkeiten durch die autonome Kommunikation entstehen. Wir werden uns aber auch die Frage stellen müssen, wie uns diese Maschinen unser Selbst spiegeln – oder präziser: wie wir es auf sie projizieren. Denn das ist einer der mächtigen Gründe, die sprechende Maschinen so attraktiv – und so verführerisch – machen.

2.1.2 Von der Gutenberg- zur Turing-Galaxis

In vielerlei Hinsicht erleben wir eine Epochenwende. Das Gefühl, dass wir in den vergangenen Jahrzehnten immer wieder mit grundlegenden Einschnitten konfrontiert wurden und immer noch werden, ist weitverbreitet – und es erfasst viele Lebensbereiche. Es ist ein Wandel, der von der Entwicklung immer neuer technischer Medien getrieben wird. Er erfasst nicht nur die technischen Geräte, die wir benutzen, er verändert das System der institutionellen Medien und damit die gesamte Mediengesellschaft, in der wir leben.

Bis weit in die Feuilletons hinein verehrt man daher den amerikanischen Medien- und Umbruchstheoretiker Marshall McLuhan (1911–1980). Seine These vom Ende der Gutenberg-Galaxis beschreibt die Ablösung der Druckmedien durch den Aufstieg der elektronischen Medien. Unter der Gutenberg-Galaxis versteht McLuhan eine Welt, die grundlegend vom Buch als Leitmedium geprägt ist:

> Die Typographie hatte die Tendenz, die Sprache, einst Mittel der Wahrnehmung und Erforschung, in ein transportables Konsumgut zu verwandeln. […] Die Typographie ist nicht nur eine Technik, sondern sie ist selbst eine Rohstoffquelle oder ein Rohstoff, wie es die Baumwolle, das Holz oder das Radio sind; und wie jeder Rohstoff formt sie nicht nur unsere persönlichen Sinnesverhältnisse, sondern auch die Modelle gemeinschaftlicher Interdependenz (McLuhan 2011, S. 210, 213).

Wenn das zutrifft, dann muss ein Eingriff in das System und in die Nutzungsbedingungen der Schriftlichkeit, wie wir ihn zurzeit erleben, erhebliche gesellschaftliche Folgen haben. McLuhan beschreibt diesen Prozess anhand des Übergangs vom Mittelalter zur Neuzeit. Das System der mittelalterlichen Skriptorien in den Klöstern wurde mit der Erfindung des Buchdrucks in den Städten des 15. Jahrhunderts abgelöst. Die Entwicklung hatte ihre Wurzeln allerdings deutlich früher im ausgehenden Mittelalter. Wenn Umberto Eco in seinem epochalen Roman *Der Name der Rose* eine berühmte mittelitalienische Bibliothek und ihr Skriptorium in einem grandiosen Fanal einäschert, dann markiert dies eben auch jenen vielschichtigen Epochenwandel, den McLuhan beschreibt. Am Ende des Mittelalters zeichnet sich ein Medienwandel ab, der nicht nur eine grundlegende Veränderung des Buchwesens, sondern auch erhebliche soziale Folgen mit sich brachte.

Bücher waren nun für viel größere Teile der Gesellschaft zugänglich. Städte wurden zu industriellen Buchproduzenten. Die Zunahme an verfügbarem Wissen beförderte den Meinungsstreit und die öffentliche Willensbildung. Vorher waren nur wenige Menschen des Lesens mächtig. Ab dem 15. Jahrhundert boten nun die städtischen Kanzleien verstärkt Schreibunterricht in deutscher Sprache an und Lesemeister zogen von Dorf zu Dorf, um den Menschen Lesen und Schreiben beizubringen (Sieber 1996, S. 24 f.). Es setzte eine allgemeine Alphabetisierung ein, die eine Lese- und Schreibexplosion nach sich zog. Das kann man sich ganz ähnlich wie die heutigen Qualifizierungsoffensiven in Sachen Computertechnologie vorstellen, die dazu dienen, die Kompetenzen der Menschen in Sachen Digitalisierung voranzutreiben. Heute kämpft man für die *e-literacy* genauso, wie man damals gegen die *illiteracy* kämpfte.

Erneut machte sich auch die transformative Kraft des Mediums Schrift bemerkbar, denn im Zuge der Alphabetisierung im 15. Jahrhundert veränderte sich neben den literalen Fähigkeiten auch das Denken. Die wissenschaftliche Methodik setzte sich gegen das mittelalterliche Denken in Bildern und Metaphern durch. Es wurden komplexe Vorgänge nun in Begriffe aufgespalten und linear

2.1 Das Zeitalter der Transformation

in Form von Schrift dargestellt. Die typografischen Grundsätze der Uniformität, Kontinuität und Linearität überlagerten die komplexen Denkformen der alten feudalen und oralen Gesellschaft. Die geografische Verbreitung von Druckwerken forderte und förderte die Normierung und Standardisierung der Sprache. Die Entwicklung der Nationalsprachen setzte ein. Das Gutenberg-Zeitalter wird daher zu einer Periode der Ausdehnung des Geistigen.

Allerdings lief diese mediale Explosion noch vergleichsweise langsam, quasi verzögert ab – auch wenn sich das Tempo des gesellschaftlichen Austausches, der Verwaltung und Wissenschaft gegenüber dem Mittelalter deutlich beschleunigte. Diese Verzögerung bleibt ein Kennzeichen der Medialität in der Gutenberg-Galaxis. Sie wird erst im „elektronischen Zeitalter" abgelöst. Reaktionen erfolgen nun viel unmittelbarer. Die Menschen erleben dies als erhebliche Beschleunigung. Alles scheint gleichzeitig zu geschehen, geschichtliche Zusammenhänge verschwinden. Und noch etwas Neues kommt hinzu: Laut McLuhan wachsen die Gesellschaften durch das Aufkommen der elektronischen Medien und der elektronischen Vernetzung „zu einem einzigen globalen Stamm" zusammen. Er prophezeit das Ende des Buchzeitalters und die Umwandlung der Welt in ein elektronisch geschaffenes „globales Dorf" (McLuhan 2011, S. 41).

Die griffige Epochengliederung von McLuhan war produktiv und regte eine breite Diskussion über den Medienwandel an. Sie ist bis heute nicht zur Ruhe gekommen. Der Soziologe Manuel Castells sieht das Ende der Gutenberg-Galaxis vor allem als eine durch das Fernsehen beherrschte Periode – er nennt sie die McLuhan-Galaxis (Castells 2017, S. 408–416). Diese Epoche sei durch eine Orientierung der diversen Publikationsformen am Fernsehen gekennzeichnet. Um nur ein Beispiel zu nennen: Bücher werden zunehmend mit dem Hintergedanken geschrieben, auch zu Fernsehdrehbüchern adaptiert werden zu können, oder thematisieren TV-Figuren beziehungsweise Themen, die durch das Fernsehen populär gemacht wurden.

Die McLuhan-Galaxis stellt das Ende der **Gutenberg-Galaxis** dar. Sie bildet eine Übergangsphase zur **Turing-Galaxis**. So sieht das etwa der deutsche Informatiker Coy (Coy 1994), der damit die Bedeutung des genialen Mathematikers Alan Turing hervorhebt, indem er den Epochenwandel mit der Erfindung des Computers ansetzt – und der Turing-Maschine.

Wann und wo man genau diesen Einschnitt ansetzen soll, darüber wird viel diskutiert. Sind wir schon in der Turing-Galaxis angekommen? Gehören das Internet, das World-Wide-Web oder die sozialen Medien noch zur McLuhan- oder schon zur Turing-Galaxis? Müsste man nicht stattdessen die Einführung dieser Technologien als Epochenwende ansetzen? Sollte man nicht stattdessen besser von einer Internet-Galaxis sprechen? Oder beschreiben die Begriffe Post-Gutenberg-Galaxis,

Berners-Lee-Andreessen-Galaxis (Coy 1994, 1995, 1996), Tesla-Galaxis oder auch Engelbrecht-Galaxis (Lobin 2014) diese Phasen besser? Ganz offensichtlich regte die galaktische Metaphorik die Kreativität in dieser Frage an. Wo nun genau das Epizentrum dieses galaktischen Bebens in der Medien-Raum-Zeit liegt, darüber lässt sich trefflich streiten. Ein Epochenwandel tritt niemals mit der Präzision eines umgelegten Lichtschalters ein. Aber das Gefühl eines tiefen Einschnitts ist auch heute wieder weit verbreitet. Wir leben in einer Transformationsphase hinein in eine Medienwelt, die von einem neuen Paradigma geprägt ist. Beim Übergang zur Turing-Galaxis ergeben sich wie an der Wende vom Mittelalter zur Neuzeit erhebliche Auffaltungen und Verwerfungszonen. Wir sehen sie überall – nicht zuletzt in dem amorphen Gefühl, dass wir uns in der modernen Mediengesellschaft in einem gigantischen Simulationsexperiment mit ungewissem Ausgang befinden. In dieser Richtung argumentieren verschiedene Autoren, unter anderem auch die Virtualitäts- und Simulationstheoretiker (Baudrillard 1978; Virilio 1997).

Als nächste Schlüsseltechnologie in diesem Transformationsprozess wird allgemein die künstliche Intelligenz angesehen. Sie bringt eine völlig neue Art von Maschinen hervor. Diese Maschinen, das hat der geniale Mathematiker Alan Turing bereits vor 70 Jahren vorausgesehen, beginnen autonom zu handeln, zu kommunizieren und Dialoge mit uns zu führen. Wir stehen am Anfang einer Dialogwende – einer massenhaften Ausbreitung automatisierter Dialoge.

Bereits 1950 prognostizierte Turing, dass im Jahr 2000 die meisten Anwender Schwierigkeiten haben könnten, Mensch und Maschine in einem standardisierten Gesprächstest zu unterscheiden (Turing 1950a). Diese Vorhersage hat sich bisher noch nicht erfüllt. Die harten Regeln des sogenannten Turing-Tests hat bisher noch keine Maschine bestanden – aber weit entfernt sind sie nicht mehr. Im Jahr 2011 nahm die KI-Webapplikation Cleverbot zusammen mit echten Menschen an einem entsprechenden Vergleichstest teil. Immerhin 59 % der 1334 Tester hielten Cleverbot für einen Menschen. Solche Werte werden von den führenden KIs inzwischen immer wieder erreicht. Turings Vision wird Wirklichkeit. Es spricht viel dafür, dass wir mit der Dialogwende endgültig in der Turing-Galaxis ankommen.

2.1.3 Der lange Marsch der Digitalisierung

Bevor wir uns aber näher mit dieser Dialogwende beschäftigen, möchte ich zunächst noch auf einige Entwicklungen eingehen, die ihr quasi den Weg geebnet haben. Der Übergang in die Turing-Galaxis wird von mehreren Innovationsschüben überlagert. Wer bewusst und aktiv die Entwicklung der Digitalisierung verfolgt, hat in den letzten Jahrzehnten mehrere solcher kleinen Beben in der Medienwelt miterlebt. In der Internetbranche zählt man sie der Einfachheit halber durch, wenn man etwa über unterschiedlichen Paradigmen und Arbeitsweisen im Web 2.0, 3.0 und 4.0 spricht.

Die Entwicklung der einzelnen Technologien, die hier zur Ausprägung kommen, reichte zum Teil Jahrzehnte zurück. An künstlicher Intelligenz wird bereits seit den 1950er Jahren geforscht und auch die Wurzeln des Internets liegen in den 1960ern – viel früher als die meisten annehmen. Die massenhafte Wirksamkeit dieser Technologien entfaltet sich in mehreren Schüben aber erst in den letzten beiden Dekaden, also den ersten zwei Jahrzehnten des 21. Jahrhunderts.

Interactive Media
Mit dem World-Wide-Web, begann in den 1990er Jahren eine Öffnung und Kommerzialisierung des Internets. Umgangssprachlich wird das World Wide Web oft mit dem Internet gleichgesetzt. Das ist jedoch falsch. Das Web ist deutlich jünger und stellt nur eine von mehreren Nutzungsmöglichkeiten des Internets dar. Andere Internetdienste wie etwa E-Mail sind beispielsweise nicht in das World Wide Web integriert.

Zweifellos haben E-Mails zu einer erheblichen Beschleunigung vieler Lebensbereiche und insbesondere auch zur Optimierung vieler Prozesse in der Wirtschaft beigetragen. Aber die Webtechnologie erwies sich als noch deutlich folgenreicher, insbesondere für die etablierten institutionellen Medien. Das World Wide Web stellt ein System von elektronischen Hypertext-Dokumenten dar, sogenannten Webseiten. Sie sind über das Internet abrufbar und durch Hyperlinks untereinander verknüpft. Die Webseiten können Texte, Bilder oder grafische Elemente enthalten und sind verhältnismäßig einfach zu erstellen. Webseiten machten Information rund um die Uhr verfügbar, egal ob es sich dabei um Medieninhalte, Angebote aus dem Produktsortiment einer Firma oder das private Fotoalbum handelt.

Für viele institutionelle Medien entwickelt sich dies zu einer durchaus kritischen Herausforderung. Denn die Informationsangebote sind nicht nur immer und überall, sondern sie sind meist auch kostenlos verfügbar. Was viele Medienmanager heute als einen Geburtsfehler und ökonomischen Sündenfall ansehen, hatte in der Tat unübersehbare Folgen für zahlreiche etablierte Informations- und Entertainment-Medienunternehmen. Ihre Geschäftsmodelle implodierten quasi über Nacht (wie etwa in der Musikindustrie) oder begannen zumindest langsam zu erodieren. Die großen Medienhäuser stemmen sich seitdem gegen den negativen Trend und erproben ständig neue Strategien – mit unterschiedlichem Erfolg. Das Beispiel der Tageszeitung zeigt, wie schwer sich die Verlage tun, da nicht nur

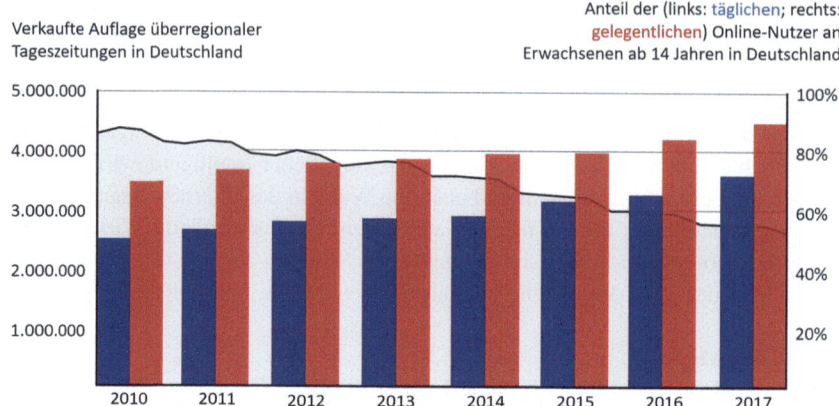

Abb. 2.1 Vergleich der Auflage deutscher Tageszeitungen und dem Anteil der Onlinenutzer an der deutschen Bevölkerung. (Quelle: Statista (https://de.statista.com/infografik/10376/verkaufte-auflage-ueberregionaler-tageszeitungen-in-deutschland/), Onlinestudie ARD/ZDF 2017 (http://www.ard-zdf-onlinestudie.de/files/2017/Artikel/Kern-Ergebnisse_ARDZDF-Onlinestudie_2017.pdf)

die Auflagen, sondern auch Anzeigenumsätze stagnieren – oder gar sinken. Das Zeitungssterben ist ein Effekt dieser Entwicklung (Abb. 2.1).

Insgesamt muss man diese Entwicklung aber differenziert betrachten. Es entstand eine vielfältige digitale Industrie mit einer Reihe von leistungsfähigen neuen Geschäftsmodellen, Produkten und Dienstleistungen, die ohne das Internet gar nicht möglich gewesen wäre. Um die Jahrtausendwende begann sich diese „Multimedia"-Industrie auf breiter Front durchzusetzen. Unter Multimedia verstand man die Kombinationen von Text-, Grafik-, Ton-, Bild- und Bewegtbildelementen unter *einem* Frontend. Der Rückkanal und die Hypertext-Technologie machten die Webseiten für Leser und Käufer interaktiv. Kommunikation veränderte sich von der eindimensionalen Beschallung durch die Sender zu einem aktiven, taktilen Spiel der Nutzer mit Informationen. Der Nutzer begann in einem Meer aus Informationen und Produkten zu surfen.

Social Media
Um die Jahrtausendwende entstanden zahlreiche Social-Media-Plattformen wie Facebook, Myspace oder Friendster, die das System der Medien erneut erheblich verändert haben. Sie ermöglichten es ihren Nutzern, sich im Internet zu vernetzen. Das Internet wurde zu einem sozialen Interaktionsraum. Seitdem tauschen

2.1 Das Zeitalter der Transformation

sich hier Milliarden Nutzer jeden Tag auf bequeme Art und Weise untereinander aus oder teilen mediale Inhalte miteinander: Artikel, selbstgemachte Fotos, Videos, Musik und vieles mehr.

In dieser digitalen Sharing Society wurden zahllose Nutzer aber auch zu aktiven Produzenten, denn sie verteilten nicht nur Informationen. Sie begannen auch selbst aktiv Medieninhalte zu produzieren. Die bekannten Plattformen für Blogs (z. B. Wordpress), für Musik (z. B. Soundcloud), Bilder (z. B. flickr) oder Video (z. B. Vimeo) bilden inzwischen einen riesigen Marktplatz, in dem jeder selbst produzierten Content für alle möglichen Mainstream- oder Nischen-Interessen anbieten kann. Social-Media-Plattformen wurden nun plötzlich für Milliarden Menschen zum digitalen Habitat und zur Plattform für sozialen Austausch, für Selbstdarstellung und -inszenierung oder für den Handel. Es entstand erstmals die Idee einer digitalen Lebenssphäre, die später auch zum Raum und zur Brutstätte der ersten autonom agierenden Chatbots werden sollte.

Der Begriff „Social Media" dient auch zur Beschreibung von einer neuen Erwartungshaltung an die Kommunikation als soziale Interaktion und von einem neuen Umgang mit Inhalten und Nachrichten. Seit Social Media gibt es nicht mehr nur passive Rezipienten und taktile Surfer von Inhalten. Jeder Teilnehmer konnte nun Inhalte weitergeben oder auch selbst zum Anbieter von Inhalten werden. Das war prinzipiell auch schon im Web 1.0 möglich. Die neuen Social-Media-Plattformen vereinfachten dies aber erheblich und wirkten daher wie ein Katalysator für eine Digitalisierung vieler Lebensbereiche.

Die Medienunternehmen taten sich zunächst erneut schwer mit diesem neuen Entwicklungsschub. Erst langsam lernten sie, ihre wertvollen Inhalte geschickt in einen multilateralen Kommunikationskosmos zu senden. Immer mehr Social-Media-Nutzer werden so zu Multiplikatoren für die Medien und führen auf diese Weise wertvollen Traffic auf die Webseiten der Inhalteanbieter.

Für die institutionellen Medien, insbesondere für die Nachrichtenmedien, blieb das Verhältnis aber ambivalent. In sozialen Netzwerken können News, Wissen, Meinungen oder Gerüchte so schnell verbreitet werden, dass die Redaktionen in ihrem vergleichsweisen langsamen Produktionsprozess schnell ins Hintertreffen geraten. Im Social Web gibt es zudem ein immer geringeres soziales Gefälle zwischen Sender und Rezipient. Das hat nicht nur Vorteile. Der Glaubwürdigkeitsvorsprung der institutionellen Medien begann zu erodieren oder kehrte sich sogar um: Die Aussagen und Postings der digitalen Peer-Group genießen für immer mehr Menschen oft höheres Ansehen als die Aussagen der professionellen Medien.

Für die Unternehmen veränderten sich die Spielregeln durch Social Media mindestens in zweierlei Hinsicht:

- E-Commerce entwickelte sich weiter zum Social-Commerce: Das Empfehlungsmarketing etwa durch Influencer spielte eine immer größere Rolle für den digitalen Handel. Zudem stellen Marketeers immer stärker die aktive Beteiligung der Kunden und die persönliche Beziehung sowie die Kommunikation der Kunden untereinander in den Vordergrund ihrer Marketingaktivitäten.
- Content-Marketing gewann kontinuierlich an Bedeutung: Nachrichten versendete man nicht mehr nur per Pressemitteilung oder Anzeige. Man umwarb die Zielgruppe inzwischen so geschickt mit relevanten Inhalten, dass sich die Nutzer diesen Content selbst abholten.

So wurden die sozialen Medien auch zum Katalysator für die sogenannte Content-Revolution: Unternehmen setzen seitdem redaktionell erstellte Inhalte im großen Stil als Marketingmittel ein. Das hat auch mit den spezifischen Nutzungsbedingungen des Internets zu tun.

Wer in seinem Wohnzimmer beispielsweise eine Natursteinverblendung einbauen will, der sucht zunächst im Internet (und eher seltener in einer Fachzeitschrift) nach einer Lösung. Und dort wird er nicht nach einem spezifischen Anbieter für Natursteine suchen. Er wird in der Regel nach Informationen suchen, wie man eine solche Verblendung anbringt und was man dabei zu beachten hat. Das ist heute ein typisches Nutzungsszenario. Naturgemäß wird der Anbieter oder Baumarkt die Nase vorne haben, der in einem informativen Video-Tutorial kurz vorführt, was man zum Thema Natursteinverblendung wissen muss.

Das einfache Beispiel zeigt: Hochwertiger Content kann zum Wettbewerbsvorteil werden. Immer mehr Unternehmen haben das erkannt und bauen entsprechende Redaktionskapazitäten auf. Sie produzieren immer hochwertigeren Content für die unterschiedlichen Mediengattungen. Sie wandeln sich dabei zu Medienhäusern und übernehmen deren Produktionsprozesse – vom Newsroom bis zum digitalen Content-Marketing.

Automated Media

Während die meisten Medienhäuser und Unternehmen noch mit der Einführung eines effektiven Content-Marketings beschäftigt sind, nimmt bereits der nächste Innovationsschub der Digitalisierung Fahrt auf: die Automatisierung der Produktions- und Distributionsprozesse von digitalen Medieninhalte. Auch diese Entwicklung wird wieder erhebliche transformative Kräfte freisetzen.

2.1 Das Zeitalter der Transformation

Der Trend zur Automatisierung der Medien hat eine Reihe von Ursachen. Ein wichtiger Grund wird darin zu suchen sein, dass sich das Spielfeld und auch die Spielregeln für institutionelle Medien und Unternehmen verändern. Hier möchte ich vor allem auf vier Entwicklungen hinweisen:

- Fragmentierung der Zielgruppen,
- Granularisierug der Themen,
- Beschleunigung von Themenkarrieren und
- Personalisierung der Zielgruppenansprache.

Wir leben in einem Zeitalter der Entgrenzung, das geprägt ist durch Entwicklungen wie Globalisierung und Digitalisierung. Dies bietet für viele Menschen ungeahnte Chancen. Andere dagegen überfordert und verunsichert diese Entwicklung. Diese Entgrenzung führt zu einem immer stärkeren Auseinanderdriften und Ausdifferenzieren der Lebenswelten und Wertvorstellungen. So sehen wir, um nur ein Beispiel zu nennen, das Entstehen einer kosmopolitischen Elite mit einem ausgeprägten One-World-Bewusstsein. Gleichzeitig zeigt sich aber auch eine deutliche Stärkung nationalistischer Tendenzen mit immer lauter werdenden Forderungen nach Segregation. Beide Entwicklungen laufen parallel und führen zu unüberbrückbaren Gegensätzen zwischen diesen Gruppen. Sie interessieren sich für völlig unterschiedliche Themen, haben ein deutlich divergierendes Werteempfinden und hören auf unterschiedliche Meinungsführer.

Die Gesellschaft driftet auseinander, die Zielgruppen fragmentieren vermehrt und es wird schwieriger, zu verfolgen, welche Themen sie bewegen. Nehmen wir die Zielgruppe der Juristen in Deutschland. Um eine Größenordnung zu nennen: Es gibt in Deutschland etwa 200.000 in Kammern registrierte Anwälte – die Zahl der nicht als Anwälte arbeitenden Juristen liegt deutlich höher. Juristen bewegen sich inzwischen in einem stark ausdifferenzierten medialen Ökosystem und sie gelten als äußerst zahlungskräftig. Die Tageszeitung *Frankfurter Allgemeine Zeitung* hat daher in diesem Jahr für diese Zielgruppe ein eigenes digitales Produkt entwickelt – direkt an der Schnittstelle von Fachjournal und Nachrichtenmedium. *Frankfurter Allgemeine Einspruch* erscheint als tägliche Digitalausgabe, als wöchentliches Magazin sowie als Newsletter und es wird darüber hinaus noch durch Blogs und einen Podcast flankiert. Woher bekommen diese Leitmedien eigentlich ihre Themen für solche Line-Extensions, und woher wissen die Journalisten, was für diese gesellschaftliche Gruppe relevant ist? Reicht es auf die Dauer aus, Volljuristen sowie kluge, gut vernetzte Redakteure einzustellen, um so ein Ökosystem zu überblicken?

Juristen haben eigentlich keinen Mangel an Fachpublikationen. Der Ludwigsburger Arbeitsrechtler Arndt Diringer zählte 3000 davon, darunter Titel wie *Zeitschrift für Luft- und Raumfahrtrecht* und *Blutalkohol*. Das bildet die enorme Fragmentierung der Aufgabenfelder ab. Aber damit nicht genug: Eine Vielzahl von durchaus seriösen Bloggern schreibt inzwischen über alle nur erdenklichen Aspekte und Themen. Allein mit dem Thema Arbeitsrecht beschäftigen sich eine große Zahl äußerst kompetenter Blogger aus Verlagen und Anwaltskanzleien. Um in dieser Nische noch den Überblick zu behalten, wurde beispielsweise das Expertenforum Arbeitsrecht gegründet – kurz EFAR genannt. Das EFAR ist ein Meta-Blog, ein automatischer Newsaggregator, der ständig sammelt, bündelt und zusammenfasst, welche Themen in der arbeitsrechtlichen Blogosphäre und bei arbeitsrechtlichen Social-Media-Influencern gerade diskutiert werden. Das Zuhören war schon immer die Schlüsselkompetenz erfolgreicher Journalisten und Kommunikatoren. Aber in einem fragmentierten digitalen Themenkosmos weiß man längst nicht mehr so ohne Weiteres, wem man zuhören muss und was gerade relevant ist. Das EFAR ist nur eines von vielen Instrumenten, die beim Zuhören helfen. Algorithmen werden die Medienschaffenden immer öfter bei dem Prozess des automatisierten Zuhörens unterstützen. Sie quantifizieren und qualifizieren, wer gerade als Meinungsführer eine Rolle spielt – und welche Themen und Trends er setzt.

Ein Nebeneffekt dieser Entwicklung des automatisierten Zuhörens ist eine enorme Beschleunigung. Themen, die sich zunächst nur leise am Rande der digitalen Mediensphäre ankündigen, können binnen Stunden und Tagen massives Interesse auf sich ziehen – aber genauso schnell wieder verschwinden. Auch hierbei sind Algorithmen am Werk. Sie erkennen Strukturen im ständigen Nachrichtenfluss, sogenannte Weak Signals. Das sind Vorzeichen, Merkmale von Themen, denen Algorithmen eine steile Karriere vorhersagen. Immer schon waren vor allem die Redakteure erfolgreich, die solche Themen rechtzeitig erkannt haben und daher entsprechend aktuelle Medieninhalte an den Markt bringen konnten. Dieser berühmt berüchtigte Themeninstinkt wird in Zukunft durch Algorithmen unterfüttert – die den Prozess des Agenda-Setzens erheblich beschleunigen.

Auch die Nutzer, Leser, Zuschauer und -hörer dieser Medien drohen allerdings die Übersicht in einer digitalen Medienwelt zu verlieren, die sich verstärkt ausdifferenziert. Sie wünschen sich eine relevante, personalisierte Nachrichtenauswahl, die ihre individuellen Interessen berücksichtigt. Auch hier können künstlich intelligente Algorithmen viel leisten. Sie lernen anhand des Nutzerverhaltens, welche Themen den Einzelnen interessieren – und liefern automatisch einen auf die individuellen Interessen zugeschnittenen Newsflow.

Welche Technologien im Rahmen der Automatisierung der Medienwelt genau eine Rolle spielen, werde ich in Kap. 3 näher erläutern. Man kann davon ausgehen, dass die gesamte Wertschöpfungskette von der Themenrecherche über die redaktionelle Erstellung bis zur Distribution von Inhalten zumindest in Teilen durch mehr oder weniger intelligente Algorithmen automatisiert werden kann. Dialogroboter sind dabei nur ein Teil dieser Entwicklung – wenngleich ein überaus markanter.

2.2 Das Dialogprinzip

2.2.1 Am Anfang war der Small Talk

Einer der Hauptunterschiede zwischen Menschen und Tieren ist die Fähigkeit, Sprache einzusetzen. Durch die Sprachfähigkeit veränderte sich das Verhältnis des Menschen zu seiner Umwelt gravierend. Er konnte nun nicht nur Dinge benennen und darüber kommunizieren – er konnte sie in Kategorien einordnen und begreifen. Durch Sprache machte er sich die Welt untertan. Er lernte, Wahrnehmungen besser zu verstehen und anderen zu erläutern. Erkenntnisse wurden vermittelbar und zum Gegenstand von Kultur. Die Sprache formte das Handeln, Denken, ja sogar das Träumen.

Wann und wo die ersten Frühmenschen die Sprache erfanden, das liegt weit in den Tiefen der Vergangenheit verborgen. Es ranken sich viele Theorien um ihre Entstehung und möglicherweise werden wir es nie genau erfahren, wann und wo die ersten Menschen Laute zu Wörtern, Sätzen und Sprachhandlungen formten. Wahrscheinlich war es ein langsamer Entwicklungsprozess, der sich über mehrere hunderttausend Jahre hinzog. Möglicherweise ist die Fähigkeit zur Formung von Sprache aber auch plötzlich entstanden – als Emanation einer spontanen Mutation (Scott-Phillips 2010). Wieder andere Forscher vermuten einen Zusammenhang der Sprachentstehung zu der explosiven Entwicklung von Bildlichkeit und Kunst in den Höhlenmalereien und Skulpturen eiszeitlicher Jäger (Leroi-Gourhan 1964). Wir wissen es nicht.

Linguisten neigen dazu, die Entfaltung der Sprache, des Wortschatzes oder der Grammatik anhand von Erzählungen zu beschreiben. Das hat eine lange Tradition. Seit der Sprachwissenschaftler August Schleicher seine berühmte Fabel vom Schaf und den Pferden ins Indogermanische übersetzte (Schleicher 1868), also in eine rekonstruierte Sprachform am Ende des Neolithikums, haben sich Generationen von Sprachwissenschaftlern an der prähistorischen Archäologie von *Geschichten* versucht (vgl. etwa Deutscher 2018, S. 237 ff.).

Das ist eine didaktisch sinnvolle aber zugleich auch verengte Betrachtungsweise der Sprachentwicklung. Anthropologen vermuten die Entstehung der Sprache eher im Kontext sozialer Interaktion. Eine gängige Theorie besagt etwa, Worte und komplexe Sprache seien zur besseren Koordination der Jagd in der Urhorde entstanden. Der pragmatische Handlungskontext, das Besprechen einer komplexen Vorgehensweise durch eine Gruppe von Jägern könnte demnach ein Nukleus der Sprachentstehung gewesen sein. Andere Wissenschaftler verweisen auf die große Bedeutung der Beziehungspflege: Sprache stärke den sozialen Austausch und die Bindung in der Gruppe. Die Social-Brain-Theorie des britischen Evolutionspsychologen Robin Dunbar geht etwa davon aus, dass erst die Beherrschung des abendlichen und nächtlichen Feuers die Frühmenschen in die Lage versetzt habe, die Zeiträume für sozialen Zusammenhalt auszubauen. Am Lagerfeuer wurde über die Jagd gesprochen, Geschichten erzählt und getanzt. Das stärkte die soziale Kompetenz in der Gruppe – die Intelligenz und der natürliche Sprachgebrauch nahmen zu (Gowlett 2010; Dunbar 1998).

Es gibt keine sprachlich verwertbaren Quellen, keine Text- oder Tondokumente aus dieser frühen Zeit. Die Wissenschaft ist auf Rückschlüsse aus vielen Detailfunden angewiesen. Sie baut auf Theorien zum Sprachgebrauch als Teilphänomen des Verhaltens, wie man es etwa aus fossilen Funden erschließen kann. Das ist mit großen Unsicherheiten behaftet. Ich denke aber, man kann ausschließen, dass die ersten sprachlichen Äußerungen Ansprachen, Lesetexte oder Fabeln waren. Wenn die Entwicklung der Sprache sich tatsächlich Hand in Hand mit sozialer Interaktion vollzogen hat, dann reicht das dialogische Prinzip weit in die Anfänge der Kultur zurück. „Ich Tarzan – Du Jane" – das ist Teil eines Dialogs![3] Die Ursprünge der sprachlichen Kommunikation dürften dialogisch gewesen sein: Am Anfang stand der Small Talk (Dönges 2012, S. 69) – nicht die Erzählung.

Dialog ist eine archaische Fähigkeit des Menschen. Wir sollten uns bewusst machen, wie weit die Konversationskompetenz des Menschen in seine Entwicklung zurückreicht und wie tief das dialogische Prinzip in der menschlichen Natur verwurzelt ist. Massenkommunikation, Medien, Texte – das sind vergleichsweise neue Entwicklungen. Das Gespräch ist die ursprünglichste Form des sprachlichen Austauschs, noch ursprünglicher als das Erzählen. Die menschliche Sprachkompetenz entstand Face-to-Face – in einer 1:1-Konstellation.

---

[3]Deutscher (2018, S. 237) spricht durchaus ernst gemeint von der „Ich-Tarzan-Ära" als einem frühen Stadium der Sprachevolution. Der Vollständigkeit halber sollte gesagt werden, dass dieses berühmte Tarzan-Zitat nie in einem der zahlreichen Filme oder in einem der Bücher von Edgar Rice Burroughs tatsächlich vorkam. Selbst dafür fehlt uns also eine Quelle.

2.2 Das Dialogprinzip

Kommunikationskonstellationen
Prinzipiell unterscheidet man vier verschiedene Kommunikationskonstellationen, in denen jeweils spezifische Kommunikationshandlungen stattfinden. Solche Frames zoomen quasi unterschiedliche Ausschnitte eines Kommunikationsprozesses heran und schärfen den Blick darauf, was dabei abläuft:

- **One-to-One (1:1):** Dabei handelt es sich um die klassische Konversationssituation. Das idealtypische Beispiel dafür ist der Dialog zwischen zwei natürlichen Personen. Der Dialog kann Face-to-Face geführt werden oder auch medial vermittelt. Auch Telefongespräche oder Internet-Chats sind 1:1-Situationen. Es handelt sich dabei um einen elementaren, früh erlernten und daher wohl bekannten Kommunikationsframe. Bots rufen diesen Frame auf und bedienen bewusst oder unbewusst die Erwartungshaltungen, die mit diesem Frame in Verbindung stehen.
- **One-to-Many (1:m):** Mit dem One-to-Many-Kommunikationsmodell beschreibt man die klassische Massenkommunikation. Ein Sender, also ein Redakteur oder ein institutionelles Medium, versorgt eine große Gruppe von Rezipienten, Lesern, Zuschauern oder Zuhörern mit gleichen Informationen. Auch Bots können in einer 1:m-Situation eine Rolle spielen. Das ist etwa dann der Fall, wenn sie einer Gruppe von Nutzern immer gleichgerichtete Informationen liefern. Beispiel hierfür sind etwa Nachrichten-Bots wie Novi oder Resi. Auch Bot-Netze und Malware gehören in diese Kategorie.
- **Many to Many (m:m):** Damit wird ein kommunikatives System beschrieben, bei dem mehrere Personen miteinander kommunizieren. Das ist etwa in Telefonkonferenzen der Fall oder auch in den sozialen Medien. Gerade in Social-Media-Marketingkampagnen hat man sich angewöhnt, von einer m:m-Konstellation auszugehen. Es geht dabei darum, durch das Setzen von geeignetem Content gleichgeartete Dialoge in vielen Gesprächsgruppen auszulösen.
- **Many-to-One (m:1):** Die Many-to-One-Situation zeichnet sich dadurch aus, dass ein Rezipient mit mehreren Sendern gleichzeitig konfrontiert ist. Ein interessantes Beispiel für diese Kommunikationskonstellation bietet die sogenannte Second-Screen-Theorie (dazu etwa: ARD-Forschungsdienst 2014). Demnach sitzen Fernsehzuschauer nicht mehr nur vor dem Fernseher. Gleichzeitig nutzen Sie auch ein Smartphone und/oder Tablet, das sie parallel zum Fernsehprogramm mit

> weiteren Informationen versorgt. Beispielsweise schlägt man eine Filmbesprechung nach, schaut sich aktuelle News über die Schauspieler an oder begleitet die Ereignisse auf dem Screen mit anderen Fußballfans zusammen in den Kanälen der sozialen Medien.
>
> Medien können in unterschiedlicher Form in solche Kommunikationskonstellationen eingebunden sein, müssen es aber nicht. Ein Zeitungsartikel bedient genauso einen One-to-Many-Frame wie eine Rede im Bundestag. Allerdings sind bestimmte Medien für bestimmte Kommunikationssituationen besonders geeignet und verstärken ihre massenhafte Wirkung über Zeit- und Raumgrenzen hinweg.

2.2.2 Das Medium erwacht

Der Computer war in den letzten Jahrzehnten eine Maschine ganz im archimedischen Sinne. Er diente als Verlängerung bestimmter Geistesfähigkeiten – und als Extension des Körpers. Die archimedischen Maschinen und alle ihnen nachfolgenden Erfindungen stellen Verlängerungen des Körpers dar, der Muskeln, der Knochen, der Gliedmaßen oder der Sinnesorgane. Es sind hochspezialisierte Werkzeuge, die die Fähigkeiten einzelner Körperteile ausdehnen. Wie ausgefeilt auch immer diese Maschinen sein mochten, sie unterlagen stets dem Willen ihrer Schöpfer – und das gilt auch für die bisherigen Generationen des Computers als Extension bestimmter Denk- und Kognitionsleistungen.

Das ändert sich gerade. Computer ahmen neuronale und kognitive Prozesse immer besser nach. Längst sind sie fähig, Muster zu erkennen, daraus Schlüsse zu ziehen und sie vorherzusagen. Sie verstehen leidlich die gesprochene Sprache und können eigenständig Sprache generieren. Sie führen Dialoge und können in eingeschränkter Form eigenständig und autonom agieren. Je besser sie darin werden, umso mehr wird der Dialog die natürliche und logische Form für die Interaktion mit ihnen. Der dialogische Computer wird zu einer Schnittstelle in eine digitale Welt.[4]

---

[4] „They will help us to immerse ourselves in adaptive cyber worlds that integrate machine-generated art and knowledge with fictional elements and plot lines as well as with our personal biographies, fantasies and artistic expressions" (Krieg 2004, S. 31).

2.2 Das Dialogprinzip

Was bedeutet das aber für die Kommunikation der Menschen? Wie verändern sich Informationsprozesse in der Mediengesellschaft, wenn Computer eigenständig sprechen können? Was heißt Eigenständigkeit in diesem Kontext eigentlich? In den klassischen Kommunikations- und Medienwissenschaften sind eine Vielzahl von Modellen entwickelt worden, die dazu dienen, unterschiedliche Aspekte dessen zu beschreiben, wie Kommunikation funktioniert und welche Rolle Medien oder Mediensysteme dabei spielen. Dabei wird meist (aber keinesfalls immer) eine Trennung zwischen massenmedialer und individueller Kommunikation vorgenommen (Merten 1977, S. 118–159):

- **Interpersonelle Kommunikation** beschreibt die Kommunikation zwischen Menschen. Das kann im Rahmen einer Face-to-Face-Situation ablaufen oder auch vermittelt durch technische Medien wie etwa durch das Telefon.
- **Massenkommunikation** ist eine Form der Kommunikation, bei der eine breite Zielgruppe erreicht werden soll – durch die Vermittlung eines technischen Mediums (z. B. Druckwerk, Webseite, TV-/HF-Beitrag)

Massenkommunikation unterscheidet sich in einigen wichtigen Punkten von der interpersonellen Kommunikation. Als wesentlichen Unterschied sehe ich das dialogische Prinzip an. Interpersonelle Kommunikation setzt eine dialogische Situation voraus. Ein Sender beginnt mit einem Redebeitrag, der von einem Zuhörer aufgegriffen und weitergeführt wird. Es muss dazu mindestens ein unmittelbarer Rückkanal gegeben sein und eine Form des kontinuierlichen Sprecherwechsels. Massenkommunikation lässt dieses Turn-Taking nicht oder nur in einer sehr eingeschränkten Form zu, auf die wir später noch zu sprechen kommen. Gerhard Maletzke (1963) beschreibt Massenkommunikation als „Feld" (Siehe Abb. 2.2), in dem die Elemente in stetiger, eng verflochtener Wechselwirkung stehen (Maletzke 1963, S. 18–21).

> **Feldmodell der Massenkommunikation nach Maletzke**
> Der Kommunikator (K) produziert eine Aussage (A) durch Stoffauswahl und Gestaltung, abhängig von bzw. mitbestimmt durch seine intra-/interpersonellen Faktoren (sein Bild von sich selbst, seine Persönlichkeit, seine Position innerhalb eines etwaigen Teams, seine Position innerhalb einer etwaigen Institution, seine Situation innerhalb sozialer Beziehungen und unter einem Zwang der Öffentlichkeit).

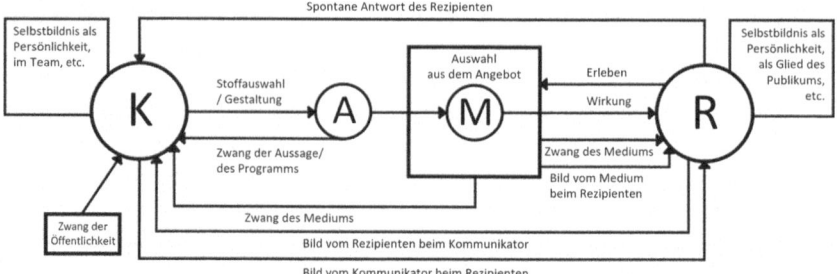

Abb. 2.2 Feldmodell der Massenkommunikation. (Quelle: Maletzke 1972, S. 14)

> Die Aussage (A) wird durch ein Medium (M) zum Rezipienten (R) geleitet. Dabei muss sie den individuellen (technischen und dramaturgischen) Besonderheiten des Mediums angepasst werden. (z. B. Sendezeit/-format im TV, Textlänge und -form in Zeitungen etc.). Der Rezipient wählt aus dem Angebot bestimmte Aussagen aus und rezipiert sie ebenfalls unter seinen individuellen interpersonellen Prämissen.
>
> Sowohl im Falle des Kommunikators als auch des Rezipienten spielen das jeweilige Bild des anderen ebenfalls eine Rolle; zum einen in der Stoffauswahl und -gestaltung, zum anderen in der Rezeption. Schließlich besteht die Möglichkeit einer spontanen Antwort des Rezipienten, die in einer massenmedialen Kommunikation allerdings nur in Form von sogenannten Parafeedbacks geschehen kann. Dies sind z. B. Leserbriefe, Anrufe, aber auch Einschaltquoten, Umfrageergebnisse, etc.

Maletzke berücksichtigt dabei auch soziologische und psychologische Aspekte, also etwa das soziale Umfeld der Akteure, ihre Erwartungshaltungen und Projektionen. Er beschreibt eine systematische Beziehung zwischen dem Kommunikator (K) und Rezipienten (R). Zwischen diese zwei ist ein Medium (M) geschaltet, das Informationen in einer für dieses Medium typischen Art und Weise transportiert und zwischen beiden vermittelt.

Wenn wir nun dieses Modell auf künstlich intelligente Bots anwenden, erkennen wir einige Aspekte, die diese Technologie als neues Medium wesentlich bestimmen: Zum einen wird die Trennung zwischen Medium (M) und

Kommunikator (K) aufgehoben. Das Medium beginnt scheinbar eigenständig, Botschaften zu generieren und individuell nach Lage der ihm vorliegenden Daten aufzuarbeiten und auszuspielen. Dabei unterliegt der Bot weiter dem Zwang des Mediums und meist auch der Aussageintention, die ihm durch (K) vorgegeben ist. In einem regelbasierten System sind Entscheidungsparameter definiert und auch die zur Verfügung stehenden Datenquellen restringieren die Bandbreite möglicher Aussagen. Je nach Entwicklungsstand ist ein komplexes Sprachdialogsystem aber durchaus fähig, eigenständige Kommunikationsinhalte zu entwickeln und Bewertungen vorzunehmen, die nur bedingt vorhersehbar sind. Ich möchte hier nur an das Debakel des Microsoft Bots Tay erinnern, der am 23. März 2016 gelauncht wurde und der bereits 16 h nach dem Start wieder vom Netz genommen werden musste, weil er begann, anzügliche und beleidigende Tweets zu veröffentlichen.

Zum anderen können wir feststellen, dass der Rezipient (R) spezielle, teilweise unzutreffende oder gar irrationale Erwartungshaltungen auf dieses Medium (M) projiziert. Im Gespräch mit dem Dialogroboter lässt sich der Rezipient auf ein für Dialoge typisches Beziehungsmuster ein, das er sein Leben lang erlernt hat: Er akzeptiert das Gegenüber als gleichwertig. Er projiziert damit etwas auf das Medium, was es nicht ist: ein menschliches, autonom agierendes Selbst.

Das ist aber eine Täuschung. Wie intelligent auch immer eine Maschine agieren mag – sie ist eine Maschine. Viel gravierender noch: Der autonom sprechende und agierende Bot ist nur scheinbar eigenständig. In Wahrheit transportiert er meist die Werte, den Willen und die Aussagen des Kommunikators (K). Dieser Kommunikator versteckt sich nur viel besser hinter der Maske der Autonomie. Für den Rezipient kann es aber scheinen, als wäre das Medium erwacht – er erkennt es nur nicht mehr als solches.

Das dialogische Prinzip
Erfolgreiche Face-to-Face-Kommunikation setzt einige elementare Regeln voraus. Die Forschung geht allgemein von einer Übereinkunft aus, an die sich die Teilnehmer des Dialogs halten. Erstmals beschrieben wurden sie von Paul Grice in seiner berühmten *Theorie der konversationellen Implikaturen*. Die Grundidee besteht darin, dass wir mit jeder Äußerung mehr meinen, als wir sagen. Für das gegenseitige Verständnis nehmen wir deshalb an, dass sich unsere Kommunikationspartner an bestimmte Maximen halten, die einen sinnvollen Austausch von Informationen erst ermöglicht. Das wichtigste allgemeine Prinzip ist dabei das Kooperationsprinzip: Jeder Kommunikationspartner gestaltet seinen

Beitrag so, wie es die akzeptierte Richtung des Gesprächs erfordert. Dieses Prinzip wird durch vier Maximen konkretisiert:

- Maxime der Qualität: Es soll nichts gesagt werden, was nicht wahr ist.
- Maxime der Quantität: Ein Kommunikationsbeitrag ist gerade so informativ wie nötig.
- Maxime der Relation: Der Kommunikationsbeitrag soll relevant sein.
- Maxime der Modalität: Der Kommunikationsbeitrag soll kurz und geordnet sein.

Diese Maximen sind allgemein gültig, auch wenn von Fall zu Fall natürlich auch gegen sie verstoßen werden kann (Grice 1989, S. 291 f.). Jeder Dialog ruft einen konkreten Werterahmen auf, ein Set an Erwartungshaltungen, Bedeutungen, pragmatischen Rahmenbedingungen und Voraussetzungen, die die einzelnen Aussagen der Sprecher überhaupt erst zu einem sinnvollen Ganzen zusammenfügen. Konversation ist eine gemeinsame kreative Leistung zweier Dialogpartner.

Das gilt nicht nur für die Face-to-Face-Konstellation. Auch Medienbeiträge sind in ein „Geflecht dialogischer Kommunikationszusammenhänge" eingebunden (Bucher 1994, S. 472).[5] Im direkten Gespräch ist der Beziehungsrahmen allerdings sehr viel intimer. Der Dialog erscheint daher als ein vertrautes, persönliches Instrument.

Dialoge in den Medien
Dieser Zusammenhang ist in den institutionellen Medien längst bekannt. Wir begegnen dort oft dem dialogischen Prinzip. Im Rundfunk sind Interview- und Gesprächsformate längst etabliert und kontinuierlich auf dem Vormarsch. Talkshows erfreuen sich seit langem großer Beliebtheit. Immer mehr Sendeformate setzen darüber hinaus auf Doppelmoderation, also eine Präsentation der Inhalte durch zwei oder mehrere Moderatoren. Die Wirkung ist offensichtlich: Der dialogische Aufbau schafft mehr Nähe und wirkt sympathischer.

---

[5]Die Dialoganalyse beschränkt sich nicht nur auf die Beschreibung von Dialogen im engeren Sinn. Sie betrachtet auch „textuelle" Medienbeiträge als dialogisch zusammenhängend: Sie nehmen Bezug auf Vorgängertexte und ziehen andere Texte nach sich. Kurz: Es gibt für jeden Text einen Handlungskontext, einen „Dialog" mit Vorgänger- und Nachfolgetexten. Auf diese Betrachtungsweise können wir im Weiteren aber nicht näher eingehen.

2.2 Das Dialogprinzip

Aber Dialog wird nicht mehr nur auf der Medienbühne zwischen Moderatoren oder Interviewpartnern aufgeführt. Er wird zunehmend auch auf den Zuhörer ausgedehnt. Immer mehr Call-in-Formate versuchen den Medienrezipienten in das Mediengeschehen einzubinden. Das galt im Übrigen lange Zeit auch für Zeitungen und Zeitschriften, die Call-in-Fenster für Leser zur Stärkung der Leser-Blatt-Bindung genutzt haben. Das ist etwas außer Mode gekommen, seit Printmedien auch auf ihren Webseiten jederzeit TV- oder Hörfunkelemente einbinden und auch den Leser zu Wort kommen lassen können.

Das Live-Interview galt lange Zeit als das wichtigste Dialogformat für Journalisten. Neuerungen stellen beispielsweise Live-Schaltungen in die ganze Welt dar. Live-Interviews sind (genauso wie Diskussionsrunden, Debatten, Zuschauerfragen) aufgrund ihrer Spontaneität und dem Live-Charakter besonders attraktiv für Journalisten und Publikum, da sie stets auch eine unvorhersehbare Komponente in sich tragen. Im Gespräch zeigen sich die Befragten offener, unkontrollierter und authentischer. Sie geben eher Dinge preis – ob es sich nun um persönliche Vorlieben oder harte Fakten handelt. Journalisten haben Fragetechniken, um exakt solche Situationen entstehen zu lassen. Schon manche prominente Persönlichkeit hat sich im Live-Interview um Kopf und Kragen geredet und öffentlich Sätze gesagt, die besser verschwiegen worden wären.

Das klassische Nachrichteninterview zeichnet sich in der Regel durch eine bestimmte Personenkonstellation aus. Es gibt ein Thema, über das debattiert wird, und es gibt Dialogpartner, die das Thema diskutieren. Der Interviewer hat in seiner Rolle (Verteilung des Rederechts und Neutralität) auch eine demokratische Funktion. Ein wesentliches Merkmal der Nachrichteninterviews ist, dass die Rollenverteilung, also „Verteilung der Redezüge auf ein Frage-Antwort-Format" festgelegt ist. Dabei übernimmt der Interviewer die „Rolle des Fragenden" und der Interviewte die „des Antwortenden" (Ayaß 2004, S. 17 ff.). Das unterscheidet ein Medieninterview von einem freien Dialog.

Hinzu kommt, dass der Interviewer und der Interviewte das Gespräch nicht für sich selbst führen, sondern für ein Publikum, eine, wie die Medienwissenschaftler sagen, „Overhearing Audience". Es handelt sich also um eine interpersonelle Kommunikation, die zugleich auch an ein Massenpublikum gerichtet ist. Konversationsanalytiker sprechen daher in diesem Zusammenhang auch von „doing interviewing", von einer „kollaborative[n] Herstellung" von Inhalten für ein Publikum (Ayaß 2004, S. 18). Wenn man so will, kann man ein Medieninterview also auch als eine inszenierte Form des Dialogs sehen.

2.3 Automatisierung des Dialogs

Der Dialog hat also sowohl in den institutionellen Medien als auch in der Unternehmenskommunikation längst seinen Platz gefunden. Durch die digitalen Technologien, die wir in diesem Buch analysieren wollen, werden diese Mechanismen allerdings auf eine neue Ebene gehoben. Die Dialogwende und die Ausbreitung des dialogischen Prinzips in den Massenmedien wird durch die Etablierung von Sprachdialogsystemen weiter vorangetrieben. Dialogroboter werden uns immer häufiger im Alltag begleiten. Dialoge werden nicht mehr nur inszeniert, sie werden auch automatisiert.

Bevor wir uns daranmachen, dieses Phänomen näher zu untersuchen, möchte ich den Blick noch auf zwei unterschiedliche Perspektiven richten, auf die man bei der Betrachtung von Dialogrobotern immer wieder stößt. Es vermischen sich nämlich oft zwei Aspekte, die ich für den Zweck dieser Untersuchung gerne separat betrachten möchte: **eine pragmatische** und **eine psychosoziale Betrachtungsweise,** die beide ihre Berechtigung haben.

Bei der pragmatischen Betrachtungsweise geht es insbesondere um die Funktion und den Nutzen von automatisierten Dialogen. Dialogroboter kann man sich demnach als ein Konversations-Interface (McTear et al. 2016) vorstellen, als eine Schnittstelle, die den Umgang mit Maschinen erleichtern soll:

> Chatbots ermöglichen den Menschen eine auf natürlicher Sprache basierende Interaktion mit dem Computer, egal ob diese via Tastatur oder Stimmerkennung (voice recognition) erfolgt. Sie greifen dabei auf eine hinterlegte Wissensbasis (Knowledge-Datenbank) zu, in der sie durch das Aufspüren von Übereinstimmungen gestellter Fragen mit einem vorhandenen, vom Programmierer erstellten Fragenbestand zugehörige Antworten beziehungsweise Aktionen auswählen (Braun & Glotz 2003, S. 21).

Konkret heißt das: Ein Dialogroboter erleichtert uns den Zugang zum Computer, seinen Informationen und Funktionalitäten. Er versteht natürlichsprachliche Anfragen und übersetzt sie in Routinen, mit denen der Computer etwas anfangen kann, mit denen er Aufgaben lösen oder die Antworten auf Fragen heraussuchen kann – etwa, indem er auf Datenbanken zugreift oder im Internet nach den entsprechenden Informationen sucht:

- „Wie wird das Wetter morgen in Wien?"
- „Wann öffnet der Fischmarkt in Hamburg?"
- „Was benötige ich für eine Lachslasagne?"

2.3 Automatisierung des Dialogs

Sprachdialogsysteme können bei solchen Fragen die Eingabeprozedur stark vereinfachen. Ist der Bot voice-basiert, dann kann noch ein weiterer pragmatischer Vorteil hinzukommen: Der Nutzer kann räumlich ungebunden in der digitalen Sphäre agieren. Er kann Informationen losgelöst von Schreibtisch, Bildschirm oder Tastatur abfragen. An jeder Stelle des Raums, ja sogar unter der Dusche oder im Auto kann er seinen Sprachassistenten befragen und etwa auf das Internet zugreifen. Dazu waren bisher einige sehr umständliche Zwischenschritte nötig, um nur einige Beispiele zu nennen:

- der Gang zum Schreibtisch,
- die Start- und Bootphase des Rechners, Tablets oder Smartphones,
- die Eingabe von Codewörtern oder
- die Selektion und Gewichtung von Informationen.

All das kann bei Sprachdialogsystemen wegfallen, vorausgesetzt dem Nutzer steht eine voice-basierte Technologie zur Verfügung: Smartphones, Smartwatches, Smartspeaker oder ähnliches.

Umgekehrt präsentiert uns der Dialogroboter die Ergebnisse der Computerprozedur ebenfalls in natürlicher Sprache:

- „In Wien ist das Wetter morgen bewölkt aber trocken mit einer Höchst-Temparatur von 15 Grad."
- „Der Fischmarkt ist sonntags von 5.00 bis 9.30 Uhr geöffnet."
- „Für eine Lachslasagne braucht man 500 g Lachsfilet, 16 Lasagneplatten, 150 g Reibekäse usw."

Wenn in Ergänzung zu den Smartspeakern noch eine visuelle Präsentationsfläche zur Verfügung steht, also etwa ein Display, ein Fernseher, ein Family Whiteboard oder in Zukunft vielleicht auch ein Hologramm, so können die Antworten des Sprachassistenten durch visuelle Informationen unterstützt und ergänzt werden: eine Wetterkarte für Wien, eine Tabelle mit den Öffnungszeiten des Hamburger Fischmarkts, ein Lehrvideo darüber, wie man eine Lachslasagne zubereitet.

Das ist bequem und hat viele Vorteile. Mediales Wissen rückt uns näher und umgibt uns in Form einer Service-Schicht wie eine zweite digitale Haut. Noch näher könnte uns die digitale Lebenssphäre nur noch dann kommen, wenn Informationen direkt auf die Netzhaut projiziert oder über eine neuronale Schnittstelle ins Großhirn integriert werden. Ein Dialogroboter ist nach dieser pragmatischen Lesart eine Wissens- und Interaktionsschnittstelle (Laurel 1990, S. 206).

Demgegenüber steht die **psychosoziale Betrachtungsweise**. Dabei stellt man sich die Frage, was Dialogroboter mit uns machen, beziehungsweise was wir auf sie projizieren und wie wir mit ihnen umgehen. Der Computer wird dabei etwa als technische Kopie des Menschen gesehen. Diese Betrachtungsweise ist viel älter als das vorhergenannte pragmatische Verständnis. Die Vorstellung eines αὐτόματον, also einer Maschine, die vorbestimmte Abläufe selbsttätig („automatisch") ausführt, reicht bis in den griechischen Mythos zurück. Künstliche Menschen tauchen seit jeher in Literatur und Kunst immer wieder auf. Wir sind aufgewachsen mit den Erzählungen von Prometheus, dem Golem des Rabbi Löw, vom Homunculus der Alchimisten, von Mary Shellys Frankenstein und seinem Geschöpf bis zur Figur der mechanischen Olympia in E. T. A. Hoffmanns berühmter Erzählung „Der Sandmann".

Ovid schildert etwa die Geschichte des Künstlers Pygmalion, der von Frauen frustriert ist und nur noch für seine Bildhauerei lebt. Er erschafft dabei eine Elfenbeinstatue, die wie eine lebendige Frau aussieht. Pygmalion verliebt sich in dieses Abbild und behandelt es zunehmend wie einen echten Menschen. Schließlich bittet er die Göttin Venus um Hilfe. Und in der Tat: Als er nach Hause zurückkehrt und die Statue wie üblich zu streicheln beginnt, wird diese langsam lebendig. Aus dieser Verbindung geht schließlich sogar ein Kind hervor (Ovid, *Metamorphosen,* Buch 10, Vers 243 ff.).

Im Bewusstsein solcher Mythen betrachten wir das Phänomen des Automatenmenschen mit einer Mischung aus Faszination und Furcht, aus Entertainment und Horror (Kang 2011, S. 54). Wird der künstliche Mensch nun doch realisierbar und welche Kinder wird er hervorbringen?

Solche Fragen sind berechtigt und doch verstellen sie oft auch den Blick. Ein Dialogroboter ist zweifellos ein Automat mit menschenähnlichen Fähigkeiten. Nur allzu leicht akzeptieren wir aber die Illusion, er habe eine eigenständige *Persona*. Dabei ist diese nur eine Maskierung, eine Schauspielermaske (lat. *persona*) – eine Illusion, mit erheblichen psychologischen Vor- und Nachteilen, über die noch zu sprechen sein wird. Denn plötzlich beginnen die Menschen, Dialogroboter als soziale Wesen zu sehen und zu behandeln. Das hat erstaunliche Konsequenzen. Welchen rechtlichen Status hat ein sprechender Roboter eigentlich, wenn wir beginnen, ihn als soziales Wesen zu akzeptieren?

- In Saudi Arabien wurde dem Roboter Sophia im Herbst 2017 die Staatsbürgerschaft erteilt.
- In Japan gibt es erste Hochzeiten zwischen Bot und Mensch.

2.3 Automatisierung des Dialogs

- In den USA fragen sich Juristen, ob eine starke künstliche Intelligenz das Recht und die Möglichkeit hätte, eine Petition beim Supreme Court einzureichen.
- Der Rechtsausschuss des EU-Parlaments hat Anfang des Jahres einen Entwurf vorgelegt, worin erwogen wird, Roboter als „elektronische Personen" zu klassifizieren.

Diese und viele andere Fragen warten auf eine Antwort. Es sieht so aus, als ob sich durch die Automatisierung des Dialogs die Grenzen zwischen dem Menschen und der Maschine verwischen oder gar verschieben könnten (Selke 2009, S. 21) – mit vielfältigen psychosozialen Folgen, die wir noch kaum überschauen. Zumindest einige davon werde ich in diesem Buch vorstellen.

Die Digitalisierung als Treiber der Dialogwende

3

Zusammenfassung

Die Digitalisierung hat eine Reihe von Technologien hervorgebracht, mit deren Hilfe Prozesse in der Medienwelt automatisiert werden. Zahlreiche Bereiche in der medialen Wertschöpfungskette können bereits automatisiert werden – von der Recherche bis zur Distribution. Natural Language Generation (NLG)-Algorithmen erlauben das automatisierte Schreiben von Texten. Dialogroboter sind nur der nächste logische Schritt im Zuge eines fortschreitenden Automatisierungsprozesses. Dieses Kapitel gibt einen Überblick über den Stand der technischen Entwicklungen der Digitalisierung als Voraussetzung für die Dialogwende.

3.1 Automatisierung der Medien

Wenn im Folgenden über die Funktionsweise von Bots und die Auswirkungen der Dialogwende auf die „Medien" gesprochen wird, so sollte zunächst einmal konkretisiert werden, was mit dem Begriff der „Medien" eigentlich genau gemeint ist. Aus der Fülle der medienwissenschaftlichen Definitionen möchte ich vor allem zwei hervorheben.

- **Medien als Kommunikationsmittel:** Das Medium ist ein Kommunikationsmittel, ein Vehikel, das Informationen zwischen Sender und Empfänger überträgt, so wie etwa ein Bote Informationen zwischen zwei Menschen hin- und herträgt.
- **Medien als Institutionen:** Organisationen, die Informationen verbreiten und damit ein Geschäftsinteresse oder eine gesellschaftliche Funktion verfolgen.

© Springer Fachmedien Wiesbaden GmbH, ein Teil von Springer Nature 2019
A. Sieber, *Dialogroboter*, https://doi.org/10.1007/978-3-658-24393-7_3

Auch ein Bot kann, wie wir gesehen haben, so ein Kommunikationsvehikel sein.

Medien als Organisationen werde ich im Folgenden auch als institutionelle Medien bezeichnen, um die beiden Begriffe etwas schärfer auseinanderzuhalten. Unter institutionellen Medien sind seit geraumer Zeit nicht mehr nur die klassischen Medienhäuser gemeint. Verlage und Sendeanstalten sind längst nicht mehr die einzigen, die professionell mit Informationen handeln. Ein wichtiger Grund liegt in der **Medienkonvergenz,** die ursprünglich streng getrennte ökonomische Player zusammengeführt hat. So sind viele Telekommunikationsunternehmen schon vor über einem Jahrzehnt in die Märkte klassischer Verlagshäuser und Broadcaster eingebrochen. Sie sind zu Anbietern von Inhalten geworden und wildern im Geschäftsfeld der klassischen Medienhäuser.

Aber auch viele Unternehmen sind inzwischen zu Anbietern von hochwertigen Inhalten geworden. Die sogenannte Content-Revolution hat dazu geführt, dass sie Content, also redaktionelle Inhalte, verstärkt als Marketing-Instrument einsetzen. Durch effizientes Content-Marketing versuchen sie Interessenten zu gewinnen, die sie durch klassische Werbung nicht mehr erreichen, um so Wettbewerbsvorteile zu erzielen. Redaktionelle Inhalte werden so zu Marketinginstrumenten.

Unternehmen treten damit nicht nur ökonomisch in Konkurrenz zu den klassischen Medienhäusern, sondern auch strukturell. Sie übernehmen immer mehr Prozesse und Strukturen der institutionellen Medien. Zur Bewältigung der neuen Aufgaben im integrierten Content-Marketing kopieren immer mehr Unternehmen nicht nur die Infrastruktur der institutionellen Medien, sondern auch deren Job-Zuschnitte und den gesamten integrierten Produktionsprozess. So arbeiten durch die Einführung der Newsroom-Organisation immer mehr PR-Abteilungen wie die Zentralredaktion eines Medienunternehmens. Die Strukturen und Prozesse dazu haben sie offensichtlich von den klassischen Medien abgeschaut (siehe dazu etwa Moss 2016). Auch das Selbstverständnis ändert sich: Unternehmen verstehen sich als Medienhäuser und beginnen all ihre Kommunikationsprozesse von dieser neuen Perspektive aus zu überdenken und zu optimieren. Das ist auch folgerichtig, denn manches Großunternehmen produziert inzwischen mehr Content als die klassischen, institutionellen Medien. Noch etwas anderes ist neu an dieser Sichtweise: Content-Marketeers denken den Prozess der Medienproduktion inzwischen konsequent vom *digitalen* Medium her. *Online first* ist seit einigen Jahren sowohl in den institutionellen Medien als auch in der Unternehmenskommunikation die vorherrschende Sichtweise. Das Druckwerk ist bestenfalls noch ein Epi-Phänomen. Video-Formate gewinnen immer mehr an Bedeutung. Das Internet gibt einen anderen Takt, ein höheres Tempo und eine granularere Zielgruppen-Segmentierung – kurz: eine völlig neue Arbeitsweise – vor.

3.1 Automatisierung der Medien

Das alles führt dazu, dass die Unterschiede zwischen Unternehmen und institutionellen Medien in struktureller und funktionaler Hinsicht immer mehr verschwimmen. In fast allen Themenbereichen haben die klassischen Medienhäuser Konkurrenz von Unternehmensseite durch Blogs oder andere Themenplattformen bekommen. Unternehmensinhalte können nicht pauschal als schlechter angesehen werden, als das, was die „Medien" bieten, es erfüllt nur eben eine andere Funktion. Ich möchte hier nicht weiter darauf eingehen, welche gesellschaftlichen, ökonomischen und politischen Konsequenzen mit dieser Entwicklung im Einzelnen verbunden sind. Ich halte es aber für legitim, Medien und Unternehmen für die Zwecke dieser Untersuchung gemeinsam zu betrachten – im Hinblick auf die Automatisierung der Inhaltsproduktion gibt es zumindest äußerst viele Parallelen.

Das Nachdenken über mögliche Ansatzpunkte einer Automatisierung begann mit der Einführung der Digital- und Social-Media-Kanäle. In der digitalen Welt sind nicht nur alle Waren und Nachrichten jederzeit und an jedem Ort verfügbar. Jede Aktion hinterlässt auch eine digitale Spur: IP-Adressen, Zugriffszahlen pro Seite, Verweildauer – alles ist messbar und wird gespeichert. Konsequenterweise türmen sich in Medienhäusern und Unternehmen Berge an Daten über Nutzer und Nutzungszusammenhänge auf. Immer mehr Daten sind zudem frei verfügbar oder können leicht hinzugekauft werden, um sie bei der Analyse bestimmter Entwicklungen zu berücksichtigen. Spätestens seit das Daten-Analyse-Unternehmen Cambridge Analytica im großen Stil Daten von Facebook-Nutzern verarbeitet hat, um psychometrische Profile von zig Millionen amerikanischen Wählern zu erstellen, ist klar, welches Potential hinter Nutzungsdaten steckt. Nicht wenige glauben, dass Donald Trump seinen Sieg unter anderem einem sehr geschickten, stark personalisierten und emotionalisierten Wahlkampf in den sozialen Medien zu verdanken hat. Konkrete Forschungsergebnisse liegen hierzu noch nicht vor. Es überwiegt die Skepsis, dass das allein zur Erklärung des überraschenden Wahlsiegs ausreicht. Aber niemand zweifelt seitdem mehr ernsthaft am Einfluss einer datengetriebenen, personalisierten Kommunikation.

Je geschickter Daten vernetzt werden, umso mehr relevante Informationen können Unternehmen und Medien daraus gewinnen und umso effizienter und zielgenauer können Inhalte produziert und ebenso zielgenau an die jeweiligen Zielgruppen ausgespielt werden (Abb. 3.1).

Zunehmende Datenkompetenz bei den institutionellen Medien stellt eine wichtige Voraussetzung dar. Dadurch entstehen völlig neue Möglichkeiten der Automatisierung. Sie kann in den Medienhäusern an ganz verschiedenen Stellen in den Prozess der Informationserstellung und -übermittlung eingegriffen werden: bei der Recherche, bei der Analyse von Leser-, Influencer- oder Zielgruppenverhalten, bei der Nachrichtengenerierung, bei der Textproduktion und bei der

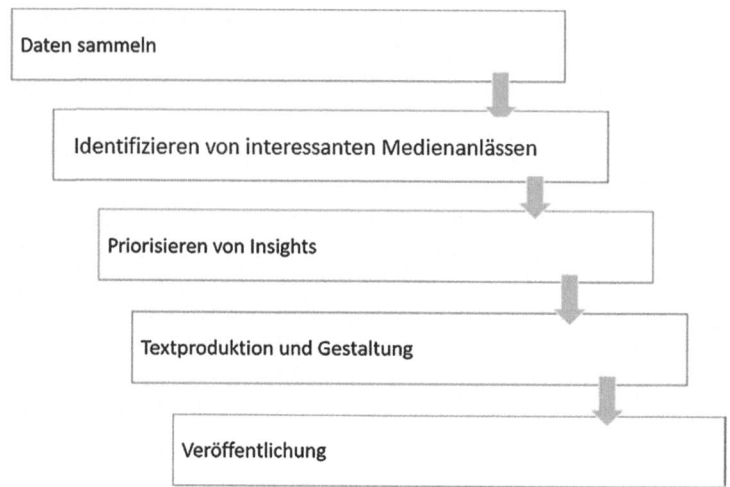

Abb. 3.1 Wie Algorithmen in die Medien eingreifen. (Quelle: Eigene Darstellung)

Verbreitung (Graefe 2016, S. 13). Überall entstehen zur Zeit Ansatzpunkte, wie durch künstliche Intelligenz, Machine Learning und Sprachdialogsysteme völlig neue Formen der Medienproduktion, aber auch die Interaktion zwischen Sender und Rezipient aufgebaut werden. Aufzuhalten ist dieser Wandel kaum noch, denn auch die ökonomischen, politischen und sozialen Rahmenbedingungen verändern sich für die Medienunternehmen dramatisch. Wo dieser Wandel hinführen kann, das möchte ich anhand einiger Beispiele im Folgenden zeigen.

3.1.1 Krieg der Trending Topics

Was relevant, cool oder angesagt ist, das haben uns in den letzten 10.000 Jahren Meinungsführer vorgegeben. Die Forschung hat das Phänomen der Nachrichtenselektion, also worüber gerade gesprochen wird oder eben nicht, im Zusammenhang der sogenannten Gatekeeping-Theorie beschrieben. Unter Gatekeepern versteht man im Allgemeinen Stammesführer, War Lords, Kirchenoberhäupter, Journalisten, Politiker, Wissenschaftler und andere Informationseliten, die aufgrund ihrer Herkunft, Position oder Stellung beeinflussen können, welche Themen auf eine öffentliche Diskursagenda kommen. Insbesondere die institutionellen Medien sieht man in dieser Rolle.

3.1 Automatisierung der Medien

In der vernetzten, digitalen Massenkommunikation geht die Bedeutung der institutionellen Medien als Gatekeeper allerdings zurück. Im Social-Media-Zeitalter kann praktisch jeder zu einem Influencer werden – also Meinungsbildungs- und Themensetzungsprozesse beeinflussen. Was *wichtig* ist, darüber entscheiden vermehrt Algorithmen mit. Wir haben es hier zunehmend mit Prozessen des automatisierten und des „networked" Gatekeeping zu tun (Engelmann 2016, S. 87–92). Journalisten spielen dabei eine nachlassende Rolle, die Influencer rücken ins Zentrum des Interesses. Ihre Zahl ist groß, ihr Einfluss auf immer fragmentiertere Zielgruppen ebenfalls. Influencer erreichen Menschen, zu denen die institutionellen Medien nicht mehr durchdringen – oder zu denen sie vielleicht noch nie durchgedrungen sind.

Influencer gewinnen daher stark an Bedeutung. Das betrifft beide Richtungen der Kommunikation, sowohl in Bezug auf das Ablauschen von relevanten Themen (Influencer Listening) als auch die Beeinflussung des Agendasettingprozesses. Die Trending-Topics-Mechanismen etwa auf Twitter zeigen jeden Morgen, was angesagt ist:

- Welche Nachrichten sind wichtig für Dich.
- Welches Ereignis hast Du verpasst oder darfst Du auf keinen Fall verpassen.
- Welche Personen sind über Nacht relevant geworden.
- Welche Produkte könnten Deinen Lifestyle verbessern.

Personalisierte Algorithmen bei Facebook, Instagram und anderen Social-Media-Plattformen errechnen das, was ihre Nutzer interessiert. Die institutionellen Medien hören immer genauer zu, welche Themen neu entstehen und wer genau sich dafür interessiert. Das ist nur durch ein hohes Automatisierungsmaß möglich. Algorithmen lauschen dem ständigen Rauschen im digitalen Blätterwald nach und erkennen automatisch die kleinsten Muster und Veränderungen.

Auch früher haben Gatekeeper Nachrichten für uns vorselektiert. Ob es die *Bild*-Zeitung war, die *F.A.Z.* oder die *Tagesschau* – Journalisten haben ausgewählt, was auf die Agenda kommt. Der Unterschied zu networked Gatekeeping-Prozessen in der Algorithmuskultur (Seyfert und Roberge 2017) ist gleich dreifach.

- **Intransparenz:** Der Prozess der Themenselektion läuft automatisch. Im Zweifelsfall ist gar nicht mehr nachzuvollziehen, warum eine KI ein bestimmtes Themenmuster erkannt und priorisiert hat.
- **Beschleunigung:** Der Prozess der Topic-Listening und des damit in engem Zusammenhang stehenden Agendasetting hat sich dramatisch beschleunigt.

Das Prinzip „online first" führt beispielsweise im Nachrichtenjournalismus dazu, dass News publiziert werden, ohne dass der „Härtegrad" stets klar überprüft wurde. Daher fehlt den Newswellen die Recherchequalität – Recherche und Qualitätssicherungen werden vielfach auf die Zeitschiene verlagert und nachgeliefert.

- **Affektgetriebenheit:** Die sozialen Medien werden zum Nachrichtenvorraum. Dort gibt es aber nur schlecht funktionierende Emotionskontrollen. Die Affektkontrolle sinkt bei vielen Nutzern in dramatischer Form. In der Folge werden Affekte wie Wut, Zorn oder Angst zu Medienthemen – die Fakten treten zurück.

Wenn wir heute jeden Morgen von Facebook, Twitter oder von PVAs wie Siri, Alexa oder Cortana unsere wichtigsten Nachrichten geliefert bekommen, ist uns in der Regel nicht bewusst, welche Algorithmenschlacht im Hintergrund tobte, damit sie auf die Trending-Topics-Liste kommen. Heerscharen von SEO-Managern traktieren rund um die Uhr mit ihren Tools die Suchmaschinen dieser Welt. Algorithmen versuchen Google nicht nur dazu zu bringen, News so gut wie möglich zu bewerten; sie sorgen inzwischen auch dafür, dass Google automatisiert Newsboxen öffnet, in denen die Top-Nachrichten zu den jeweiligen Trending Topics priorisiert aufgelistet werden (Beth 2017). Wer davon als erster weiß, kann maßgeschneiderten Content erstellen – frisch für die gerade geöffnete Newsbox, um zu den ersten zu gehören, die die frisch gebackene Newsware liefern.

In den Redaktionssitzungen der Medienhäuser spielt dieser SEO-Input (SEO = Search Engine Optimization) eine wachsende Rolle. Themen und Trends werden mithilfe von Influencer-Listening-Tools wie etwa „Google Trends" recherchiert. Sie registrieren beispielsweise, wenn die Sucheingaben zu einem bestimmten Schlagwort plötzlich stark ansteigen. Wenn zu einem solchen Trendthema bisher noch kein eigener Content vorliegt, so eröffnet sich dem jeweiligen Medium für eine kurze Zeit ein Publikationsfenster – in das der Content nur maßgeschneidert hineinproduziert werden muss. Den Rest erledigen dann die Algorithmen der Suchmaschinen und sozialen Medien.

Doch Tools wie Google Trends sind nur die Spitze des Eisbergs. Inzwischen gibt es eine Reihe immer spezifischerer Suchalgorithmen: Trending-Topic- und Influencer-Listening-Tools aktualisieren im Minutentakt die weltweite Nachrichtenlage. KI-Algorithmen durchforsten das Web nach Themen, Trends und Influencern. Newsdashboards werden bald in den Newsrooms der institutionellen Medien und der PR-Abteilungen zu Standardinstrumenten gehören. Sie tragen dazu bei, dass man Content in Zukunft maßgeschneidert entwickeln, produzieren und vermarkten kann. Sie sagen den Redakteuren, wann und worüber sich Newsfenster öffnen und wozu Content produziert werden muss – eventuell auch mit Unterstützung von automatisierten Textproduktionsalgorithmen. Die schöne neue Kommunikationswelt ist eine Welt automatisierter Informationsverarbeitung.

3.1.2 Von der *Datafication* zum *Automated Journalism*

Den Rohstoff für diesen Wettstreit liefern *Daten* – und sie sind längst zum Gegenstand strategischer Beschäftigung in den institutionellen Medien geworden (Holtzhausen 2016, Matzat 2016). Hochwertige Daten werden in vielfacher Hinsicht zur Voraussetzung des automatisierten Journalismus. Diese Entwicklung erfasst immer mehr Bereiche weit über das klassische Aufgabenfeld der Themenrecherche hinaus – dort sehen wir allerdings bereits heute die gravierendsten Veränderungen. Instrumente zum Influencer Listening und Topic Surfing, von denen gerade die Rede war, erlauben ein viel schnelleres Planen von redaktionellen Inhalten.

Im Jahr 2009 tauchte erstmals der Begriff „Data Journalism" auf (Matzat 2016, S. 2). Seitdem ist in vielen großen Medienhäuser ein neuer Beruf entstanden: der Datenredakteur. Viele große Medienunternehmen haben seitdem eigenständige Datenredaktionen aufgebaut. In Deutschland arbeiten etwa *Spiegel Online, Zeit Online,* der *Tagesspiegel,* die *Berliner Morgenpost* oder der *Bayerische Rundfunk* mit speziellen Datenredaktionen.[1] Datenredakteure recherchieren nicht mehr nur wie ihre klassischen Kollegen in Bibliotheken, Archiven oder im Umfeld problemnaher Informanten. Sie nutzen den Rohstoff Daten als Quelle, um neue Aufhänger und Geschichten zu finden. Sie durchleuchten zu diesem Zweck Datenbanken nach allen Regeln der Informationswissenschaft und nutzen die jeweils neuesten Visualisierungstechniken, um Zusammenhänge erkennbar und verständlich zu machen. Ein Datenredakteur muss Informationen aus riesigen Datenbeständen herausfinden und lesen können.

Dazu sind neue Fähigkeiten gefragt, die in der Regel in der Journalistenausbildung keine zentrale Rolle spielen, etwa die Kenntnis spezieller Programmiersprachen, den Umgang mit Datenformaten (PDF, JSON, CSV, XLS) oder mit den zahlreichen Spezialprogrammen im Bereich der Datenvisualisierung. Vor allem aber geht es um ein anderes Verständnis von Informationen, um ein taktiles Verhältnis

---

[1]Matzat (2016) stellt eine kontinuierlich aktualisierte Onlinedatenbank zum Thema Datenjournalismus zur Verfügung: http://datenjournalismus.net/wissen/category/teams/.

zu Daten. Es geht um das Erkennen von journalistischen Mustern und Zusammenhängen, wo andere nur Nullen und Einsen sehen.

Um Geschichten zu finden, die bisher niemand in einem Datenbestand erkannt hat, müssen vielfach Datenbestände erst aufbereitet und maschinenlesbar gemacht werden. Das heißt nicht nur, dass man mit Datenbanksystemen souverän umgehen können muss. Man muss heterogene Datenbestände vergleichbar machen können – etwa, indem man massenhaft PDFs in Excel-Dateien umwandelt, um sie mit selbst geschriebenen Algorithmen durchsuchen zu können.

Dazu gehört auch die Fähigkeit, Quellen zu nutzen, die für einen traditionell ausgebildeten Journalisten in der Regel nur schwer oder gar nicht nutzbar sind, wie etwa die vielen Open-Government-Data-Quellen im In- und Ausland. Darunter versteht man offene Datenbestände, die heute von immer mehr Behörden und Regierungen zur Verfügung gestellt werden. Vielfach besteht auch eine Auskunftspflicht seitens des Staates. Das heißt, Behörden sind auf Anfrage verpflichtet, bestimmte Daten zur Verfügung zu stellen, solange diese nicht personenbezogen sind und ein Interesse der Öffentlichkeit an diesen Daten begründbar ist. Auch diese Daten kann ein Datenjournalist in Data-Mining-Konzepte integrieren und auswerten.

Datenjournalismus macht klassischen Journalismus nicht obsolet, ergänzt ihn aber um eine ganz wesentliche Facette: Es geht um die Verbindung aus IT-Knowhow mit der Intuition, dem Ethos und dem Biss eines klassischen Journalisten. Datenjournalismus verknüpft verschiedene Aufgaben und Kompetenzen mit dem klassischen Journalismus:

- Datenbank-Recherche,
- Visualisierung von Daten zur Mustererkennung,
- Erstellung von Infografiken (auch im Sinne von interaktiven Visualisierungen) sowie
- spieltheoretische Simulationen und Planspiele.

Daten bilden das Rohmaterial für jede Form des Automated Journalism. Zu den wirklich revolutionären Entwicklungen in diesem Bereich gehört der sogenannte Roboter-Journalismus. Verlagshäuser experimentieren vermehrt damit und auch in der Forschung wird diese Entwicklung bereits mit einer Mischung aus Sorge und Neugier betrachtet (Reichelt 2017, Graefe 2016, Stavelin 2013). Unter Roboter-Redakteuren verstehe ich Software, mit deren Hilfe große Mengen von redaktionellen Texten in kurzer Zeit erstellt werden können. Auf die Funktionsweise gehe ich unten in Abschn. 3.2.3 noch etwas näher ein. Konkrete Zahlen zum Einsatz dieser Systeme sind schwer zu bekommen. Die Medienhäuser tun sich

3.1 Automatisierung der Medien

aus naheliegenden Gründen schwer, offen damit umzugehen, ob und in welchem Umfang sie Roboter-Redakteure einsetzen. Wenn man die Anzahl an verkauften Lizenzen bei Herstellern wie AxSemantics oder Retresco betrachtet, müssen die Anwendungsfälle aber bedeutend zahlreicher sein, als man es in der Öffentlichkeit vermutet.

Das verwundert nicht. Die Qualität der automatisch erzeugten Texte ist erstaunlich gut. Sie brauchen den Vergleich mit von Menschen produzierten Texten nicht zu scheuen. Blindtests ergaben immer wieder, dass Texte von Roboter-Redakteuren in der Regel nicht als solche erkannt werden und dass sie von den Lesern mitunter sogar als glaubwürdiger eingestuft werden (Reichelt 2017, S. 38 f.). Wir dürften im Alltag also bereits mit deutlich mehr Texten von Roboter-Redakteuren konfrontiert worden sein, als wir ahnen.

Roboter-Redakteure sind für die Medienhäuser immer dann interessant, wenn eine große Zahl von ähnlich strukturierten Texten produziert werden soll. Die Kernaussagen lassen sich aufgrund einfacher Regeln aus wenigen Daten generieren. Typische Anwendungsfelder sind Berichte über

- Wettervorhersagen,
- Pollenflug,
- Sportereignisse und
- Quartalszahlen.

Ein bekanntes Beispiel ist der tägliche Feinstaub-Bericht der *Stuttgarter Zeitung*. Mit dem sogenannten Feinstaubradar können Leser aus der ganzen Region um Stuttgart jederzeit prüfen, wie viel Feinstaub aktuell in der Luft ist. Die Daten dazu stammen aus einem dichten Netz von mehr als 300 Feinstaubsensoren verteilt auf Dutzende Stadtbezirke, Städte und Gemeinden. Sie liefern kontinuierlich Daten über die Umweltbelastung. Ein Textalgorithmus der Firma AxSemantics produziert täglich Berichte zur Feinstaubbelastung in der jeweiligen Region. Etwa 80 Texte werden auf diese Weise pro Tag von der Software ins Content-Management-System der *Stuttgarter Zeitung* eingestellt und auf der Webseite veröffentlicht. Jeder Text ist individuell verfasst. Ein Set aus Textgenerierungsregeln, die dem Algorithmus vorgegeben sind, sorgt dafür, dass aus den spezifischen Daten individuelle Texte zur Feinstaubbelastung in Stuttgart-Mitte, Feuerbach, Göppingen oder Tübingen erstellt werden.

Das ist ein klassisches Anwendungsfeld: Wechselnde Daten aus einer Datenbank bilden das Thema für die Veröffentlichung. Eine überschaubare Zahl an Textgenerierungsregeln legt fest, wie die Texte strukturiert sind, welche Bewertungen vorgenommen werden und welche Synonyme, Stil- oder Vertextungsvarianten berücksichtigt werden. Nach dem Muster können Medienunternehmen individuellen, redaktionellen Content in einem Umfang produzieren, der bisher aufgrund der Anzahl vorhandener Redakteure gar nicht möglich gewesen wäre. Das vergrößert nicht nur die redaktionelle Angebotsbreite, sondern auch die Umfelder für die Platzierung maßgeschneiderter Onlinewerbung. Über die wichtigsten Spiele der Fußballbundesliga wird jedes Wochenende überall berichtet. Aber individuelle Spielberichte für *alle* Spiele, auch die der zweiten oder dritten Liga – das könnte sich keine Redaktion der Welt leisten. Mit Roboter-Redakteuren wird das aber möglich. Für die Medienhäuser steigt dadurch der Grenznutzen. Die Einzelberichte werden zwar nur von verhältnismäßig wenigen Lesern gelesen, insgesamt steigt aber die Nutzung aufgrund der großen Textanzahl stark an. Man kann das als ein typisches Beispiel für den von Chris Anderson breit belegten, soziokulturellen Long-Tail-Effekt sehen – er trifft auch auf die Medien zu (Zydorek 2009, S. 84; Anderson 2006).

Die Vorstellung eines autonom schreibenden Redaktionsroboters hat allerdings noch reichlich wenig mit der Wirklichkeit zu tun. Roboter-Redakteure sind eher Redaktionsassistenzsysteme. Der Urtext wird von einem menschlichen Redakteur geschrieben. Er bestimmt auch, wie die Texte formuliert sein sollen. Die Maschine übernimmt auf dieser Basis allerdings die massenhafte Erstellung von konkreten, individuellen Texten. Das macht individuelle Berichte zum Biowetter, zu Schneehöhen oder Finanzkennzahlen möglich in einer Menge und Individualisierung, die bisher jenseits jeder Vorstellungskraft lag.

Roboter-Redakteure schreiben also keine Kommentare, Leit- oder Hintergrundartikel und es sieht nicht danach aus, als ob sie in allzu naher Zukunft dazu fähig sein könnten. Sie ermöglichen aber eine massenhafte, automatisierte Textproduktion in redaktionellen Nischen. Und diese Erfahrungen mit der Automatisierung setzen auf Seiten der Medienhäuser natürlich vermehrt Kreativität frei, was auch die Entwicklung von Bots und Sprachdialogsystemen vorantreibt.

3.2 Natural Language Processing

Die Computer-Linguistik hat sich den vergangenen drei Dekaden von einer Nischendisziplin zu einer florierenden Wissenschaft entwickelt. Der Versuch, Sprache im Computer abzubilden und ihre Generierungsprozesse nachzubilden, hat in vielen Kernbereichen der Linguistik von der Phonologie und Morphologie über die Semantik und Lexik bis zu Syntax und Pragmatik neue Denkanstöße und Impulse geliefert. Die Erkenntnisse bilden die Basis für Grundlagentechnologien im Bereich der Sprachassistenz- und Dialogsysteme (Abb. 3.2).

3.2 Natural Language Processing

Abb. 3.2 Grundlegendes Schema eines sprachbasierten Dialogsystems. (Quelle: Fellbaum 2012, S. 378)

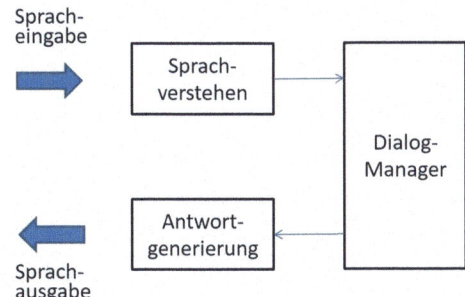

Bevor ein Computer den ersten natürlichsprachlichen Dialog führen konnte, waren allerdings eine Reihe überaus unterschiedlicher Probleme zu lösen, von denen wir im Rahmen dieser Publikation nur die elementarsten beschreiben können. Viele dieser grundlegenden Probleme sind noch nicht befriedigend gelöst. An diesen Fronten wird noch geforscht. Wir erleben eine stürmische Entwicklung und es ist zu erwarten, dass wir weitere technologische Durchbrüche sehen werden.

Zunächst einmal geht es um Ein- und Ausgabe von gesprochener Sprache. Das ist natürlich nur dann relevant, wenn die Aufgabenstellung des Bots überhaupt Voice-Module erfordert. Das ist keinesfalls bei jeder Anwendung sinnvoll. Zur Distribution von Marketing-Materialien, Internet- oder Zeitungstexten ist keine Stimme nötig. Auch die Dialogkommunikation kommt immer häufiger ohne Stimme aus, etwa im Bereich von Messengern. Chatbots, die primär auf Messengern aufsetzen, brauchen daher nicht unbedingt Voice-Schnittstellen. Es stellt aber heutzutage auch kein großes Problem mehr dar, solche Schnittstellen zu integrieren.

Systematisch gesehen haben wir es mit zwei unterschiedlichen Problemen zu tun:

- Spracherkennung, *Voice to Text* (VtT) und
- Sprachsynthetisierung, *Text to Voice* (TtV).

Beide Problemfelder sind technisch inzwischen einigermaßen gut unter Kontrolle. Entsprechende Module sind auf dem Markt erhältlich und können mit verhältnismäßig geringem Aufwand in beliebig komplexe Sprachverarbeitungsprojekte integriert werden.

Die eigentliche Sprach-Engine besteht wiederum aus einer Reihe von unterschiedlichen Modulen, die je nach Aufgabenstellung in der Praxis verschieden eingesetzt werden. Wir unterscheiden der Einfachheit halber entsprechend der Hauptanwendungsfelder in Medienhäusern und Unternehmen zwei Gruppen:

- Redaktionsassistenzsysteme und
- Sprachdialogsysteme.

Die beiden Aufgabenfelder haben mit unterschiedlichen, zum Teil noch ungelösten technischen Problemen zu tun. Vieles im natürlichen Sprachgebrauch erscheint sowohl aus linguistischer als auch aus technischer Perspektive noch als Blackbox. Die Fortschritte sind gleichwohl beeindruckend. Auch wenn viele Vorstellungen eines „Ghost in the Machine" weit weg sind von der Realität, würde kaum ein Fachmann heute ausschließen, dass eine autonom sprechende Maschine bald Realität sein könnte.

3.2.1 Spracherkennung und Sprachverstehen

Der Prozess autonomer Gesprächsführung beginnt mit der Spracheingabe beziehungsweise Spracherkennung. Das geschieht durch eine NLU-Einheit – das steht für *Natural Language Understanding*. Zunächst einmal haben wir es hier mit zwei völlig verschiedenen Problemen zu tun: dem der Spracherkennung und dem des Sprachverstehens.

Bei der Spracherkennung geht es darum, natürliche, gesprochene Sprache, also ein akustisches oder gegebenenfalls auch elektroakustisches Signal, in einen lesbaren Text umzuwandeln. Die Spracherkennung erfolgt durch die Eingabe gesprochener Sprache über ein Mikrofon. Selbst für einfache Sprachmuster, etwa bei der Einzelworterkennung, sind dabei erhebliche Rechenoperationen im Bereich der mathematischen Modellierung notwendig. Zu diesem Zweck werden unter anderem so genannte Hidden-Markov-Modelle eingesetzt, benannt nach dem russischen Mathematiker Andrei Andrejewitsch Markow. Es handelt sich dabei um ein stochastisches Modell, mit dessen Hilfe unbeobachtete, quasi versteckte Zustände modelliert werden. In der automatischen Spracherkennung werden gesprochenen Laute als solche versteckten Zustände aufgefasst, die es aus den tatsächlich hörbaren Tönen heraus zu modellieren gilt.

Hidden-Markov-Modelle wurden ursprünglich zur „Isolated Word Recognition" eingesetzt, also für Spracherkennungssysteme, die nur einen geringen Wortschatz erkennen sollen, aber dafür von vielen, auch unbekannten Sprechern, verwendet werden können. Dabei wird für jedes Wort, das erkannt werden soll, ein Hidden-Markov-Modell angelegt. Um dieses nun trainieren zu können, das

3.2 Natural Language Processing

heißt, die variierenden Parameter abschätzen zu können, muss man das aufgenommene Sprachsignal zunächst analysieren. Dabei wird das Signal durch Quantisierung in Vektoren zerlegt, die dann die Beobachtungssequenz bilden, mit der das Modell trainiert wird. Wenn ein Wort wiedererkannt werden soll, führt man eine Quantifizierung des zu bestimmenden Signals durch und berechnet dann für alle prognostizierten Sequenzen die Wahrscheinlichkeit, dass sie zu diesem Modell gehören. Das Wort mit der maximalen Wahrscheinlichkeit wird dann ausgewählt. Diese Verfahren wurden seit den 1970er Jahren überaus häufig verwendet (McTear et al. 2016, S. 78 f.; Nöth und Fischer 2010; Kaplan 2017, S. 73–76).

Nun ergeben sich in natürlichsprachlichen Systemen, in der gesprochenen Sprache also, eine Reihe von Störfaktoren, die eine korrekte Modellierung erschweren. Neben Stör- und Hintergrundgeräuschen sind das insbesondere Dialekte, verschiedene Betonungen und mögliche Sprachfehler. Auch Akzente stellen ein Problem dar, etwa wenn es darum geht, amerikanisches von britischem Englisch zu unterscheiden. Hier erweisen sich *Deep Neural Networks* seit einigen Jahren als wesentlich leistungsfähiger, wenn große Mengen an Sprachdaten bearbeitet werden müssen.

Damit gelang es auch, Lernkurven beim Erlernen neuer Sprachvarietäten deutlich zu verkürzen. Das gewonnene Wissen über das amerikanische Englisch kann beispielsweise wiederverwendet werden, um etwa Englisch mit australischem Akzent zu lernen. Wenn man über eine große Datenbank für amerikanisches Englisch verfügt, benötigt man kleinere Datenmengen für das Erlernen des australischen Englisch. Ähnlich ist es bei Sprachen, die nicht „sehr anders" sind und so eine Wiederverwendung erlauben: Das gewonnene Wissen über Niederländisch kann beim Lernen von Afrikaans helfen.

Durch die Optimierung der mathematischen Modelle, der verwendeten Algorithmen und Learning-Architekturen ist die Genauigkeit der Spracherkennung im Lauf der Zeit immer besser geworden. Eine zehnprozentige Fehlerquote bei der Spracherkennung soll in absehbarer Zeit für die wichtigsten Weltsprachen nicht mehr überschritten werden (Cypionka 2018). Zusätzlich zu der kontinuierlich verbesserten Software braucht es dazu allerdings auch Stimmdaten, die als Referenzquellen dienen. Wenn man einer Maschine beibringen will, zu verstehen, was Menschen sagen, sind diese Daten der Schlüssel. Man kann sich das wie bei einem Baby vorstellen, das zur Welt kommt und die Fähigkeit hat, jede Sprache und jeden Akzent zu verstehen. Aber erst durch das geduldige Wiederholen von Wörtern, Phrasen und Sätzen durch die Eltern macht das Baby erste eigene Schritte und versteht die Wörter „Mutter" und „Vater". Ohne dieses geduldige Wiederholen, ohne die Stimmdaten, kann ein Kind eine Sprache schlichtweg nicht verstehen. Die gleichen Prozesse sind für maschinelles Lernen nötig. Die Verfügbarkeit solcher Daten ist ein Schlüsselfaktor.

Bisher werden die meisten Sprachdatenbanken mit einer Überrepräsentation einer bestimmten demografischen Gruppe trainiert, die zumeist weiß und männlich ist sowie der Mittelschicht angehört. Akzente und Dialekte, die in den Trainingsdatensätzen eher unterrepräsentiert sind, sind typischerweise mit Gruppen assoziiert, die sowieso schon ausgegrenzt werden. Viele Maschinen haben auch Probleme damit, weibliche Stimmen oder ältere Menschen zu verstehen.

Ein weiteres Problem stellt die Verfügbarkeit der Spracherkennung „on device" dar, also ohne Internetzugang. Die große Mehrzahl gegenwärtiger Spracherkennungsengines benötigt eine Internetverbindung. Die Stimme eines Nutzers wird dabei von einem Smartphone, Computer, Tablet oder Fernseher zu einem Spracherkennungsserver gesendet, der sie dann in Text umwandelt. Die eigene Stimme auf diese Art an Server zu senden, wirft einige gravierende Bedenken für Sicherheit und Privatsphäre auf. Im Zweifelsfall kann nicht mehr nachvollzogen werden, was mit diesen Daten, die sehr persönliche oder gar intime Informationen enthalten können, geschieht.

Die zweite, mindestens ebenso komplexe Herausforderung von Natural Language Understanding liegt im Bereich des eigentlichen Sprach*verstehens*. Hierzu gehen die Meinungen der Computerlinguisten durchaus auseinander. Die einfache Form der Koppelung von im wesentlichen gescripteten Verknüpfungen von Eingabe- und Ausgabe-Sequenzen, wie wir sie aus der Frühzeit der Entwicklung von Sprachdialogsystemen wie Eliza kennen, kommt ohne wirkliches Sprach*verstehen* aus. Modernere, durchaus auch leistungsfähigere Ansätze gehen davon aus, dass Text zunächst in eine Form tieferer Repräsentation übersetzt werden muss, die eine automatische Verarbeitung von Inhalten auf eine völlig neue Ebene hebt (Barrière 2016, S. 1).

Dabei lassen sich im Wesentlichen zwei Phasen unterscheiden, die in modernen Systemen aber eng ineinandergreifen und sich überlappen:

> In der ersten Phase wird mit Hilfe von speziellen, für die natürliche Sprache entwickelten Grammatiken ein Syntaxbaum berechnet. Diese syntaktische Analyse wird dann zur Grundlage für die zweite Phase, in der aus dem Syntaxbaum und einem speziell für diesen Zweck entwickelten Wörterbuch (dictionary) die semantische Analyse vorgenommen. Das Ergebnis dieser zweiten Analyse ist eine strukturierte interne Repräsentation, die von dem Rechner dann weiterverarbeitet werden kann (Siekmann 1994, S. 205).

Es ist allerdings mit einem reinen Sprachverstehen auf der Satzebene noch nicht getan. Natürlichsprachliche Dialoge stellen ein noch bedeutend komplexeres

Problem dar, denn sie neigen zum Ausufern. Themen und Zielsetzungen verändern sich häufig durch den ständigen Perspektiv- und Initiativenwechsel. Ein Dialogsystem muss daher ganze Dialoge im Blick behalten, damit es das Ausufern verhindern und das Gespräch wieder auf die relevanten Punkte zurückführen kann. Dazu können Dialogmuster hinterlegt oder durch Machine Learning vom Computer selbst aufgebaut werden.

3.2.2 Sprachausgabe und Sprachsynthetisierung

Die ersten Versuche einer Spracherzeugung durch Maschinen reichen schon weit vor die Entwicklung der ersten Computer zurück. Als Pionier gilt Wolfgang von Kempelen. Der Erfinder des „Schachtürken" stellte im Jahr 1790 eine technisch anspruchsvolle Sprechmaschine vor. Bereits unmittelbar nach dem Erscheinen von Kempelens Mechanismus wurden die ersten Nachbauten seiner Sprechmaschine angefertigt; schon Goethe berichtete darüber (Goethe 1893, S. 154). Ein Exemplar kann man etwa im Deutschen Museum in München begutachten. Während der *Schachtürke* vorwiegend zu Unterhaltungszwecken gedacht war, ist Kempelens *Sprechmaschine* zur Hervorbringung menschlicher Sprachlaute eine auch wissenschaftsgeschichtlich bedeutende Leistung (Brackhane 2011; Brackhane 2015, S. 68 f.).

Die im 20. Jahrhundert gängigen Technologien der Sprachverarbeitung, Sprachmodellierung und -synthese gehen auf Techniken zurück, die von Homer Dudley in den späten 1930er und frühen 1940er Jahren entwickelt wurden. Dudley analysierte dazu die akustischen Eigenschaften des menschlichen Vokaltrakts und bildete sie in einem Modell ab. Danach ließ sich natürliche Sprache nicht nur präzise analysieren, die gemessenen Parameter der einzelnen Laute lassen sich auf Basis seines Modells auch synthetisch erzeugen.

Mit dem Voder („Voice Operation Demonstrator") von Homer Dudley war es zum ersten Mal möglich, mit einem elektrischen Gerät Sprache zu synthetisieren. Der Voder wurde erstmals 1939 auf der Weltausstellung in New York vorgestellt (Guernsey 2001) (Abb. 3.3).

Auf dieser Technologie basieren noch heute einige artikulatorische Synthesemodelle. Dabei wird das Resonanzmuster des Luftstroms am Ausgang des Kehlkopfs als Signal gemessen. Die Resonanzfrequenzen bilden sogenannte Formanten, die wiederum simuliert werden können – weswegen das Verfahren auch Formantensynthese genannt wird. Der Vorteil der Formantensynthese liegt in dem verhältnismäßig geringen Ressourcenverbrauch. Komplette Systeme lassen sich bereits auf mobilen Endgeräten einsetzen. Die erzeugte Sprache wird zwar als

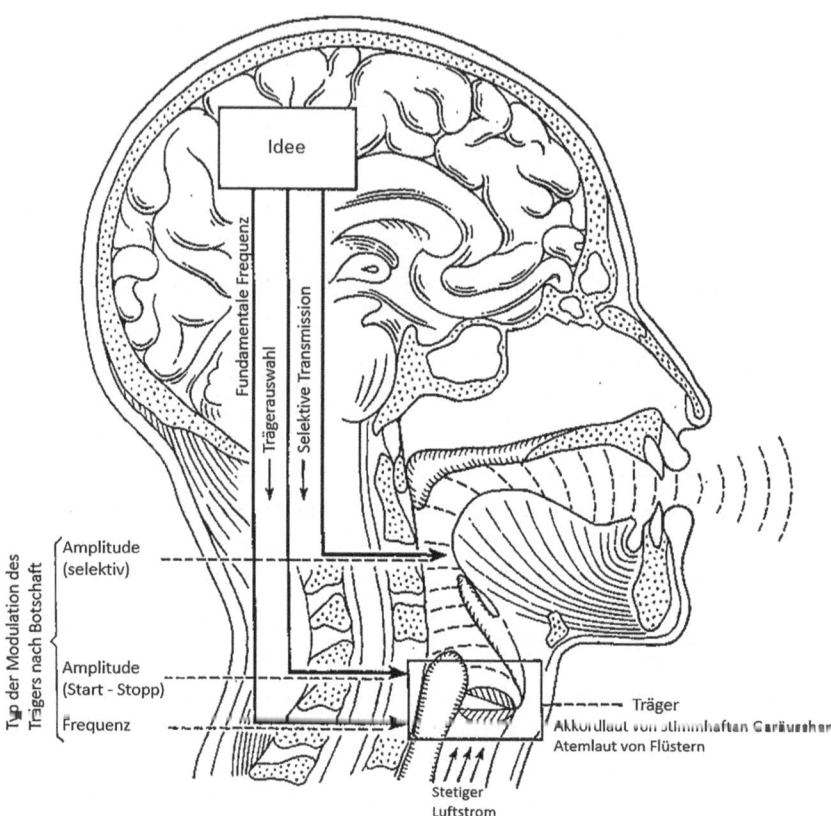

Abb. 3.3 Schema des menschlichen Sprechvorgangs. (Quelle: Dudley 1940, S. 497)

überaus gut verständlich aber auch als unnatürlich empfunden (Nöth und Fischer 2010, S. 622).

Nahezu natürliche und verständliche, synthetische Sprache wird inzwischen durch die Verwendung von konkatenativen Verfahren erzielt. Dabei werden kurze Segmente natürlicher Sprache ausgewählt, neu angeordnet und verkettet (*catenatio;* McTear et al. 2016, S. 83–89; Fellbaum 2012, S. 354). Konkatenative Syntheseverfahren ermitteln zunächst ein prosodisches Modell der Satzmelodie. Nach dieser prosodisch-linguistischen Spezifikation werden dann die Segmente aus dem akustischen Inventar ausgewählt, die am besten passen. Grundlage ist ein möglichst breites Toninventar auf der Subwortebene – typischerweise werden

Silben, Laute oder auch subphonetische Einheiten verwendet. Dadurch lassen sich beliebige Texte auf natürlich klingende Weise synthetisieren. Dabei spielt allerdings eine breite Basis des aufgenommenen Ausgangsmaterials eine Rolle, wie der zur Verfügung stehende Speicherplatz sowie die Rechenleistung und -dauer. Über die Problematik der vorliegenden Sprachdatenbanken war bereits im vorangegangenen Kapitel die Rede (Bendel 2017).

3.2.3 Textgenerierungsalgorithmen

Ein Aufgabenfeld, das sich ebenfalls dynamisch entwickelt, sind Textgenerierungsalgorithmen, sogenannte Roboter-Redakteure, die ich bereits in Abschn. 3.1 vorgestellt habe. Es handelt sich dabei um Algorithmen, die natürliche Sprache generieren. Für den Generierungsprozess gibt es eine Reihe unterschiedlicher Beschreibungsmodelle (Perera und Nand 2017; Dale und Reiter 2000; Evans et al. 2002). Stark vereinfacht kann man dabei modifikatorische von transformatorischen Ansätzen unterscheiden, je nachdem, wie komplex das zugrunde liegende Regelwerk ist. In der Forschung ist bei der Unterscheidung dieser Ansätze auch von flachen und tiefen Verfahren die Rede (Lobin 2017).

Modifikatorische oder flache Ansätze verwenden vorformulierte Versatzstücke auf Satz- oder Textebene, um daraus neue Texte zusammenzusetzen. Sie gehen dabei oft von einem Urtext aus, den ein Redakteur geschrieben hat. Die Technik ist mit der eines Serienbriefs vergleichbar. Dabei wird ein Standardtext, etwa der Brief einer Bank an ihre Kunden, als Basis genommen. Bei der automatischen Textproduktion werden unterschiedliche Konto- oder Kundendaten eingelesen. In Verbindung mit einer Datenbasis und den Generierungsregeln können solche einfachen NLG-Engines automatisch beliebig viele Texte zu einem Thema schreiben, wobei Inhalt, Aussagen und auch Stilistik durchaus variieren können. Die Komplexität bleibt überschaubar. Im Grunde bewegen wir uns hier im Anwendungsbereich von Lückentexten, vorgegebenen Aussagemustern und relativ einfachen Textmodifikationen, die der Algorithmus vornimmt. Die Aufgabe des Textgenerierungsprogramms besteht hier vor allem darin, geeignete Textstücke nach vorgegebenen Regeln auszuwählen und sie in den entstehenden Satz- und Textzusammenhang einzupassen.

Modifikatorische Ansätze sind besonders leistungsfähig, wenn eine große Zahl an ähnlichen Texten produziert werden müssen, die sich formal wenig unterscheiden. Sie nutzen bei der Bewertung einfache regelbasierte Schlüsse und beziehen ihre Inhalte aus Datenbanken. Klassische Beispiele für modifikatorische NLG-Anwendungen kommen bei Berichten über Wetterprognose, Schneehöhen,

Börsenkurse oder Feinstaubbelastung zum Einsatz. So nutzt das folgende Beispiel eines Pollenflugberichts einfache Tabellen mit sechs Werten und trifft auf dieser Basis Aussagen für die verschiedenen Regionen Schottlands. Der automatisierte Bericht für den 1. Juli 2005 sah so aus:

> Grass pollen levels for Friday have increased from the moderate to high levels of yesterday with values of around 6 to 7 across most parts of the country. However, in Northern areas, pollen levels will be moderate with values of 4 (Turner et al. 2006).

Zum Vergleich, ein Redakteur schrieb folgenden Bericht aus denselben Daten:

> Pollen counts are expected to remain high at level 6 over most of Scotland, and even level 7 in the south east. The only relief is in the Northern Isles and far northeast of mainland Scotland with medium levels of pollen count (Turner et al. 2006).

Das Beispiel zeigt, dass die Maschine bereits gute Texte produziert. Subjektiv wirkende Bewertungen wie „the only relief" bieten nur scheinbar einen Vorteil des Redakteurs. Eine solche Bewertung könnte der NLG-Algorithmus ebenso leicht treffen, wenn eine entsprechende Textregel hinterlegt wäre, die etwa besagt: *Hebe bei dauerhaft hoher Belastung regionalen Ausnahmen in Form einer entsprechenden Nominalphrase („the only relief") hervor.*

Beim **transformatorischen oder tiefen Ansatz** steigt die Menge und Komplexität an Wissen, Informationen und Schlüssen, die bei der Textproduktion Verwendung findet. Die „tiefe" Textgenerierung geht von einer wie auch immer gearteten Repräsentation von Bedeutungen aus. Dabei wird anhand von grammatischen Generierungs- oder Parsing-Verfahren Schritt für Schritt eine Abfolge von Sätzen aufgebaut.

> Dazu muss zunächst ermittelt werden, welche Bedeutungen überhaupt sprachlich zu realisieren sind, welche erschlossen werden können und welche für das Verständnis zusätzlich erforderlich sind. Sodann sind Satzeinheiten zu bilden, die wichtigsten bedeutungstragenden Wörter (Verben, Substantive, Adjektive) auszuwählen und grammatische Strukturen zu bilden, um zuletzt die Wörter in der richtigen Reihenfolge und in der richtigen Form als Satz auszugeben (Lobin 2017).

Im Grunde könnte man sagen, dass das Analyseergebnis eines komplexen Regelprozesses sekundär in natürliche Sprache „übersetzt" wird. Die Vorstellung einer Trennung von maschinen-basiertem und sprachlichem Wissen andererseits führt allerdings in die Irre. Auch beim transformatorischen Ansatz basiert die Textproduktion natürlich auf einer sprachlichen Planung der Ergebnistexte, wobei sich der Generator nur eine weitaus größere Menge an Satzmustern und Textvarianten zunutze macht.

Zur Generierung von solchen komplexen Texten sind in der Regel drei Module nötig: ein **Textplaner**, ein **Satzplaner** und ein **Oberflächenrealisierer**. Für das Verhältnis zwischen Textsegmenten bedient man sich makrostruktureller, rhetorischer Generierungsregeln, um die Diskursrelationen zu gestalten. Ein Text ist dann schlüssig, wenn er durch einen Baum von rhetorischen Relationen sowie elementaren Texteinheiten dargestellt und immer weiter konkretisiert werden kann. Das umfasst auch textstrategische Planungsaspekte, etwa der Informationsauswahl, Inhaltswahl oder Bereichsplanung. Aber auch stilistische und taktische Entscheidungen muss ein derart hierarchisch organisierter Algorithmus treffen. Auf diese Weise kann ein Computer von der Makrostruktur ausgehend natürliche Sprache bis auf die Sprachoberflächenebene herunter konkretisieren.[2]

Ich möchte dies anhand eines konkreten Beispiels durchspielen. Es handelt sich dabei um ein Projekt, das wir für ein großes Telekommunikationsunternehmen entwickelt haben. Zu einem internen Zukunftskongress sollten an eine Reihe von Mitarbeitern hoch individualisierte Einladungen verschickt werden, die von einem NLG-Algorithmus geschrieben wurden. Keiner der Texte sollte identisch sein, durch individuelle Vertextungsstrategien konnte aber auf sehr persönliche Merkmale der Teilnehmer Bezug genommen werden – und zwar sowohl stilistisch als auch inhaltlich.

Unser Textproduktionsalgorithmus musste dazu folgende Entscheidungen treffen.

- **Content-Struktur:** Welche Inhalte und Informationen werden in einen Text integriert. Hierbei muss bedacht werden, welche Zielgruppe angesprochen werden soll und welche Informationen und Regeln dafür nötig sind. Dazu gehört auch die Einschätzung, ob und wie bestimmte Besonderheiten eines konkreten Sachverhalts erkannt werden, ob und wie man darauf eingeht. In unserem Beispiel waren zahlreiche Mitarbeiter mit zehn oder zwanzig Jahren Firmenzugehörigkeit in der Zielgruppe. Der Algorithmus musste also autonom entscheiden, ob er auf die Dauer der Firmenzugehörigkeit eingeht und ob er beispielsweise Ereignisse aus dem Einstellungsjahr berücksichtigt.

---

[2]Eine Methode zur Abbildung solcher Makrostrukturregeln stellt die *Rhetorical Structure Theory* dar. Es handelt sich dabei um eine Theorie zur Darstellung der rhetorischen Struktur in Texten. Sie wurde von William C. Mann (1934–2004) und Sandra A. Thompson u. a. im Rahmen von Studien zur automatischen Textgenerierung am Information Science Institute der University of Southern California 1983 entwickelt (vgl. jüngst: Taboada et al. 2017).

- **Textstruktur:** In welcher Reihenfolge wird die Information im konkreten Text aufgebaut. Bei dem Beispiel der Einladung musste also unter anderem berücksichtigt werden, dass sich ein Teil der Mitarbeiter schon für bestimmte Seminare angemeldet hatte. Für sie waren andere Inhalte und ein anderer Textaufbau notwendig.
- **Satzstruktur:** Welche Satzabfolge ist nötig. Dies beinhaltet auch die Frage einer Zerlegung komplexer Inhalte in zwei Sätze, etwa zur Vermeidung eines Nominalstils. Umgekehrt können auch ähnliche, gleichgeordnete Informationen in einem Satz zusammengefasst werden, wodurch die Wiederholung immer gleicher Hauptsätze vermieden wird.
- **Lexikalische Struktur:** Welche Wörter werden zur Beschreibung der Sachverhalte gewählt. In unserem Beispiel ging es etwa um die Bewertung der Erfahrung, die ein Mitarbeiter im Unternehmen gesammelt hat. Dies hatte Einfluss auf bestimmte Adjektive oder Nominalphrasen, je nachdem, wie lange jemand für das Unternehmen tätig ist, welche Aufgaben oder Führungsrollen er begleitet hat.
- **Bezugspunktestruktur:** Welche spezifischen Bezüge werden durch Formulierungen hervorgehoben, etwa Firmenzugehörigkeit oder räumliche Bezüge. In unserem Beispiel gingen wir auf lange Anreisewege ein oder Tätigkeitsschwerpunkte in unterschiedlichen Bereichen Deutschlands.
- **Konkrete Textrealisierung:** Jeder konkrete Einzeltext muss grammatisch korrekt sein, also die Regeln der Syntax, Morphologie und Orthografie der jeweiligen Zielsprache beachtet werden.

Wir haben uns dabei für eine modifikatorische oder eben flache Realisierung entschieden. Das heißt, nicht alle Textrealisierungen musste der Algorithmus anhand einer autonomen Entscheidungshierarchie selbst treffen. Der Algorithmus konnte aus Satzmustern auswählen, die wir vorgegeben hatten.

Der Programmieraufwand steigt selbstverständlich mit der Komplexität der berücksichtigten Regeln. So hat die Firma AxSemantics in einem Projekt zur Automatisierung von Fußballberichten für ein Medienhaus an die 1400 Regeln definiert, anhand derer jedes Wochenende viele Hundert Spielberichte automatisch generiert und veröffentlicht werden. Sind die Regeln aber einmal definiert, so können damit beliebig viele, individuelle Texte zu diesem Themenbereich generiert werden.

Gute Texte können allerdings auch mit viel geringerem Regelaufwand produziert werden. In unserem Einladungsbeispiel war die Anzahl der berücksichtigten Regeln vergleichsweise gering. Gleichwohl waren die Ergebnisse so gut, dass kein Nutzer erkannt hat, dass ein Computer als Autor tätig gewesen war. Es liegt somit auf der Hand, dass mithilfe solcher Vertextungsalgorithmen enorme Innovationen in der Medien- und Unternehmenskommunikation möglich werden.

3.2.4 Dialogsysteme

Die Produktion von guten Texten stellt bereits, wie wir gesehen haben, für einen Computer eine erhebliche Herausforderung dar. Als Königsklasse in Sachen Komplexität gilt hingegen die autonome Dialoggestaltung. Neben der Analyse der sprachlichen Äußerungen des Gesprächspartners, deren inhaltliche Auswertung und die Bestimmung einer Antwort oder eines Kommentars muss auch eine Folge von Sätzen als Antwort oder weiterführende Bemerkung im Dialog produziert werden. Daran scheitern bis heute immer noch die meisten frei zugänglichen Dialogroboter.

Gleichwohl hat man in den mittlerweile fünf Jahrzehnten, in denen die Forschung an diesem Problem arbeitet, fast schon verblüffende Fortschritte gemacht. Zu jeder guten Darstellung[3] über Bots und Dialogsysteme gehört auch der Verweis auf die erstaunliche Pionierleistung von Josef Weizenbaum. Der MIT-Professor veröffentlichte im Jahr 1966 das Computerprogramm Eliza (Weizenbaum 1966) – einer der ersten Computerbots der Geschichte. Weizenbaums Arbeit fällt in die erste Blütezeit der Forschung zur künstlichen Intelligenz. Konsequenterweise wurde Eliza auch als Meilenstein der künstlichen Intelligenz und als Beispiel für den gut ein Jahrzehnt zuvor entwickelten Turing-Test gefeiert. Turing hatte 1950 ein Konzept entwickelt, wie man feststellen könnte, ob ein Computer ein dem Menschen gleichwertiges Denkvermögen hat (Turing 1950b; vgl. auch Kittler und Dotzler 1987).

Weizenbaums Programm hätte sicher nicht den Turing-Test bestanden. Aber es konnte über Skripte Dialoge mit verschiedenen Gesprächspartnern simulieren. Dabei nutzte Eliza einen Thesaurus, also ein strukturiertes Wörterbuch. Wird ein Satz eingegeben, durchsucht ein Algorithmus den Thesaurus nach bekannten Wörtern. Davon ausgehend wird dann nach Synonymen oder Oberbegriffen gesucht, für die wiederum Antwortprozeduren hinterlegt sind. Der Dialogplaner von Eliza enthält eine Sammlung von Sätzen und Satzfragmenten zu verschiedenen

---

[3]Einen kurzen, aber umfassenden, historischen Überblick bieten etwa Shum et al. (2018, S. 11–14).

Themengebieten sowie Antworten auf häufige Fragen. Exemplarisch kann das folgende Frage-Antwort-Paar herangezogen werden:

> **Benutzer:** Ich habe ein Problem mit meinem Vater.
> **Eliza:** Erzählen Sie mir mehr über Ihre Familie!

In diesem Fall hat das Programm die im Thesaurus festgelegte Zuordnung *Vater* zu dessen Oberbegriff *Familie* umgesetzt und eine Phrase zum Themenkomplex *Familie* herausgesucht. Diese einfache Funktionsweise zeigt die Beschränkung des Programms, das den Benutzer keineswegs versteht. So würde das Schlüsselwortprinzip auch zu folgender, für die Maschine folgerichtigen, aber natürlich unsinnigen Antwort führen:

> **Benutzer:** Krieg ist der Vater aller Dinge.
> **Eliza:** Erzählen Sie mir mehr über Ihre Familie!

Solche „Dialoge" führen natürlich schnell in Sackgassen. Weizenbaum hatte dafür bereits Strategien entwickelt. Wenn das Programm etwa kein Wort findet, mit dem es etwas anfangen kann, antwortet es mit allgemeinen Ausweichphrasen wie z. B.: „Das habe ich noch nicht verstanden, können Sie mir das erklären" oder „Davon verstehe ich nichts, lassen Sie uns über ein anderes Thema reden."

Damit hat Weizenbaum einige grundlegende Mechanismen erprobt, die auch heute noch in Bots angewendet werden. Ausweichstrategien oder Gegenfragen sind gängige Strategien, um mit Verständnislücken umzugehen – übrigens auch in normalen Dialogen. Sie wirken natürlich und glaubwürdig, weswegen man hier auch vom Eliza-Effekt spricht.

Direkte Dialoge zwischen Menschen stellen eine große Herausforderung für Programmierer dar. Natürlicher Sprache ist eine Vieldeutigkeit eigen, die sich der binären Logik des Computers zäh zu widersetzen scheint. Fellbaum nennt eine Reihe von Merkmalen, die eine algorithmische Simulation von Mensch-Mensch-Dialogen schwierig machen (Fellbaum 2012, S. 370 ff.)[4] :

- Weitschweifigkeit, variable Wortwahl, Mangel an Präzision,
- Verwendung von Spontansprache,
- Verwendung von Rückverweisen (Anaphora),

---

[4]Fellbaum bezieht sich in der Darstellung von Dialogstrukturen auf die Erkenntnisse von Watzlawick et al. (2011). Ich bin in diesem Kontext mehrfach der Darstellung Fellbaums über Sprachdialogsysteme gefolgt.

3.2 Natural Language Processing

- Verwendung von Ellipsen,
- Verwendung von Deixis (Zeigehandlungen),
- Verwendung von pragmatischem Wissen sowie
- Auswertung von Fragmenten.

Alle diese Probleme lösen menschliche Sprecher ohne große Probleme. Für einen Algorithmus stellen sie aber erhebliche Herausforderungen dar. Für jeden Einzelfall müssten entsprechende Regeln hinterlegt sein – Regeln, die auch in der Analyse von natürlichsprachlichen Dialogen keinesfalls vollständig verstanden sind.

Angesichts solcher Probleme ist es kaum verwunderlich, dass die Kommunikationsfähigkeit von Maschinen noch recht eingeschränkt ist. Trotz der gewaltigen Fortschritte, die wir überall sehen können, erscheint die Realisierung eines komplett natürlichen, „menschlichen" Dialogs im Moment noch nicht als sinnvolles Ziel. Das heißt aber ganz und gar nicht, dass spezifische natürlichsprachliche Dialogformen nicht simulierbar wären und effizient eingesetzt werden könnten.

Dialoginitiative

In der Praxis haben sich eine Reihe unterschiedlicher Modelle für diese Probleme herauskristallisiert. Ein grundsätzlicher Unterschied zeigt sich etwa im Hinblick auf die Dialoginitiative. Bei Bots mit **systemgesteuerter Initiative** geht der Impuls vom System aus. In der Regel bietet es dem Benutzer ein Menü an, aus dem er auswählen kann. Das ist das klassische Setting für **Sprachassistenzsysteme**. Jeder kennt solche Bots etwa aus Call-Centern: Bevor man mit einem Call-Center-Mitarbeiter spricht, wird man durch ein Abfragemenü geführt. Dies erfüllt mehrere Funktionen. Zum einen können relevante Kundendaten abgefragt und im System aufgerufen werden. Es werden Zielsetzungen des Gesprächs priorisiert, was auch dazu beiträgt, den richtigen Gesprächspartner zu finden. Und nicht zuletzt wird auf diese Weise auch ein Teil der Wartezeit überbrückt. Im Customer-Relationship-Management sind dies konkrete, monetäre Faktoren, denn sowohl die Verkürzung von Wartezeiten als auch die Verkürzung der Airtime mit dem Operator bringen pro Sekunde konkret messbare Kostenvorteile. Daher lieben CRM- und Service-Manager Bots.

Das sehen Nutzer allerdings anders – und damit zeigt sich auch schon der Nachteil. Bei systemgesteuerter Initiative fühlen sich die Nutzer reglementiert. Die Menüstruktur ist oft überaus umständlich. Die Gefahr einer Unter- oder Überforderung ist groß. Das führt in beiden Fällen zu Frustrationserlebnissen. Zudem geht der wesentliche Vorteil natürlicher Dialoge verloren: Nähe und Augenhöhe.

Bei **benutzergesteuerten Mensch-Maschine-Dialogen** übernimmt der Benutzer die Initiative. Er eröffnet nicht nur den Dialog, sondern bestimmt auch seinen Verlauf, etwa durch offene Fragen. Sie sind besonders benutzerfreundlich, da sie einen natürlichen Gesprächsverlauf simulieren. Das wirkt sympathisch, baut Nähe auf und Widerstände ab – zumindest, solange der Dialog nicht scheitert. Das ist aber genau das Problem. Da der Mensch gewöhnlich auf sehr unterschiedliche Weise reagiert und formuliert, sind menschliche Dialoge für eine binäre Logik ein Albtraum – auf die Herausforderungen haben wir oben schon hingewiesen. Dadurch sind die Systeme schnell überfordert, reagieren mit Ausweichmanövern, Rückfragen oder schlicht mit Fehlinformationen. Auch das führt zu Verärgerung und Ablehnung seitens der Nutzer. Solange das Nutzungsszenario nur spielerisch ist, spielt das kaum eine Rolle. In konkreten Handlungszusammenhängen sind Fehlerquoten um die 10 %, was im Augenblick die Benchmark für die meisten Bots darstellt, ein unbefriedigender Zustand. Ein Corporate- oder Medienbot muss stabil und zuverlässig funktionieren – sonst wird er für das Unternehmen oder Medium schnell zu einem Image-Problem.

Dialogphasen und Gesprächseröffnung

Grundsätzlich unterscheidet man bei einem Dialog drei Phasen (Fellbaum 2012, S. 373 f.; vgl. auch Möller 2017): Eröffnungsphase, Dialogphase und Schlussphase. Obwohl diese Phasen für einen Bot-Dialog nicht in derselben Weise relevant sind wie für den Mensch-Maschine-Dialog, spielen sie für die Dialogsteuerung gleichwohl eine wichtige Rolle. Zum einen muss der Bot angesprochen, oder besser: angeschaltet, werden. Zum anderen trägt eine gut gestaltete Eröffnungsphase auch dazu bei, das Gespräch effizienter zu strukturieren.

Die Gesprächseröffnung erfolgt in der Regel mit einer „Invocation". Der Benutzer sagt am Anfang des Gesprächs den *Aufrufnamen* des Dialogassistenten an. Benötigt er wie im folgenden Beispiel einen spezifischen Skill, muss er auch diesen aufrufen, um das Gespräch zu starten. Wenn der Bot Alexa heißt, und der Aufrufname des Skills „Astrodienst" lautet, könnte ein Benutzer also etwa Folgendes sagen (Amazon 2018):

Benutzer: Alexa, frage Astrodienst nach dem Horoskop für Zwilling.

Das Gespräch ist damit technisch gesehen eröffnet, weitere Honneurs wie in natürlichen Dialogen sind im Grunde nicht notwendig. Der Dialog kann starten. Allerdings sollte in der Eröffnungsphase die Chance genutzt werden, das Gespräch einzustimmen. So ist die Invocation keinesfalls immer mit einer konkreten inhaltlichen Anfrage verbunden. In dem Fall sollte der Bot sofort eine Hilfestellung geben und verdeutlichen, was er kann (und damit auch: was nicht).

3.2 Natural Language Processing

Benutzer: Alexa sprich mit Mitfahrdienst.
Mitfahrdienst: Mitfahrdienst. Du kannst eine Mitfahrgelegenheit bestellen oder eine Kostenschätzung abfragen. Was möchtest du gerne?
Benutzer: Eine Mitfahrgelegenheit bestellen.
(…)
Mitfahrdienst: Deine Anfrage wird abgeschickt. Du erhältst eine Nachricht auf dein Mobiltelefon, wenn jemand eine Mitfahrgelegenheit anbietet. Danke, dass du Mitfahrdienst verwendet hast.

Wir sehen hier einen kompletten Dialog abgebildet, mit Begrüßung, Dialog und Abschluss. Dies zeigt, dass es sich lohnt, auch auf die Gestaltung von Eröffnung und Abschluss einige Mühe zu verwenden. Wie auch immer die Invocation eines Bots strukturiert ist, sie sollte klar und effizient sein, nicht zu viel voraussetzen und dem Nutzer Hilfestellungen bieten. Das trägt von Anfang an dazu bei, den Dialog mit dem Dialogsystem so effizient wie möglich zu gestalten. Es reduziert die Komplexität, somit Fehlerquellen und das Risiko einer Frustrationserfahrung.

Anforderungen an die Dialogführung

Dialoge, wie wir sie oben beschrieben haben, sind kurz und klar strukturiert. Trotzdem erfordern auch solche verhältnismäßig einfachen Dialoge einen erheblichen Regelungsbedarf. Um das Gespräch effizient zu gestalten, müsste noch eine Reihe weiterer Informationen verarbeitet werden, etwa nach Abfahrt- und Zielort, Uhrzeit, Dauer und Preis.

Mitfahrdienst: Wohin möchtest Du gerne?
Benutzer: Ich möchte … ähm …nachhamburchfahrn.

Die Frage „Wohin möchtest Du gerne?" lässt verschiedene Antworten zu. In vielen Fällen wird der Benutzer entweder mit einem ganzen Satz antworten oder mit einer gesprochenen Wortfolge. Das System erwartet aber nur ein „Ziel" – und es kennt natürlich keinen Ort „nachhamburchfahrn". Besser wäre also eine Fragestruktur, die die Antwortmöglichkeiten gleich einschränkt (Fellbaum 2012, S. 375 f.).

Mitfahrdienst: Wohin möchtest Du gerne fahren? Nenne mir bitte einen Zielort.
Benutzer: Hamburg.

Um ein hohes Maß an Effizienz zu erzeugen, sind also nicht unbedingt eine Vielzahl von Regeln und Varianten notwendig. Auch eine klare Gesprächsstrukturierung, die für den Nutzer „mitdenkt" und dessen Antworten antizipiert, trägt zur Klarheit bei. Das Prinzip einer **proaktiven Komplexitätsreduktion** spielt dabei eine zentrale Rolle. Das betrifft auch den folgenden Dialog:

Benutzer: Fährt einer Freising – Stuttgart. So um 10?
Mitfahrdienst: Nein.

Nun ist diese Antwort für den Benutzer sicher überaus unbefriedigend, nicht nur wegen der negativen Auskunft. Viel schwerer wiegt, dass das Gespräch hier in einer Sackgasse gelandet ist, aus der der Bot nun einen Weg finden muss. Für den Algorithmus wirft die Frage ebenfalls eine Reihe von Problemen auf, die er priorisieren und klären muss:

a) Es gibt niemanden, der von Freising fährt, aber vielleicht von München-Schwabing aus.
b) Es gibt niemanden, der ab 10 Uhr fährt, aber vielleicht einige nachmittags.
c) Er hat die Frage nur unvollständig verstanden (z. B. kann er Abfahrts- und Ankunftsort nicht zuordnen oder Abfahrts- und Ankunftszeit).

Im Fall von a) und b) wäre es sicher sinnvoll, eine Begründung für das Nein zu liefern – etwa in Verbindung mit einer Alternative. Im Fall von b) sind Klärungsfragen notwendig. Überhaupt ist es für jeden Dialogschritt wichtig, dass das System die Richtigkeit einer Benutzereingabe anhand einer **Plausibilitätsprüfung** beurteilt. Das kann zurückliegende Dialogschritte einbeziehen, die zu diesem Zweck in einem Dialoggedächtnis gehalten werden müssen. Auch Sensordaten können eine Rolle spielen, etwa von welchem Ort oder zu welcher Zeit die Frage gestellt wird.

Bereits dieser recht einfache Dialogzusammenhang zeigt, wie komplex eine Dialogstrukturierung werden kann. Und wir sind hier von einer freien Dialogführung noch weit entfernt. Die Vielfalt möglicher Dialogverläufe erscheint unendlich. Kaum ein Dialog verläuft wie der andere. Trotzdem sind Dialoge natürlich strukturiert. Verschiedene Dialoge oder Dialogteile ähneln sich und lassen sich zu Typen zuordnen, die gemeinsame Regularitäten zeigen (Fritz 1994, S. 178).

Leistungsfähigkeit von Dialogmanagern
Ein leistungsfähiger Dialogmanager muss daher nicht nur über ein Dialoggedächtnis verfügen, das den Gesprächsverlauf abbildet. Es muss auch einen umfangreichen Bestand an Dialogmodellen besitzen. Wenn, wie in dem Beispiel oben, eine sprachliche Eingabe nur unvollständig oder fehlerhaft verstanden

3.2 Natural Language Processing

wurde, dann kann ein performanter Dialogmanager eine Rückfrage formulieren. Ein solcher Klärungsdialog könnte in kürzester Zeit Unklarheiten beseitigen. Allerdings muss dazu ein genügend relevantes Dialogsequenzmuster hinterlegt sein. Solche Klärungssequenzen sind aber nur eines von vielen möglichen Sequenzmustern. Ähnliches findet man in der Aufforderungs-, Vorwurfs-, Planungs- oder Erzählkommunikation (Fritz 1994, S. 184) (Abb. 3.4).

Der Dialogmanager steuert also auf Basis vorgegebener Dialogsequenzmuster die konkrete Textgenerierung. Aber er steuert nicht nur die Ein- und Ausgabeprozesse, sondern er dient auch als Kontrollorgan für die einzelnen Systemkomponenten. Er verfügt über detaillierte, thematisch relevante Informationen und enthält auch die Geschichte des Dialogverlaufs. Dieser Verlauf ist immer dann erforderlich, wenn die Anwendung über eine simple Frage- und Antwortstruktur hinausgeht. Seine Aufgaben lassen sich daher wie folgt spezifizieren (Fellbaum 2012, S. 379; vlg. auch: Möller 2017):

- die Verteilung der Dialoginitiative,
- die Sammlung und Auswertung der Information, die das System im Laufe des Dialogs erhalten hat, einschließlich der Information über deren Richtigkeit und Relevanz,
- die vorhandenen Hilfefunktionen für den Benutzer,
- die Korrektur von Missverständnissen und Fehlern,

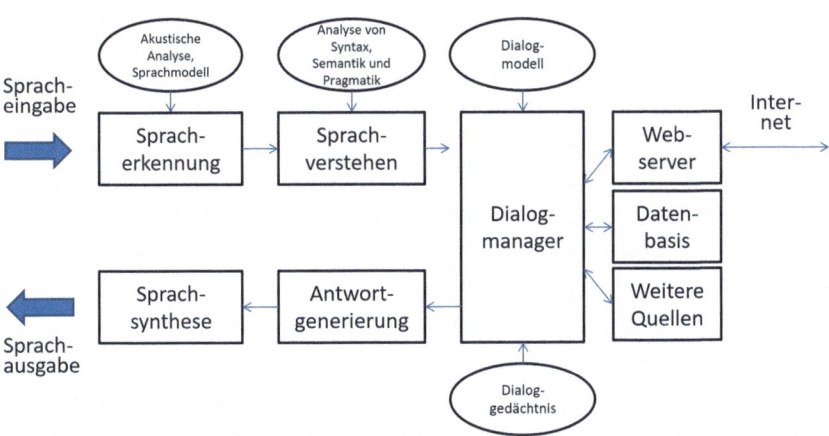

Abb. 3.4 Allgemeines Schema eines sprachbasierten Dialogsystems. (Quelle: Fellbaum 2012, S. 378)

- die Interpretation von komplexen Diskursphänomenen wie Ellipsen und anaphorischen Referenzen sowie
- die Bereitstellung der Information und Organisation ihrer Ausgabe für den Benutzer.

Zu diesem Zweck greift der Dialogmanager wie beschrieben auf Sequenzierungsmuster und Regeln zurück. Hinzu kommt ein Dialoggedächtnis. Es sorgt dafür, dass das Sprachdialogsystem Verbindungen zu bereits Gesagtem verstehen kann. Dazu ein Beispiel einer Gesprächssequenz mit einem Reservierungsassistenten für ein Kino:

> **Kinoreservierung:** Der Film *Rogue One* läuft heute Abend nicht im Matthäser.
> **Anrufer:** Läuft der denn dann vielleicht woanders?

Das System muss verstehen können, dass sich „der" auf den Film *Rogue One* bezieht, und zwar in München am selben Tag und zur selben Uhrzeit. Diese Informationen muss der Dialogplaner aus dem Dialoggedächtnis beziehen. Diese Informationen sind wichtig, um erneut eine sinnvolle Anfrage an die Kinoprogrammdatenbank zu richten.

Das Beispiel zeigt auch, welche zentrale Rolle Datenquellen für die Generierung von natürlichsprachlichen Dialogen spielen. Sinnvolle Aussagen werden aus Dialog- und Satzsequenzen in Verbindung mit relevanten **Daten** generiert.

Dabei werden Dialogmanager auch mitunter als Slot-Filling-Engines bezeichnet, da ihre Prozeduren Ähnlichkeit mit dem Ausfüllen eines Formulars haben. Dabei wird ein elektronisches Formular während des Dialogs mit Werten (Informationen) gefüllt. Die Daten kann der Dialogplaner dazu aus verschiedenen Quellen beziehen. Das können angeschlossene Datenbanken sein, Sensordaten oder auch das Internet, an das selbstverständlich inhaltliche Abfragen gerichtet werden können. Abhängig von den Informationen des Benutzers und der Datenbank werden die Slots gefüllt und Fehler, eventuell nach einem Klärungsdialog, korrigiert.

3.3 Künstliche Intelligenz

Künstliche Intelligenz ist ein Teilgebiet der Informatik, das sich mit der Automatisierung intelligenten Verhaltens befasst. In der öffentlichen Debatte nimmt die künstliche Intelligenz inzwischen einen großen Raum ein und das obwohl der Begriff alles andere als klar bzw. auch unter Wissenschaftlern umstritten ist.

Wir können hier keine umfassende Darstellung dieser vielfältigen, faszinierenden Forschungs- und Anwendungsfelder geben. Wir möchten aber auf die Begrifflichkeiten und damit in Verbindung stehenden Technologien zumindest soweit eingehen, als sie für die weitere Analyse des Conversational Turns und der transhumanen Massenkommunikation relevant sind.

Im Allgemeinen bezeichnet die künstliche Intelligenz den Versuch, eine menschenähnliche Intelligenz nachzubilden. In der Informatik versucht man bereits seit den 1950er Jahren, einen Computer so zu bauen oder zu programmieren, dass er eigenständig Probleme bearbeiten kann. Meist hat man es dabei mit einer Simulation von Intelligenz zu tun, wobei durch einfache Algorithmen ein „intelligentes Verhalten" nachgeahmt wird. Wir haben das schon oben im Zusammenhang mit Weizenbaums genialem Sprachdialogsystem Eliza diskutiert, das zu den Pionierleistungen der KI-Forschung zählt.

3.3.1 Symbolische und subsymbolische KI

Grundsätzlich unterscheidet man zwischen symbolischer und subsymbolischer KI. Die **symbolische KI** ist regelbasiert. Es handelt sich dabei um Verfahren, bei denen ein Algorithmus Probleme durch Anwendung von expliziten Regeln und lexikalischem Wissen löst – Wissen, das meist manuell von menschlichen Experten kodiert wurde. Symbolische KI folgt einem **Outside-in-Approach.** Das heißt, Algorithmen simulieren beobachtetes intelligentes Verhalten, indem sie komplexe Entscheidungen auf einen Regelsatz reduzieren. Sie versuchen nicht, intelligente Denkprozesse an sich nachzubilden (Gentsch 2018, S. 31). Regelbasierte Expertensysteme rechnet man ebenso zur symbolischen KI wie bestimmte Data-Mining-Technologien. Auch alles, was wir oben über Natural-Language-Generation und Sprachassistenzsysteme gesagt haben, kann man unter symbolische künstliche Intelligenz fassen.

Mitunter liest man in der Diskussion auch, dass Bots und Sprachtechnologien erst richtig zum Durchbruch kommen, wenn sie sich Technologien der subsymbolischen KI zu eigen machen. Um es in ein einfaches Bild zu fassen: Eine regelbasierte Sprachtechnologie ist wie eine Autorennbahn, bei der die Autos nur mithilfe der vordefinierten Schlitze in der Spur fahren können. **Subsymbolische KI**-Verfahren kann man sich hingegen eher wie ein selbstfahrendes Auto vorstellen, bei dem das Auto selbständig Entscheidungen treffen sowie fast auf jeder Straße und jedem Gelände fahren kann (Llorente 2017).

Neuronale KI

Im Gegensatz zu symbolischer künstlicher Intelligenz versucht die subsymbolische KI mithilfe von artifiziellen neuronalen Netzwerken Strukturen zu schaffen, die intelligentes Verhalten mit biologisch inspirierten Mechanismen der Informationsverarbeitung erlernen. Sie folgen insofern einem Inside-out-Approach, da viele Inspirationen für Mechanismen dieser Art der Psychologie und Neurobiologieforschung entspringen. Deshalb wird manchmal auch von *Neuronaler Künstlicher Intelligenz* gesprochen (Eckmiller 1994; Gentsch 2018, S. 35). Kurz gesagt: Computer tun nicht nur so, als seien sie intelligent, sie versuchen auch softwareseitig die kognitiven Prozesse des Menschen zu kopieren.

Möglich wird dies durch künstliche neuronale Netze. Sie setzen sich aus künstlichen Neuronen zusammen. Als Vorbild dienen hierbei natürliche Nervenzellen, die über Synapsen Signale elektrisch oder chemisch an andere Nervenzellen weiterleiten, wenn bestimmte Schwellenwerte überschritten werden. Ein künstliches Neuron kann ebenfalls mehrere solcher Eingaben verarbeiten und entsprechend zum Grad seiner Aktivierung reagieren. Dazu werden die Eingaben gewichtet an eine Ausgabefunktion übergeben, welche die Neuronenaktivierung berechnet. Die Synapsen der Nervenzelle werden hierbei durch die Addition gewichteter Eingaben abgebildet, also die Aktivierung des Zellkerns durch eine Aktivierungsfunktion mit Schwellenwert (Abb. 3.5).

Bei einem künstlich neuronalen Netz werden mehrere solcher künstlichen Neuronen in zwei oder mehreren Ebenen hintereinandergeschaltet. Die Topologie

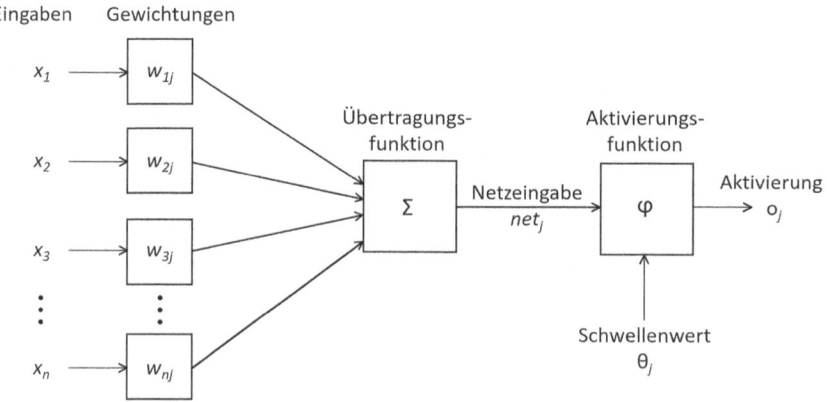

Abb. 3.5 Darstellung eines künstlichen Neurons. (Quelle: Wikimedia Commons)

solcher Netze kann überaus unterschiedlich sein und die künstlichen Neuronen können auf vielfältige Weise mit anderen verbunden werden. Die Art der Verknüpfung und die Anzahl der Layer hat einen erheblichen Einfluss darauf, wie lern- und leistungsfähig ein solches Netz sein kann.

Machine Learning
Gemeinsam ist ihnen vor allem die überlegene Fähigkeit im Bereich des eigenständigen Lernens. Unter Machine-Learning-Technologien (ML) versteht man heute eine Vielzahl an unterschiedlichen Technologien, nicht nur, aber vor allem im Bereich der subsymbolischen KI. Dabei geht es grob gesagt darum, dass ein Computer aus Erfahrungen lernt. Der Computer misst und bewertet die Leistungen und Ergebnisse verschiedener Prozeduren und Vorgehensweisen im Hinblick auf eine bestimmte Aufgabe. Daraus ergeben sich bestimmte „Erfahrungen": Welche dieser Prozeduren erbringen die besten Ergebnisse? Ein bekanntes Beispiel hierfür ist der Schachcomputer. Er verbessert seine Leistung dadurch, dass er möglichst viele Partien durchspielt, Züge vorausplant und die Ergebnisse vergleicht (Gentsch 2018, S. 37).

Machine Learning ist keine fundamental neue Herangehensweise. Als 1997 der Computer „Deep Blue" von IBM den Schachweltmeister Garri Kasparow besiegte, galt dies als Meilenstein in der Geschichte der künstlichen Intelligenz. Eine Revolution in der Computerwissenschaft war es aber in der Rückschau eher nicht – eher der Triumph hoher Rechenleistung im Zusammenspiel mit ausgefeilten Algorithmen. Dabei war vor allem ein mathematisches Kalkül entscheidend: der Wert einer Schachfigur. Ein Springer oder ein Läufer ist ebenso viel wert wie drei Bauern. Die Dame wird mit neun Bauern gehandelt, der Wert des Königs ist unendlich – schließlich endet mit seinem Verlust das Spiel. Der Wert einer Figur hilft, die Qualität denkbarer Züge einzuschätzen: „Einen Läufer opfern, um einen gegnerischen Turm zu schlagen? Meistens eine gute Idee. Einen Springer oder einen Läufer gegen einen Turm eintauschen? Besser nicht" (Nielsen 2018, S. 22).

Ebenso wie jede Figur einen natürlichen Wert hat, so kann dieser Wert durch bestimmte Stellungen im Spiel beeinflusst werden. Der Gesamtwert des Spieles verändert sich analog zur Spielstellung auf dem Brett. Die meisten Computerprogramme verfolgen Abermillionen von denkbaren Zügen (und Gegenzügen). Sie ermitteln auf diese Weise eine Zugfolge, die die Erfolgschancen im Hinblick auf die Spielweise des Gegners optimiert. „Zwei Zutaten verschafften Deep Blue seinen damals spektakulären Erfolg: eine Bewertungsfunktion, in die jede Menge Detailwissen über das Schachspiel einging, und eine gewaltige Rechenleistung, mit der die Maschine unglaublich viele Zugfolgen im Voraus durchspielen konnte" (Nielsen 2018, S. 23).

Das war beeindruckend, aber wenig übertragbar. Teams, die mit dieser Strategie beispielsweise das chinesische Brettspiel Go besiegen wollten, erreichten regelmäßig nur unbefriedigende Ergebnisse. Ein wesentliches Problem stellt die fehlende Bewertbarkeit einzelner Züge und Stellungen dar. Eindeutige quantifizierbare Kriterien sind für das Strategiespiel kaum zu ermitteln. Go spielt man mit linsenförmigen schwarzen und weißen „Steinen", die auf das Spielfeld gesetzt werden. Beim Go versuchen zwei „Kriegsherren" ein bisher herrenloses Gebiet zu besetzen und untereinander aufzuteilen. Durch das Legen von geeigneten Formationen können so nach und nach gesicherte Stellungen geschaffen werden. Am Ende wird die Größe der beherrschten Gebiete verglichen sowie die Anzahl eventuell eingeschlossener Steine des Gegners hinzugezählt.

Das Besondere an Go ist nicht die Berechenbarkeit der Züge. Die Zahl der spielbaren Varianten übersteigt selbst die des Schachspiels um Größenordnungen. Aber das ist nicht das eigentliche Problem. Es geht vielmehr um eine intuitive Bewertung visueller Strukturen und Taktiken. Nicht umsonst misst die Go-Gemeinde einer gelungenen Partie fast meditativen Wert bei: Ein von beiden Seiten gelungen geführtes Spiel wird als Kunstwerk empfunden. Schlichte Rechenpower half da nicht weiter. Der Sieg eines Computers gegen einen Go-Meister schien lange Zeit unmöglich.

Doch „unmöglich" ist in der KI-Forschung relativ. Im März 2016 war es soweit: Das Programm AlphaGo besiegt mit Lee Sedol einen der stärksten Go-Spieler der Geschichte. Möglich wurde dies durch eine geschickte Kombination von ML-Verfahren. Zunächst ließen die Entwickler 160.000 Spiele von echten Go-Meistern mithilfe eines künstlichen neuronalen Netzes auf erkennbare Muster hin untersuchen. AlphaGo hatte danach bereits ein überaus ordentliches Niveau erreicht. Dann ließen die Forscher die jeweils neueste Version gegen die ältere Version ihrer selbst spielen. So wurde das System kontinuierlich besser. Woher weiß ein neuronales Netz nun, was ein guter und ein schlechter Zug ist? Stark vereinfacht handelt es sich um ein äußerst komplexes mathematisches Modell, das von Millionen einstellbaren Parametern bestimmt wird. Der Computer nimmt immer wieder kleine Einstellungsveränderungen vor und bewertet das Ergebnis – also etwa, wie treffsicher es den Zug eines menschlichen Spielers vorhersagen konnte. Mit Geduld und Rechenpower wird das System so immer besser. Der Clou: Eigentlich weiß niemand so genau, warum es so exzellent funktioniert, denn diese Milliarden kleiner Änderungen sind automatisch abgelaufen, innerhalb des Netzes und ohne Einsicht von außen (Nielsen 2018, S. 24).

3.3 Künstliche Intelligenz

Zurzeit wird auf breiter Front gearbeitet, die intuitive Fähigkeit des Menschen zur Mustererkennung zu reproduzieren. AlphaGo gilt als wichtiger Erfolg auf dem Weg, Intuition durch Algorithmen nachzubilden (Nielsen 2018, S. 25). Aber es ist bei Weitem nicht der einzige Ansatz. Ein Tübinger Forscherteam arbeitet beispielsweise an Systemen, die Kunststile untersuchen: Ein neuronales Netz analysiert anhand von realen Kunstwerken typische Stilmerkmale, kann diese bei ähnlichen Werken erkennen oder auch selbst anwenden (Gatys et al. 2015). Nach diesen selbst erlernten Mustern kann der Computer dann beliebige Fotos in Gemälde umwandeln – etwa im Stil van Goghs oder anderer Künstler.

Musteranalyse, Mustererkennung, Mustervorhersage, Musteranwendung: Subsemantische künstliche Intelligenz wird inzwischen auf vielen Anwendungsfeldern genutzt. Visuelle Intelligenz ermöglicht es, Bilder beziehungsweise Formen zu erkennen und zu analysieren. Und natürlich werden diese Technologien auch im Bereich der Sprachverarbeitung eingesetzt – etwa im Bereich der Handschriftenanalyse und, wie oben bereits dargestellt, bei der Stimmerkennung.

Machine-Learning-Verfahren kommen auch im Zusammenhang mit der Entwicklung und dem Training von Sprachdialogsystemen zum Einsatz. Das heißt nicht, dass leistungsfähige Bots notwendigerweise immer Machine Learning und große Sprachkorpora nutzen. Laureen Kunze, CEO der amerikanischen Firma Pandorabots, hat darauf hingewiesen, dass eine Reihe der großen Bots wie Mitsuku, Rose oder *Alice*, die regelmäßig den Loebner-Preis[5] gewinnen, von Hand programmiert seien und eben keine Machine-Learning-Systeme nutzten. Die unterschiedlichen Umsetzungskonzepte hätten alle ihre Vor- und Nachteile, meint Laureen Kunze. Sie hat die wichtigsten Ansätze mit ihren Vor- und Nachteilen zusammengestellt (Abb. 3.6):

Welche technologischen Paradigmen sich durchsetzen werden, bleibt abzuwarten. Machine-Learning-Technologien bringen nicht immer die besseren Ergebnisse, zumal sie im Moment noch immens große Sprachkorpora benötigen. Langfristig werden sie aber dazu beitragen, Sprachdialogsysteme deutlich leistungsfähiger zu machen.

---

[5]Der Loebner-Preis ist der älteste Turing-Test-Wettbewerb. Erfunden wurde er im Jahr 1991 von Hugh Loebner und dem Cambridge Centre for Behavioural Studies. Seitdem wurde er von verschiedenen angesehen Hochschulen und Institutionen kuratiert. Seit 2014 führt die AISB den Wettbewerb aus, die erste KI-Gesellschaft der Welt. Der Preis hat drei Kategorien: Gold, Silber und Bronze. Jedoch wurden Gold und Silber bislang noch nicht vergeben – es würde dem Bestehen des Turing-Tests gleichkommen.

Methode	Beispiele	Nachteile
regelbasiert, von Hand programmiert	Mitsuku, Rose, Alice, Eliza	zeit- und arbeitsaufwändig; B2B-Anbieter verlangen sechs- bis siebenstellige Summen zur Erstellung des Programmcodes
maschinelles Lernen	Siri, Google Chatbot	Um effektiv zu sein, benötigt diese Methode Unmengen an Daten. Sie funktioniert out-of-the-box trotzdem nicht besonders gut.
überwachtes Lernen (*supervised learning*)	SimSimi, Cleverbot, Xiaolce (?)	Gibt alles wieder, was ihm beigebracht wird. Unpassend für Marken oder andere Anwendungsbereiche. Probleme mit dem Urheberrecht durch das Wiederverwenden der Eingaben von Nutzern.
unüberwachtes Lernen (*unsupervised learning*)	Facebook Messenger	ressourcenintensiv, aber eine funktionierende Strategie, um mit schierer Gewalt, Fortschritte zu generieren

Abb. 3.6 Umsetzungskonzepte bei Sprachdialogsystemen. (Quelle: Lauren Kunze [Pandorabots])

3.3.2 Künstliche emotionale Intelligenz

Der Begriff der emotionalen Intelligenz hat spätestens seit den 1990er Jahren Eingang in das allgemeine Bewusstsein gefunden. Der US-Journalist David Goleman hat das Konzept in seinem gleichnamigen Bestseller aus dem Jahr 1995 beschrieben und dadurch den Begriff der emotionalen Intelligenz in weiten Kreisen der Öffentlichkeit bekannt gemacht. Bei Personal- und Managementberatern ist IQ+EQ inzwischen beinahe zu einer Standardformel für erfolgreiches Managen geworden. Mantramäßig ist zu hören, dass fachliches Wissen allein für erfolgreiche Führung nicht ausreiche. EQ wird daher oft vom Management gefordert – und selten bei der konkreten Besetzung von Managementpositionen berücksichtigt. Das spricht nicht gegen das Konzept. Goleman definiert emotionale Intelligenz als die Fähigkeit, die eigenen Gefühle und die Gefühle anderer richtig wahrzunehmen und zielgerichtet beeinflussen zu können. Er umschreibt EQ als „eine Metafähigkeit, von der es abhängt, wie gut wir unsere sonstigen Fähigkeiten, darunter auch den reinen Intellekt, zu nutzen verstehen" (Goleman 1996, S. 56).

3.3 Künstliche Intelligenz

Dieas beschreibt eine zentrale Facette des menschlichen Geistes:

> Emotionen sind funktionale Geisteszustände. Das heißt: Sie veranlassen den Geist, sich auf ganz bestimmte Weise zu verhalten oder auf bestimmte Weise zu funktionieren. Sie nehmen Einfluss darauf, was wir beachten, wie wir das, was wir beachten, wahrnehmen. Sie beeinflussen die Gefühle, die in Reaktion auf das, was wir wahrnehmen, erzeugt werden. Und das alles hat wiederum starken Einfluss darauf, wie wir denken, reden und handeln (Yates et al. 2015, S. 371).

Emotionen und rationales Denken bedingen sich daher wechselweise und bestimmen ganz wesentlich die geistige Gewordenheit und Persönlichkeit eines Menschen – und somit sein soziales Handeln.

Auch in der KI-Forschung zeigt sich vermehrt das Problem, dass sich Intelligenz ohne emotionale Faktoren nicht sinnvoll beschreiben und noch viel weniger nachbilden lässt. Das betrifft, wie wir noch sehen werden, nicht nur die Akzeptanz und Leistungsfähigkeit natürlichsprachlicher Dialogsysteme bei den Nutzern. Es geht um wesentlich grundlegendere Fragen von intelligentem Problemlösen. Es hat sich gezeigt, dass KI-Algorithmen auf der Basis des reinen Expertenwissens an die Grenzen der Leistungsfähigkeit stoßen, die durch reine Steigerung der Rechenleistung nur noch schwer ausgedehnt werden können. Hingegen sind selbstlernende Algorithmen, die auch intuitiv analoge Muster analysieren können, in vielen Fällen leistungsfähiger. Wir haben dies bereits am Beispiel von AlphaGo gesehen.

Für den Einsatz von KI-Elementen bei Bots gibt es eine Reihe von Gründen. Wenn ein Dialogsteuerungsmodul über detaillierte Informationen zur emotionalen Ausgangslage des Gesprächspartners verfügt, so kann der Dialogroboter dadurch

- den bisherigen Gesprächskontext besser einordnen,
- zutreffendere Entscheidungen über die weitere Gesprächsstrategie treffen und
- passendere Ausdrucksformen wählen.

Dies steigert nicht nur die Akzeptanz und Glaubwürdigkeit eines Bots. Es kann auch zur Verlängerung der kommunikativen Interaktion führen und das Gesprächserlebnis für das Gegenüber insgesamt flüssiger und zufriedenstellender gestalten.

Seit geraumer Zeit wird daran gearbeitet, Sprachdialogsysteme mit Persönlichkeit zu versehen, um ihnen eine emotionale Tiefe zu verleihen und sie damit leistungsfähiger zu machen. Analog zur KI ist für diese Technologie ein neues

Schlagwort entstanden: die künstliche emotionale oder auch soziale Intelligenz (vgl. etwa Prada und Paiva 2008[6]). Zahlreiche neue Anwendungsmöglichkeiten entstehen im Kontext dieser KeI (Angel-Fernandez und Bonarini 2017; Cherry 2018). Dabei wird unter anderem versucht, Dialogsystemen die Fähigkeit zu geben, mit Emotionen und Stimmungen umzugehen und Gefühle glaubwürdiger zu simulieren (Mayer und Salovey 1997; Picard und Picard 1997; Bailey et al. 2012). Beziehungsbots setzen diese Technologie vermehrt ein. Aber auch in der Kategorie der Ro-Bots und Gaming-Bots spielt das Erkennen psychologischer Grundkonstellationen eine immer wichtigere Rolle. Die meisten aktuell genutzten Bots sind noch nicht in der Lage, komplexe menschliche Gefühle zu erkennen oder gar sprachlich nuanciert auf sie einzugehen. Das ändert sich momentan.[7]

Ein wichtiger Bestandteil der Persönlichkeitskonstruktion ist die Art und Weise, wie man mit Gefühlen, Emotionen und Stimmungen umgeht. Sie sind ein wichtiger Bestandteil der Glaubwürdigkeit eines Menschen. Ähnlich wie bei der Konzeption von Persönlichkeitsmodellen wird auch bei der Klassifizierung von Emotionen vorgegangen. Um dem Sprachdialogsystem so etwas wie ein emotionales Handeln zu ermöglichen, bedarf es auch hier eines eindeutigen theoretischen Modells. Es muss in der Lage sein, menschliche Emotionen auf eine Art und Weise zu erfassen und einzuordnen, so dass sie logisch und eindeutig definiert sind – eine Methodik zur Emotionsberechnung.

Zu diesem Zweck wurden eine Reihe von Appraisal-Theorien entwickelt. Damit können Emotionen erkannt, simuliert und emotionales Handeln ausgelöst werden. Eines der gängigsten Modelle ist das sogenannte OCC-Modell, benannt nach den drei Namensgebern Ortony, Clore und Collins (Ortony et al. 1988; Bartneck 2002; Steunebrink et al. 2009). Es ist inzwischen zu einer Art Standardmodell der Emotionssynthese geworden und umfasst 22 Emotionstypen, die in einer Baumstruktur angeordnet sind. Es liefert eine grundlegende Struktur, in der Emotionen aufeinander basieren und bietet eine Grundlage für eine eindeutige Definition von menschlichen Emotionen. Es stellt Intensitätsparameter für Emotionen bereit und ermöglicht die Berechnung ihrer Intensität. Auf diese Weise kann der Grad der Emotionen präzise erfasst und modelliert werden, so dass Agenten in die Lage versetzt werden, mit den meisten Situationen, in denen eine adäquate emotionale Reaktion erwartet wird, sinnvoll umzugehen.

---

[6]Dort findet man auch weiterführende Literatur.
[7]Einen guten Überblick zum Forschungsstand bieten Zhou et al. (2017).

3.3 Künstliche Intelligenz

Nach dem OCC-Modell lassen sich Emotionen als wertende Reaktionen in drei Kategorien ordnen. Sie sind entweder

- Aspekte eines Objekts, auf das sie sich beziehen,
- Konsequenzen von Ereignissen oder
- Bewertungen von Handlungen.

Diese Kategorisierung hat einen entscheidenden Einfluss auf die Emotionen, die entstehen können. Die Objekte jeder Kategorie werden hinsichtlich unterschiedlicher Kriterien bewertet: Einzelobjekte werden insbesondere nach ihrem Gefallen *(appealingness)* beurteilt, Ereignisse nach ihrer Erwünschtheit *(desirability)* und Handlungen danach, ob sie lobenswert oder kritikwürdig sind *(praiseworthiness;* Horstmann und Dreisbach 2017, S. 120 ff.) (Abb. 3.7).

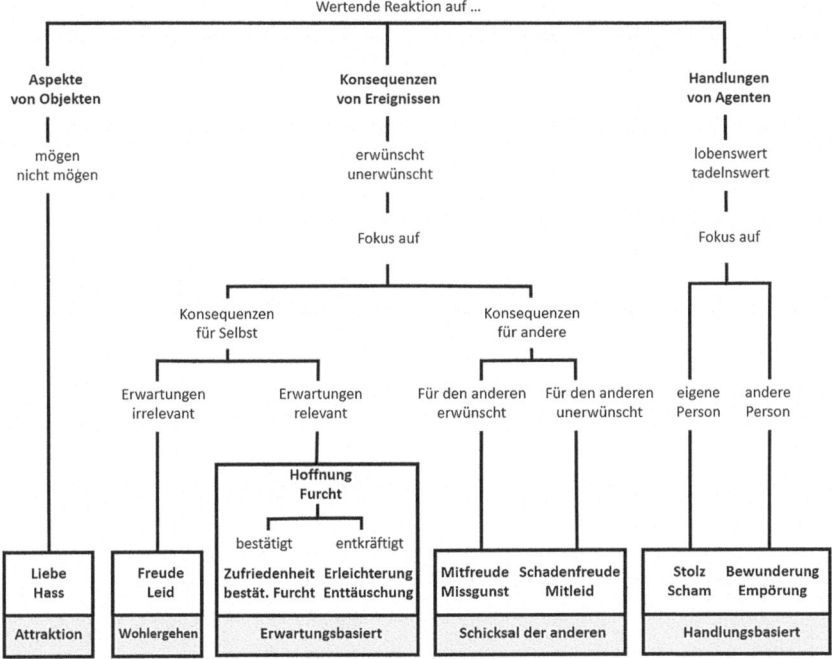

Abb. 3.7 Die Struktur der Emotion nach dem OCC-Modell. (Quelle: Horstmann und Dreisbach 2017, S. 121)

Diese Grundemotionen werden nun mit bestimmten Variablen verknüpft, um ihre Intensität zu berechnen. Ich möchte dies kurz anhand eines Beispiels beschreiben. Wir gehen dabei davon aus, dass ein Student eine Prüfung abgelegt hat. Die Prüfung verlief seiner Meinung nach schlecht und er rechnet daher nicht mit einer guten Not. Lassen Sie mich das Beispiel anhand des OCC-Modells durchspielen[8] :

- **Schritt 1:** Der Student geht von einem *unerwünschten Ereignis* aus. Die deswegen benötigte Variable zur späteren Berechnung der Emotionsintensität wäre *Erwünschtheit*. Sie hat natürlich einen negativen Wert.
- **Schritt 2:** Dann muss der Algorithmus entscheiden, wer von dem Ereignis betroffen ist. Ist es der Student selbst oder eine andere Person? Das Ereignis hat also Konsequenzen für ihn selbst.
- **Schritt 3:** Da der Ausgang des Ereignisses, also das Ergebnis der Prüfung, noch nicht bekannt ist, gilt *Erwartungen sind relevant*.
- **Schritt 4:** Dies führt nun zu den Emotionen *Hoffnung* beziehungsweise *Angst*. Da das Ereignis im Schritt 1 als *unerwünscht* eingestuft wurde, haben wir es hier also mit einer negativen Emotion zu tun, also *Furcht*. Da wir den Pfad *Erwartungen sind relevant* eingeschlagen haben, kommt auch noch die Variable *Wahrscheinlichkeit* bei der Berechnung der Gesamtintensität hinzu.

Wenn der Algorithmus also auf dieser Basis verfährt, so kommt er zu folgendem Schluss:

Der Student hat Furcht in Erwartung eines unerwünschten Ereignisses.

Die Variablen zur Berechnung der Intensität von Furcht sind: *Erwünschtheit* und *Wahrscheinlichkeit*. Eine mögliche Funktionsgleichung für Furcht könnte also sein:

Furcht (Erwünschtheit, Wahrscheinlichkeit) = $0{,}7 *$ Erwünschtheit $+ 0{,}2 *$ Wahrscheinlichkeit

---

[8]Das Beispiel habe ich der Bachelorarbeit von Thomas Dackweiler entnommen. Siehe: Dackweiler 2010, S. 19–24. Es wirft in der Praxis einige Fragen auf, hat aber zur Erläuterung des OCC-Modells für unsere Zwecke explikativen Wert.

3.3 Künstliche Intelligenz

So kann die Emotion, die die Prüfungssituation hervorbringt, nur zwei Formen annehmen:

- *Furcht bestätigt* für den Fall, dass die Angst sich bestätigt und die Prüfung tatsächlich schlecht ausfällt oder
- *Erleichterung* für den Fall, dass die Prüfung wider Erwarten bessere Resultate aufweist als zuvor gedacht und sich die Erwartung damit nicht bestätigt.

Aufgrund von exemplarischen Datenerhebungen können mithilfe von Modellen wie dem OCC-Modell Intensitätsfunktionen für verschiedene Emotionstypen erstellt und hinterlegt werden. Dadurch ist es möglich, die Intensität von Emotionen in jeder spezifischen Situation zu erfassen, zu quantifizieren und – rechnergestützt – nachzubilden. Inwiefern man tatsächlich eine komplexe Emotion wie etwa *Liebe* auf diese Weise adäquat erfassen und modellieren kann, sei dahingestellt. Wir nehmen zunächst einmal zur Kenntnis, dass mit Modellen zur Quantifizierung von Emotionen längst gearbeitet wird.

Die automatisierte Verarbeitung von psychologischen Modellen zur Persönlichkeit und zur Quantität von Emotionen wird in verschiedenen Anwendungen eingesetzt. Das Emotion Processing besteht aus fünf Phasen:

- **Klassifizierung:** In der Klassifizierungsphase muss ein Bot oder Sprachdialogsystem ein Ereignis, ein Objekt oder eine Handlung bewerten – zum Beispiel in der Form, wie wir es oben bereits anhand des Prüfungsbeispiels durchgespielt haben. Stellen wir uns vor, dieser Student wendet sich an ein Sprachdialogsystem, etwa an einen Beziehungsbot.
- **Quantifizierung:** In der Quantifizierungsphase müsste dieser Beziehungsbot die Intensitäten der betroffenen emotionalen Kategorien berechnen, also wie stark ist die Furcht des Studenten ausgeprägt.
- **Interaktionsdesign:** Zunächst könnten die berechneten Emotionswerte in Beziehung zu definierten Persönlichkeitsmustern des Bots gesetzt werden. Es könnte also geklärt werden, ob der Bot ein für ihn typisches Verhaltensmuster im Umgang mit Furcht kennt. Auch wenn der Bot über keine verwendbaren Persönlichkeitsmerkmale zu diesem Setting verfügt, muss er trotzdem ein sinnvolles emotionales Handlungsmuster entwerfen. Kurz gesagt: Es muss geklärt werden, wie der Agent selbst mit Furcht umgeht und wie er sich zur Furcht des Studenten am besten verhält. Daraus können unterschiedliche Handlungsmuster resultieren. Die Mutter des Studenten könnte wütend werden und sagen: „Hast Du wieder nicht gelernt?" Der Vater könnte ängstlich reagieren: „Das war schon die zweite Wiederholung." Die Freundin könnte

mitfühlend reagieren: „Du hast doch so viel gearbeitet." Oder der Mitstudent könnte sagen: „Der Professor hat dich sowieso auf dem Kieker." Hier sind je nach Kontext, Handlungsziel oder Persönlichkeit des Sprechenden unterschiedliche Handlungsstrategien denkbar.
- **Mapping:** Nun geht es darum, das entsprechende Handlungsmuster in verschiedene Zeichensysteme zu übersetzen, also etwa in angemessene Mimik, Gestik oder eine passende sprachliche Äußerung. Dazu kann eine längerfristige Dialogstrategie erwogen werden, also etwa weitere mehrstufige Nachfragen, um gezielt weiteren Input zu erhalten.
- **Ausdruck:** Schließlich muss eine emotional eingefärbte Reaktion hervorgebracht werden. Das kann überaus unterschiedlich sein, etwa die Mimik eines Avatars, die Aktivierung spezifischer Gesichtsaktuatoren bei einem Roboter, die Produktion von Text in einem Chat oder Visualisierungsfeld oder auch die Synthetisierung einer Stimme. Und alles sollte idealerweise synchron und aufeinander abgestimmt ablaufen.

Wie das aussehen kann, zeigt das folgende Beispiel (Zhou et al. 2017, S. 1):

Nutzer: Hatte den schlimmsten Tag aller Zeiten. Ich bin wegen dem Verkehr zu spät gekommen.

Neutrale Antwort: Du warst zu spät.
ECM (einfühlend): Ich bin immer da, um dich zu unterstützen.
ECM (fröhlich): Kopf hoch! Es kommen bessere Tage.
ECM (traurig): Das ist deprimierend.
ECM (angewidert): Manchmal ist das Leben einfach doof.
ECM (wütend): Der Verkehr ist wirklich schlimm!

Das Sprachdialogsystem (die Autoren nennen es Emotional Conversation Machine/ECM) wurde darauf trainiert, aus einem großen Sprachkorpus Eingaben und Antworten gemäß spezifischen, emotionalen Merkmalen zu identifizieren, zu klassifizieren und zu verknüpfen (Zuneigung, Glück, Trauer, Ablehnung, Wut). Auf diese Weise kann das System eine deutlich größere Bandbreite an emotionalen Antworten anbieten – und wirkt so deutlich empathischer.

KeI-Systeme werden eine immer wichtigere Rolle bei der natürlichen Interaktion zwischen Mensch und Maschine spielen. Text- und Dialogstrukturierung, Wortwahl und natürlich auch der Tonfall können auf diese Weise viel natürlicher gestaltet werden. KeI wird Dialogsysteme menschlicher erscheinen lassen, um eine komfortablere, natürlichere Interaktion zu ermöglichen (Zimmermann 2017). Eine wichtige Rolle wird die Technologie insbesondere auch für die

Erfolgskontrolle spielen. Wenn der Dialog eine gewünscht emotionale Wirkung beim Nutzer erzielt, so heißt das für den Bot auch, dass die gewählte Gesprächsstrategie insgesamt erfolgreicher ist.

Konkreten Dateninput über den emotionalen Status kann der Bot aus unterschiedlichen Quellen bekommen, etwa aus Mimik, Gestik, Prosodie (Satzmelodie) oder auch aus der Wortwahl – etwa durch automatische Sentiment-Analysen. Der jeweilige emotionale Status des Gesprächs kann dann in Form einer Tabelle abgelegt und fortgeschrieben werden. Dazu gehören etwa die emotionale Ausgangslage des Sprechers, sein Handlungsziel und eine Reihe weiterer Faktoren, die bei der Beschreibung eines emotionalen Status eines Dialogs eine Rolle spielen können. Dabei können stochastische Modelle für eine Skalierbarkeit dieser Daten sorgen (McTear et al. 2016, S. 319). Allerdings gibt es hier noch eine Reihe sehr komplexer Probleme zu lösen. Zum einen ist es schwierig, den emotionalen Ausgangsstatus des Nutzers zu erkennen und zu klassifizieren. Zum anderen ist damit noch nicht klar, welche emotionale Einfärbung ein Bot bei der Entwicklung einer Antwort/Äußerung wählen soll. Das kann von vielen Faktoren abhängen:

- der definierten Persönlichkeit des Bots – wie soll er erscheinen;
- der Persönlichkeit des Nutzers – welche Reaktion wäre für ihn angemessen;
- das Handlungsziel des Dialogs – was will der Bot erreichen und verfügt er über Algorithmik und Ressourcen einer langfristigen Dialogplanung;
- die Rahmenbedingungen – welcher Input steht zur Verfügung, etwa im Bereich Kontext und Weltwissen.

Letztendlich spielt auch die Verfügbarkeit von hinreichend großen Sprach- und Dialogkorpora eine Rolle, anhand derer ein System die Generierung von adäquaten Antworten erlernen und trainieren kann.[9]

Vom empathischen Roboter zum intuitiven Auto
Im Bereich KeI gibt es ein weites Feld, um die Forschungsergebnisse aus Gesprächsanalyse, Persönlichkeitspsychologie und Linguistik für die Verbesserung der Algorithmen von Dialogplanern und Bots nutzbar zu machen.

---

[9]Etwa durch Sequence-to-Sequence-Learning auf der Basis neuronaler Netzwerke (vgl. Sutskever et al. 2014).

Künstliche emotionale Intelligenz wird auch in ganz konkreten Anwendungen eine Rolle spielen. Der Einsatz solcher Technologien wird beispielsweise im Rahmen von multimodalen Dialogsystemen im Auto erprobt. Der Bordcomputer soll nicht nur natürliche Sprache erkennen und verarbeiten, sondern auch auf Mikrogesten, Kopforientierung und Blickbewegungen („Blickgesten") eingehen können (Wahlster & Müller 2013). So wird beispielsweise an neuen In-car-Systemen gearbeitet, die das Reaktionsvermögen der Bremssysteme auf das wahrgenommene Stresslevel des Fahrers anpassen. Erkennt ein damit ausgestatteter Wagen beim Fahrer eine angespannte Stimmung, erhöht er automatisch die Reaktionsfähigkeit der Bremsen, um zu verhindern, dass das Auto beim Heranfahren an eine belebte Kreuzung ruckartig zum Stehen kommt.

Modelle wie Sanbot von Qihan Technology oder Pepper von SoftBank Robotics werden auf „Menschlichkeit" trainiert, indem sie lernen, verschiedene Gefühlszustände zu unterscheiden und entsprechend zu reagieren. Ziel ist es, dass die Personal Assistant Robots (PAR) sowohl per Körpersprache als auch verbal angemessen auf die Emotionen der Menschen reagieren, mit denen sie im Kontakt sind. Erkennt der Roboter Pepper zum Beispiel, dass sein Gegenüber von der Interaktion enttäuscht ist, soll seine Reaktion eine Entschuldigung ausdrücken. Für Dienstleistungen im Bereich der Kranken- oder Altenpflege wird dies eine entscheidende Rolle bei der Akzeptanz der Technologie spielen.

Die Automobilindustrie und das Gesundheitswesen zählen zu den ersten Branchen, die den Einsatz von Funktionen prüfen, mit denen sich Gefühle messen lassen. Sie nutzen Kameras und eine KI-basierte Emotion-Tracking-Software, um die Emotionen der Gegenüber in Echtzeit zu messen. Indem sie die Stimmung der Person am Steuer erfassen, können die Systeme auf Wut, Frustration, Müdigkeit oder Anspannung reagieren und damit die Sicherheit im Straßenverkehr erhöhen.

Im Bereich Healthcare könnten tragbare Geräte die psychische Gesundheit der Patienten rund um die Uhr messen und notfalls die Ärzte oder das Pflegepersonal benachrichtigen. Die Wearables könnten alleinlebenden älteren Menschen oder Kindern dabei helfen, ihre mentale Verfassung zu überwachen. Überdies könnten Ärzte oder Pflegepersonal mentale Muster leichter erkennen und entscheiden, wann und wie sie mit ihren Patienten kommunizieren.

Die Technologien, die zurzeit eingesetzt werden, um Gefühle zu erkennen und auf sie zu reagieren, sind überwiegend proprietär und auf einige, wenige Anwendungen zugeschnitten. Auch zahlreiche global agierende Marken haben diese Technologien in den letzten Jahren für Studien im Bereich Produkt- und Markenwahrnehmung verwendet. Doch können wir davon ausgehen, dass sich die großen Technologie- und Medienunternehmen in den nächsten zwei Jahren zusammenschließen werden, um diesen Bereich auszubauen und Lösungen anzubieten, die unser Leben schon bald spürbar verbessern werden.

3.4 Post-Screen-Technologien

Nachdem wir nun die verschiedenen technischen Entwicklungen beschrieben haben, die den automatisierten Dialog in den Medien überhaupt erst ermöglichen, sollte noch ein letzter Blick auf die Weiterentwicklung der Endgeräte gerichtet werden, an deren Umgang wir aktuell gewohnt sind: das Smartphone, die Tastatur und der Bildschirm.

Die meisten Menschen meiner Generation sind mit der GUI groß geworden, der grafischen Benutzeroberfläche, der Graphical User Interface. Die meisten Computer, die heute im Einsatz sind, nutzen sie als Benutzerschnittstelle. Die GUI hat die Aufgabe, Anwendungssoftware auf einem Rechner mittels grafischer Symbole, Steuerelemente oder auch Widgets bedienbar zu machen. Dazu nutzt man bei Computern in der Regel eine Maus oder ein Trackpad als Steuergerät, mit dem bestimmte, erlernte und grafische Elemente bedient oder ausgewählt werden. Bei Smartphones oder Tablets geschieht dies etwa durch Berührung eines Sensorbildschirms. Entwicklungswerkzeuge zur Definition und Erstellung von Benutzungsschnittstellen (Tools wie User Interface Management Systems oder Graphical User Interface Builder) ließen hier de facto einen Industriestandard entstehen, der die physiologischen Grenzen und kognitionspsychologischen Verarbeitungsprozesse bei den Nutzern gut widerspiegelt (Heinecke 2012, S. 43). Aber wie lange solche GUIs noch verbindlich sind, vermag niemand mit Sicherheit zu sagen.

Die Anbieter drängen auf Veränderungen. In der Mobile-Branche löst eine Entwicklung schon längere Zeit Besorgnis aus: Seit 2018 schrumpft der Smartphone-Markt. „We've reached peak smartphone", schrieb die *Washington Post* im Februar 2018 (Fowler 2018). Es zeichnet sich eine Sättigung des globalen Marktes sowohl im Hinblick auf die geografische Ausdehnung als auch im Hinblick auf die Replacement-Raten ab. In den vergangenen Jahren ist den Smartphone-Providern gelungen, durch immer neue Leistungssteigerungen und Upgrades dafür zu sorgen, dass Smartphone-Besitzer ihre Geräte in kurzer Zeit austauschen. Doch die Zyklen verlängern sich. Die Menschen sehen in den Verbesserungen, die neue Geräte bieten, nicht mehr genügend Anreiz, um sie auszutauschen. Aus der Perspektive der Endgeräteindustrie muss ein neues Device her.

In den R&D-Abteilungen wird längst an einer neuen Generation von Endgeräten gearbeitet, mit denen der Markt erneut belebt werden kann. Die Hoffnung liegt auf sogenannten Wearables – also Computern, die direkt am Körper getragen werden. Beispiele sind Smartwatches (wie die Apple Watch), Activity Tracker oder Brillen, deren Innenseiten als Bildschirm dienen (etwa Google Glass).

Rollbare Displays können die eher starren Laptops, Smartphones und Tablets ersetzen. Prinzipiell kann aber fast jeder Gegenstand zu einem Medium werden: Schmuck, Autoschlüssel, Kaffeetassen – einige Produkte sind schon am Markt. Viele werden noch folgen. Die Killer-Application scheint aber noch nicht darunter zu sein. Eine marktweite Durchsetzung dieser Technologie ist im Moment noch nicht abzusehen. Dies kann sich aber schnell ändern: Es gab lange vor dem iPhone Smartphones am Markt und lange vor dem iPad bereits andere Tablets.

Die Industrie arbeitet mit Kraft daran, diese Technologien in den Markt zu drängen. Noch scheint ein grundlegendes Problem im Weg zu stehen: Die Menschen sind auf Screen und Tastaturen geprägt. Den Umgang mit diesen Geräten haben sie ihr Leben lang erlernt. Alternative Technologien sind in Sicht. Zum einen kann man sich eine holografische Technologie vorstellen, die haptische Endgeräte wie Smartphones, Smartwatches, Tablets oder eben klassische Bildschirme ersetzen. Eine Vision davon haben Kinofilme wie *Her* oder *Minority Report* gezeigt, die viele Interfacedesigner inspiriert haben (Vanhemert 2014). Zum anderen kann die Interaktion mit dem Rechner auch durch verschiedene andere Zeichensysteme geschehen: Gesten, Augenzwinkern und natürlich auch die Stimme.

In gar nicht allzu ferner Zukunft könnte die Interaktion mit dem Computer zumindest in Teilen auch durch eine Sensorik stattfinden, die unmittelbar am Großhirn-Cortex ansetzt (Tangermann 2010; Leuthardt et al. 2004).[10] Ob und wann ein solches Brain-Computer-Interface (BCI) tatsächlich realisierbar wird, ist noch nicht abzusehen. Allerdings gibt es viel Grundlagenforschung und viele Modellprojekte im Bereich der Prothetik. Das könnte ein Segen für Menschen sein, die etwa durch Unfälle oder Amputationen einzelne Gliedmaßen oder auch Sinnesorgane verloren haben. Roboter-Prothesen wären dann intuitiv nutzbar, wenn sie über eine neuro-kortikale Schnittstelle vom Gehirn direkt angesprochen werden können (He et al. 2018). Aber solche BCIs können selbstverständlich auch für ganz andere Dinge genutzt werden. Wenn wir etwa im Bereich der Prothetik bleiben, so wird längst schon an Implantaten geforscht, die etwa den Erinnerungsprozess verbessern oder beschleunigen könnten (Hampson et al. 2018). Der Schritt von einer Prothese, die physische Schädigungen behebt, zu einer physiologischen, psychologischen und kognitiven Human-Optimierung ist dann nicht mehr weit. Eine BCI mit direktem Zugang zum Medium Internet könnte jeden zum Universalgelehrten machen.

---

[10]Hierzu ist in der Folge eine breite Forschung zum Neuroengineering und zu Brain-Computer-Interfaces (BCIs) entstanden.

3.4 Post-Screen-Technologien

Konkreter sind schon die Entwicklungen von dreidimensionalen Post-Screen-Technologien. Einen ersten Eindruck von solchen virtuellen dreidimensionalen Erlebniswelten kann man heute schon im Rahmen von sogenannten Augmented-Reality- oder Virtual-Reality-Wiedergaben bekommen. Gemeint sind die Darstellung und gleichzeitige Wahrnehmung einer computergenerierten, interaktiven, virtuellen Wirklichkeit in Echtzeit. Im Moment ist das für den Nutzer noch unpraktisch und nur in Verbindung mit speziellen Wiedergabegeräten (zum Beispiel Virtual-Reality-Brillen) oder räumlichen Installationen möglich. Niemand zweifelt aber daran, dass wir auf diesem Feld schnell weitere technische Entwicklungen mit einer Vielzahl neuer Endgeräte sehen werden.

Doch bei all diesen Interface-Designs geht es um viel mehr als nur um den Austausch eines Endgeräts. Der nächste Schritt weg von der GUI (Graphical User Interface) – weg von der Tastatur, hin etwa zur Sprachsteuerung – könnte einen enormen Kulturbruch zur Folge haben. Dabei geht es nicht nur um Nutzergewohnheiten wie das Erlernen einer Schreibmaschinentastatur. Es geht um den Wechsel von völlig verschiedenen, kognitiven Systemen der Weltwahrnehmung. Die enormen kulturellen Verwerfungen, die bei der Einführung der Schrift in antiken Kulturen oder bei ihrem zwischenzeitlichen Ausfall im Mittelalter entstanden, sind Gegenstand intensiver Erforschung.

Die Dialogwende könnte einen ähnlich gravierenden Einschnitt darstellen. Im Moment ist die Entwicklung noch nicht absehbar. Aus der Perspektive des Mensch-Maschine-Dialogs ist auch Voice nicht für jedes Problem die optimale Lösung. Vermutlich werden wir noch auf längere Sicht hin beides brauchen: Voice und Schrift (Gayno 2016[11]). Aber der Wandel hin zu mehr Sprache und Dialog ist längst im Gange.

---

[11]Die wichtigsten Zitate von Thomas Gayno sind hier zusammengefasst. Der gesamte Vortrag ist auch auf Soundcloud abrufbar (Gayno 2017).

Dialogsysteme in der Praxis

4

> **Zusammenfassung**
>
> Die natürlichsprachliche Mensch-Maschine-Interaktion wird bereits in verschiedenen Anwendungsfeldern eingesetzt. Wir unterscheiden dabei Sprachassistenzsysteme von Sprachdialogsystemen. Sie unterscheiden sich im Hinblick auf die Dialogkompetenz, aber auch auf die inhaltliche Tiefe und funktionale Breite. Im folgenden Kapitel wird der Versuch unternommen, Sprachdialogsysteme aufgrund ihrer wesentlichen Anwendungskontexte zu klassifizieren. Wir unterscheiden dabei sechs verschiedene Kategorien von Dialogrobotern, mit einem teils sehr unterschiedlichen Erscheinungsbild.

4.1 Klassifizierung von Dialogsystemen

Der Dialog entwickelt sich zur natürlichen Art, in der Menschen mit Geräten interagieren. Die Vision dessen ist nicht neu. Jeder Fernsehzuschauer, der im letzten Drittel des vergangenen Jahrhunderts groß geworden ist, kennt Dialogsysteme aus den großen Science-Fiction-Epen. Wir sind groß geworden mit der Vorstellung von sprechenden Maschinen. Sie bevölkern unsere Fantasiewelt mit Personal in einer fließenden Übergangswelt von Sprachassistenten über Cyborgs bis hin zu künstlich intelligenten Robotern. Jetzt scheinen sie die Space Operas zu verlassen und Wirklichkeit zu werden: Die Bots sind auf dem Vormarsch. Voice First wird zum Schlagwort für diese Entwicklung.

Die Bandbreite dessen, was man unter dem Begriff „Bots" versteht, ist groß. Systeme für den natürlichsprachlichen Mensch-Maschine-Dialog lassen sich in zwei Gruppen unterteilen: **Sprachassistenzsysteme** und **Sprachdialogsysteme.** Hinzu kommen noch Algorithmen mit Fake Identities, die eigenständig Nachrichten

Abb. 4.1 Klassifizierung von natürlichsprachlicher Mensch-Maschine-Interaktion. (Quelle: Eigene Darstellung)

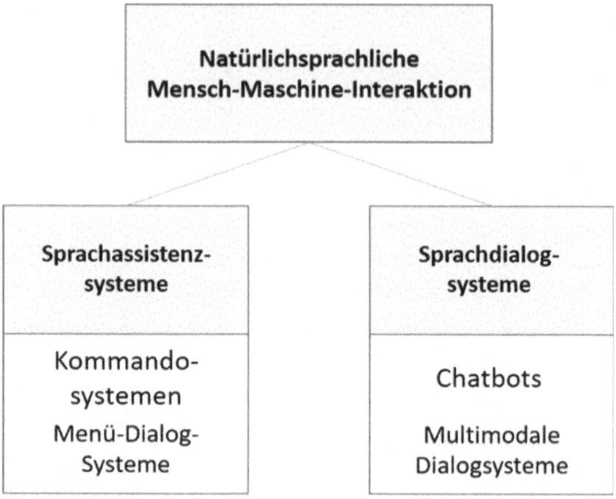

```
                Natürlichsprachliche
              Mensch-Maschine-Interaktion
                         │
           ┌─────────────┴─────────────┐
    Sprachassistenz-              Sprachdialog-
       systeme                       systeme

      Kommando-                      Chatbots
       systemen
     Menü-Dialog-                  Multimodale
       Systeme                    Dialogsysteme
```

in sozialen Profilen posten. Auch sie werden im allgemeinen Sprachgebrauch inzwischen häufig unter dem Begriff Bots zusammengefasst (Abb. 4.1).

Sprachassistenzsysteme unterscheiden sich vom Prinzip her erheblich von den **Sprachdialogsystemen,** obwohl es inzwischen einen durchaus fließenden Übergang zwischen ihnen gibt. Sprachassistenzsysteme sind meist hierarchischer und funktionaler strukturiert. Sie behalten die Gesprächskontrolle und lassen kaum freie Gesprächsinteraktion mit dem Nutzer zu. Demgegenüber verlagern Sprachdialogsysteme die Initiative immer häufiger auf das Gegenüber. Das lässt offene Nutzerfragen zu und ermöglicht einen viel natürlicheren und facettenreicheren Gesprächsverlauf. Die besten Sprachdialogsysteme schaffen sogar etwas grundlegend Neues in der Mensch-Maschine-Kommunikation: Sie verfügen über Persönlichkeit, können mit Emotionen umgehen und bauen Nähe auf.

Die Wirklichkeit der meisten sprachbasierten Systeme, denen wir im Alltag begegnen, ist von den Science-Fiction-Fantasien allerdings noch weit entfernt. Sie sieht in etwa so aus:

Nutzer: [Tastendruck am Lenkrad]
Car-Assistent: *Sagen Sie einen Befehl.* (Piep)
Nutzer: *Anrufen. Leonie Sieber.* (Piep)
Car-Assistent: *Soll ich Leonie Sieber auf dem Festnetz anrufen oder mobil?* (Piep)
Nutzer: *Mobil.*

Dieses Minimalgespräch mit einem In-car-**Kommandosystem** hat nur einen sehr einfachen Dialogcharakter. Von Nähe aufbauen kann hier keine Rede sein.

4.1 Klassifizierung von Dialogsystemen

Gleichwohl leistet das System einen wichtigen Beitrag: Der Fahrer kann größere Teile seiner Daten auf dem Smartphone nutzen oder gar im Internet suchen lassen. Auch kleine Aufgaben können so erledigt werden, wie der hier beschriebene Telefonanruf. Die Hände bleiben am Steuer. Die Konzentration wird nur minimal abgelenkt. Der stark strukturierte Gesprächsverlauf zwingt den Nutzer dazu, einfache und klare Befehle zu geben, was angesichts der Geräuschkulisse im Auto auch sinnvoll ist. Obwohl der Bot praktisch keine Initiative zulässt, ist er höchst effizient.

Nach diesem Muster gibt es inzwischen eine Vielzahl von Sprachassistenzsystemen. Am bekanntesten dürften die Menü-Dialog-Systeme in vielen Callcentern sein. Hier ein Beispiel eines deutschen Telefonproviders:

Bot: Guten Tag und herzlich Willkommen beim Kundenservice der Telekom. Bitte nennen Sie die Telefonnummer, um die es geht.
Nutzer: [schweigt]
Bot: Damit wir Sie gleich mit dem für Sie zuständigen Berater verbinden können, benötigen wir Ihre Nummer mit Vorwahl. Wenn Sie keine Telefonnummer bei uns haben, sagen Sie einfach „weiter".
Nutzer: Weiter.
Bot: Gut, dann machen wir ohne Nummer weiter. Dann nennen Sie bitte den Grund für Ihren Anruf. Wenn etwas technisch nicht funktioniert, sagen Sie bitte „Störung" oder nennen Sie uns einen anderen Grund für den Anruf zum Beispiel Routerkonfiguration oder Umzug.
Nutzer: [schweigt]
Bot: Wählen Sie bitte den Grund für Ihren Anruf: Rechnung, Umzug, Vertragsfragen oder nennen Sie uns ein anderes Anliegen.

Auch hier kann man nur sehr elementar von einem Dialog reden. Trotzdem bietet auch dieses **Menü-Dialog-System** erhebliche Vorteile: Der Nutzer wird von Anfang an freundlich in Empfang genommen und in einen verzweigten Dialogbaum hineingezogen. Die Initiative verbleibt beim System. Das Besondere: Um die Antwortvarianten so gering wie möglich zu halten, werden Schlagwörter vorgegeben, auf die der Nutzer reagieren kann, um sein Anliegen klar und effizient auf den Punkt zu bringen. Während der Sprachassistent den Nutzer durch ein komplexes Menü führt, können im Hintergrund wichtige Systemroutinen aufgerufen werden. Daten über den Kunden werden eingelesen. Kundenstammdaten werden aufgerufen, der zuständige Gesprächspartner wird ausgewählt und mit allen relevanten Informationen versehen. Und last, but not least: All das trägt dazu bei, die Wartezeit zu überbrücken – und das ist einem Callcenter-Szenario, in dem buchstäblich jede Sekunde Geld kostet, ein wesentlicher Aspekt, um Kosten zu senken und gleichzeitig die Kundenzufriedenheit zu steigern (Abb. 4.2).

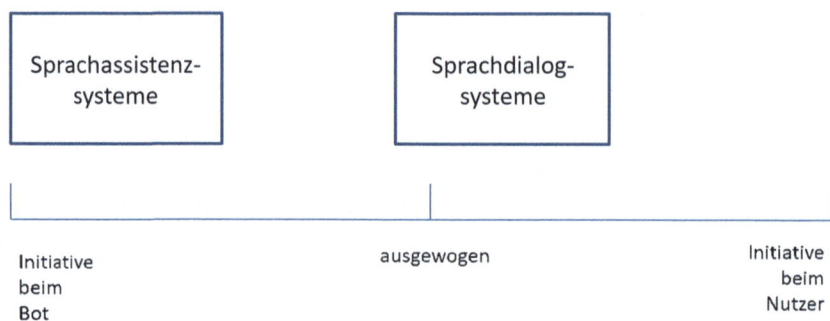

Abb. 4.2 Klassifizierung von Bots nach dem Kriterium der Gesprächsinitiative. (Quelle: Eigene Darstellung)

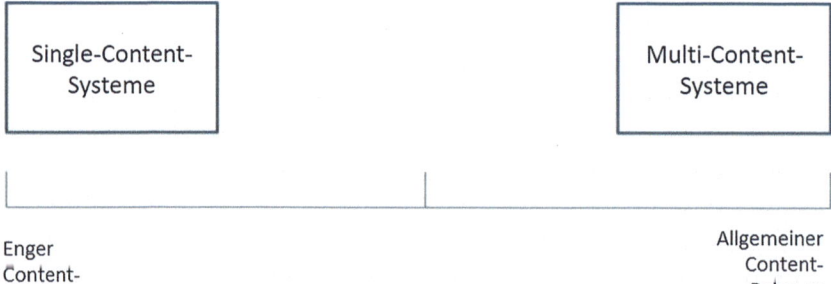

Abb. 4.3 Klassifizierung von Bots nach dem Kriterium der Content-Vielfalt. (Quelle: Eigene Darstellung)

Der wesentliche Unterschied zwischen Sprachassistenzsystemen und Sprachdialogsystemen liegt im Grad der Initiative. Je mehr Initiative ein Bot an den Nutzer abgibt, um so freier wird die Gesprächsführung – und umso komplexer und leistungsfähiger muss der Dialogmanager sein (Abb. 4.3).

Eine große Rolle bei der Bewertung von natürlichsprachlichen Systemen spielt auch, wie viel Content beziehungsweise wie viel Funktionalität sie zur Verfügung stellen. Während **Sprachassistenzsysteme** in der Regel nur wenig Content und klar umrissenen Funktionalitäten bieten, gibt es ein fließendes Übergangsfeld zu komplexen **Sprachdialogsystemen** mit einem breiten Informationsangebot und einer Reihe überaus unterschiedlicher Interaktionsmöglichkeiten. Unter Funktionsangebot verstehe ich etwa Produktbestellungen, Bonitätsprüfung,

4.1 Klassifizierung von Dialogsystemen

Zahlungsabwicklung oder ähnliches. Ein Ticket-Automat am Bahnhof bietet ein sehr beschränktes Content-Angebot aber dafür eine Reihe sehr relevanter Funktionalitäten (Abb. 4.4).

Für Sprachsysteme mit breitem Content-Zugang, vielen Interaktionsmöglichkeiten und der Fähigkeit, die Gesprächsinitiative auf den Nutzer zu übertragen, wurde in der Forschung auch der Begriff „Agent" vorgeschlagen (Bradshaw 1997; Brenner et al. 1998), der sich aber nicht durchsetzen konnte. Braun und Glotz (2003, S. 20) listen sechs Merkmale von solchen Software-Agenten auf:

- Reaktivität: kann auf Umwelteinflüsse eingehen.
- Proaktivität/Zielgerichtetheit: ergreift von sich aus zielgerichtete Initiative.
- Kommunikation/Kooperation: interagiert mit Menschen in natürlicher Sprache, kooperiert mit anderen Agenten.
- Charakter/Persönlichkeit: menschenähnliches Verhalten und Emotionen.
- Mobilität: Fähigkeit, sich innerhalb von Kommunikationsnetzwerken zu bewegen.
- Schlussfolgerungs- und Lernfähigkeit: kann aus Wissen eigenständig Schlüsse ziehen.

Auch wenn sich der Begriff „Agent" nicht durchgesetzt hat, umfasst er gleichwohl die Beschreibung vieler Merkmale, die wir auch auf zeitgenössische Sprachdialogsysteme anwenden können. Nicht alle diese Merkmale müssen bei einem eigenständig agierenden Bot zwingend vorhanden sein. Ein Bot erscheint allerdings umso natürlicher, je mehr dieser Fähigkeiten er auf sich vereinen kann.

Wenn man sich näher mit Chatbots im Internet beschäftigt, so fällt die große Zahl domain-spezifischer Bots auf. Sie bieten in der Regel marken- oder

```
┌─────────────────┐              ┌─────────────────┐
│   Content-      │              │                 │
│   Vermittlung   │              │  Transaktionen  │
└─────────────────┘              └─────────────────┘
```

Funktions-
angebot
gering

Funktions-
angebot
umfassend

Abb. 4.4 Klassifizierung von Bots nach Interaktionsangebot. (Quelle: Eigene Darstellung)

angebotsspezifische Inhalte und Funktionalitäten zu einem Themen- oder Aufgabenfeld, die im Zusammenhang mit dem Domain-Absender stehen. Ihr Content-Umfang und ihre Funktionsbreite sind dementsprechend gering. Ein Airline-Travel-Bot wie etwa Mildred von der Lufthansa bietet dem Nutzer in der Regel Informationen und Services rund um das Reiseerlebnis – vom Flugplan über die Buchung bis hin zum Verspätungsalert. Das ist für das Marketing völlig ausreichend, bleibt aber in der Regel auf diesen produktspezifischen Leistungsbereich beschränkt.

Superbots, die wir unten noch näher vorstellen werden, integrieren hingegen eine Reihe sehr unterschiedlicher Inhalte und Funktionen. Die Betreiber versuchen in der Regel sogar, verschiedene Anbieter und Services an sich zu binden und deren Leistungen mit eigenen Leistungen zu verknüpfen. Google Assistant verbindet bei einer vergleichbaren Anfrage etwa Informationen aus dem Konsumentenportal Yelp, Wikipedia und Google Maps. In Zukunft wird ein Google-Superbot auch auf Meta-Suchmaschinen wie etwa Google Flights zugreifen können. Damit bietet er dem Nutzer ganz ähnliche Services wie Mildred – nur eben mit einem viel breiteren Überblick über das tatsächliche Flugangebot. Der Nutzervorteil ist offensichtlich: Er muss nicht bei einer Vielzahl von Adressen anfragen (Shevat 2017, S. 10–12).[1]

Auch domain-spezifische oder monothematische Bots werden in absehbarer Zeit durchaus eine Daseinsberechtigung haben. Sie bieten in der Regel eine größere Informationstiefe und ein spezifischeres Serviceerlebnis. Allerdings muss man sich bei der Planung und Konzeption eines eigenen Bot-Systems sehr genau überlegen, ob das konkrete Angebot an Content und Funktionalität einen Bot für die Nutzer attraktiv genug macht.

4.2 Anwendungsfelder von Dialogsystemen

Der praktische Nutzen von Sprachdialogsystemen steht erst am Anfang der Entwicklung. Die technischen Möglichkeiten sind noch längst nicht zur vollen Entfaltung gekommen und es ist noch nicht abzusehen, welche Anwendungsfelder sich durchsetzen werden. Genauso wie Ende des 19. Jahrhunderts die Einsatzmöglichkeiten des Verbrennungsmotors noch unklar waren, so verhält es sich auch heute mit Sprachdialogsystemen oder Bots.

---

[1]Shevat führt den Begriff „Super Bot" in Opposition zu „domain-specific bots" ein.

4.2 Anwendungsfelder von Dialogsystemen

Wir sollten der Einfachheit halber davon ausgehen, dass in Zukunft theoretisch alles zu uns sprechen könnte, wie ja auch jeder beliebige Gegenstand zu einem Medium werden kann. Wird die Kaffeetasse zu einem Trägermedium für visuelle Nachrichten? Oder wird uns demnächst die Eingangstür willkommen heißen, während wir noch nach dem richtigen Schlüssel suchen? Sprechen wir mit einem Hochofen oder funktioniert die Steuerung eines Flugzeugs gar nur durch sprachliche Anweisungen des Piloten? Wir wissen es nicht – noch nicht. Darüber wird die Kreativität zukünftiger Ingenieure entscheiden – sowie die Nutzerakzeptanz.

Einige Anwendungsmöglichkeiten von Sprachdialogsystemen sind allerdings heute schon abzusehen. Aus den bereits existierenden Techniken kristallisieren sich einige typische Anwendungsfelder heraus. Sie unterscheiden sich u. a. in den folgenden Bereichen:

- Nutzungsraum oder Lebenssphäre, in denen Bots eine Rolle spielen (also etwa At-Home, Out-of-Home, At-Work, In-Car usw.);
- typische Zielgruppe und spezifischer Nutzen;
- Rolle des Absenders (also etwa Unternehmen, Behörden, Privatpersonen usw.);
- zugrunde liegende Geschäftsmodelle;
- Angebotstiefe und Funktionsbreite sowie
- sprachliche Leistung.

Im Weiteren möchte ich die spannendsten Einsatzfelder näher beleuchten, die besonders auffällig sind und ein großes Potential aufweisen.

4.2.1 Homebots

Das moderne Zuhause wird als digitale Lebenssphäre von einigen charakteristischen Technologien geprägt. Ein leistungsfähiges WLAN gehört inzwischen zur Grundausstattung einer Wohnung. Es ist genauso selbstverständlich wie Wasser, Strom und Heizung. Dadurch wird der Zugang zum Internet in allen Bereichen der Wohnung möglich. Das betrifft nicht nur typische stationäre Arbeitsgeräte wie den PC, sondern auch mobile wie Laptops, Tablets, Smartphones oder Wearables. Durch die ubiquitäre Verfügbarkeit des Internets können aber auch fast alle anderen Haus(halts)geräte über das Internet vernetzt werden. Das hat im Home-Entertainment zu einer Reihe neuer Anwendungen mit jeweils spezifischen Endgeräten und dazugehörigen Geschäftsmodellen geführt. Man denke nur an Internet-TV und -Radio, Musik-Streaming-Dienste oder Online-Videotheken.

Umgekehrt können auch immer mehr Geräte remote, also von mobilen Endgeräten außerhalb der Wohnung, gesteuert werden. Moderne Apps machen es möglich. Doch dies ist erst der Anfang. In Zukunft kann jedes technische Gerät über eine eigene IP-Adresse vernetzt werden – von der Heizung über den Videorekorder bis hin zur Alarmanlage. Im Internet of Things können sie autonom agieren und Informationen austauschen. So entsteht eine enorme Datensphäre, die die Menschen im digitalen Zuhause wie in einem Kokon einhüllt und eine große Zahl neuer, bequemer Nutzungsmöglichkeiten eröffnet – aber auch eine bislang unvorstellbare Menge an persönlichen Daten verfügbar macht.

Theoretisch könnten viele technische Geräte im modernen Zuhause auch durch ein Dialogsystem gesteuert werden – vom Staubsauger über die Lampen bis zum Home-Entertainment-System. Über Sprachbefehle könnte man dann Musik anschalten, das Licht dimmen oder die Heizung höher drehen – die Zukunftsvision des Smart Homes. Aber ist die individuelle, sprachbasierte Steuerung jedes Endgerätes wirklich sinnvoll? Wird tatsächlich jedes technische Gerät im digitalen Zuhause in Zukunft mit einem eigenen Dialogroboter ausgestattet sein?

Nehmen wir das Beispiel des sprechenden Kühlschranks. Seit Jahrzehnten geistert die Vision eines intelligenten Helfers in der Küche durch die Entwicklungslabore und Fachmedien. Der intelligente, kommunizierende Kühlschrank ist längst zu einem Mythos geworden, an dem sich Generationen von Ingenieuren versucht haben. Einen der ersten „sprechenden Kühlschränke" entwickelte General Motors bereits Anfang der 1970er Jahre.

„Neue Nachricht!" meldete das Sprachsystem dieses Geräts, etwa wenn es registrierte, dass jemand in die Küche kam. Es konnte verschiedene Anweisungen geben wie „Trag den Mülleimer runter" oder „Iss den Pudding, der im untersten Fach steht". Möglich wurde dies durch ein batteriebetriebenes Tonband mit Lautsprecher, das in die dickwandige Kühlschranktür eingebaut werden konnte. Das Zusatzgerät kostete rund 400 Mark (Unbekannt 1974).

Das war damals viel Geld für einen fragwürdigen Zusatznutzen. Die Fähigkeiten des „intelligenten" Kühlschranks waren noch sehr eingeschränkt. Mit Digitalisierung hatte das wenig zu tun, mit künstlicher Intelligenz erst recht nicht. Von autonomem Handeln und Dialogfähigkeit konnte man angesichts der beschränkten Möglichkeiten dieser Technik nicht sprechen. Man kann es aus heutiger Perspektive eher als Spielerei abtun, als einen Marketing-Gag. Aber es war auch ein Pionierprojekt, dem viele folgen sollten.

Nach Jahrzehnten der Entwicklungsarbeit ist es heute vergleichsweise leicht, die Vision eines sprechenden Kühlschranks technisch zu realisieren. Die Technologien sind zur Marktreife gelangt. Auf der IFA 2016 stellte etwa der deutsche Elektronikkonzern Liebherr den Kühlschrank-Bot Mia vor. Auf Basis eines

4.2 Anwendungsfelder von Dialogsystemen

digitalen Innenlebens beginnt der Kühlschrank zu sprechen. Auf die Frage „Mia, was habe ich im Kühlschrank?" antwortet der Bot beispielsweise: „Du hast Sojasoße, Milch, eine Zwiebel und einen Joghurt im Kühlschrank." Die Sprache kommt nicht mehr vom Band, sie kann inzwischen fehlerfrei synthetisch generiert werden. Die Aussagen basieren auf einer laufend aktualisierten Daten- und Bestandsverwaltung, die der Kühlschrank autonom erstellt. Zwei Kameras fotografieren den Innenraum und schicken die Bilder in die Cloud, wo eine Algorithmus-basierte Objekterkennung die fotografierten Gegenstände erfasst, bewertet und erkennt. Mia kann im Rahmen ihres Kosmos leidlich autonom agieren. Fragt man sie etwa, wie lange die Zwiebel noch haltbar ist, so antwortet Mia ohne Zögern: „Du kannst Zwiebeln 28 Tage im BioFresh-Fach lagern." Auch die Frage nach Kaloriengehalt von Bier wird von der Stimme aus dem Lautsprecher beantwortet. Sollte sich dabei zeigen, dass der Lagerbestand zur Neige geht, setzt Mia die Position Bier auch auf die Einkaufsliste (Boos 2016, 2017).

Die Frage ist allerdings: Gibt es dafür ein konkretes Anwendungsszenario – einen Use-Case? Wozu soll man mit einem Kühlschrank über seinen Lagerbestand reden? Bislang gab es im realen Leben keinen sinnvollen Bedarf, weswegen auch kein digitaler Kühlschrank wirklich zur Marktreife gelangt ist. Viele Nutzer fragen sich beispielsweise jeden Tag, was sie kochen sollen. Das Wissen über den Bestand an Lebensmitteln im Kühlschrank kann dafür eine wichtige Entscheidungsgrundlage bieten. Hat man diesen Überblick, so stellt sich unmittelbar die Frage, was man noch einkaufen muss und was daher auf eine Einkaufsliste geschrieben werden sollte. Hier wäre ein Assistent wahrlich nützlich. Beides sind aber Fragen, die mir der Kühlschrank allein nicht beantworten kann. Bestenfalls ergibt noch die typische Bestandsabfrage Sinn, wenn ich im Supermarkt am Kühlregal stehe:

Nutzer: „Mia. Brauchen wir eigentlich noch Butter?"

Schon bei der Frage nach Kartoffeln, Gewürzen und Rotwein würde ein sprechender Kühlschrank allerdings versagen. Vielleicht kann er noch die digitale Zutatenliste eines Rezepts mit seinen Bestandsdaten vergleichen. Der Kühlschrank weiß aber in der Regel nicht, wie es in der Speisekammer und im Gewürzschrank aussieht. Dazu wäre eine Fülle mehr an Datenerfassung und Vernetzung in der Küche nötig. Das ist eine Frage an das intelligente Haus, nicht aber an den intelligenten Kühlschrank (Abb. 4.5).

Der Vernetzungsgrad wird aber das entscheidende Kriterium für den Erfolg sein. Der Hausgerätehersteller Bosch Siemens Hausgeräte (BSH) arbeitet daher an einer aktiven Vernetzung seines Hausgeräte-Portfolios. Das Home-Connect-System

Abb. 4.5 Mykie (My kitchen elf). (Quelle: Bosch Pressestelle)

verbindet Kühlschrank, Gefrierschrank, Herd, Backofen und vieles mehr – eine siebenstellige Zahl an Geräten sei bereits vernetzt, sagt man in der Münchner Konzernzentrale. Zentraler Bestandteil ist Mykie, der sogenannte Küchenelf (sieh Abbildung). Mykie ist als Sprachdialogsystem angelegt mit einem schicken Endgerät und einer sympathischen Mimik, einem Display und entsprechender Bewegungssensorik. Das Gerät versteht Sprache und Gesten und kann darauf entsprechend eingehen.

Aber Dialogroboter wie Mykie oder Mia sind nur dann wirklich nützlich, wenn sie eine kritische Anzahl an relevanten Inhalten und Funktionen bieten. Die Daten von Kühlschrank, Herd und Geschirrspüler reichen da nicht aus. Content-Kooperationen können dabei helfen, etwa um Kochrezepte oder entsprechende Erklärvideos direkt in die Küche zu bringen. Anhand einer Zutatenliste und den vernetzten Bestandsdaten aus Kühlschrank und Speisekammer könnte ein Dialogroboter einen einigermaßen nützlichen Dialog führen. Zum Beispiel kann man ihn auf dem Nachhauseweg von der Arbeit anrufen und mit ihm über das Abendessen konferieren. Er schickt dem Gesprächspartner dann eine Einkaufsliste und erklärt bei Bedarf auch gleich, wie das Gericht zubereitet werden muss.

Content-Kompetenz wird bei den Hausgeräteherstellern zu einem wichtigen Erfolgsfaktor. Die Bosch-Tochter BSH bietet inzwischen eine Rezepte-App an, die mit Bildern und Videos beim Kochen unterstützt. Die Vision: Der Kühlschrank meldet, dass eine Aubergine bald verwertet werden sollte. Die App schlägt das passende Rezept vor. Der Blick in die vernetzte Speisekammer sagt, was noch auf den Einkaufszettel muss. Idealerweise funktioniert das alles sprachgesteuert: Der Küchenelf hört zu, beantwortet Fragen, projiziert Informationen und behält den Überblick. Location-based Services suchen im Navigationsgerät des Autos gleich die nächstliegenden Läden aus, bei denen die fehlenden Lebensmittel eingekauft werden können (Sieber 2018).

Die Beispiele zeigen: Die Wohnung wird mit großer Wahrscheinlichkeit auch zum Zuhause von Dialogrobotern werden. Der Erfolg dieser Homebots wird aber stark vom Vernetzungsgrad der Endgeräte abhängen. Die Steuerung der Hausgeräte über entsprechende Apps ist bereits heute ein Erfolgsfaktor für den Abverkauf, etwa im chinesischen Markt. Dass man aber den Kühlschrank, die Lampe, den Staubsauger oder das Soundsystem tatsächlich mit einem eigenen Sprachdialogsystem ausstattet, erscheint im Moment unrealistisch. Eher wahrscheinlich ist da schon, dass eine hochvernetzte digitale Service-Schicht mit digitalen Butlern wie Mykie dazwischengeschaltet ist. Wer diesen Service liefern wird und wie viel kritische Masse an Daten dafür nötig sein wird, ist im Moment noch schwer einzuschätzen. Auch über die Sprach- und Dialogkompetenz dieser Systeme kann im Moment höchstens spekuliert werden. Vermutlich werden wir es hier zunächst noch mit recht einfachen Kommandosystemen zu tun haben. Mit der Lampe muss man keine philosophischen Gespräche führen. Dennoch wird es nicht bei Gesprächen mit der Lampe bleiben.

4.2.2 Superbots

Superbots sind die Dialogroboter der digitalen Plattformökonomie. Digitale Plattformen fassen eine hohe Zahl an Content (Texte, Produkte oder Dienstleistungen) zusammen und machen sie so für eine große Zielgruppe verfügbar. Vorgemacht haben dies Suchmaschinen wie Google. Sie legen einen Layer über verteilt existierendes, disparates Wissen sowie Angebote im Internet, und machen sie so verfügbar. Bei allen digitalen Plattformen handelt es sich um übergeordnete (Super-) Strukturen, die eine Vielfalt an unterschiedlichen Substrukturen integrieren.[2] Sie schaffen einen Markt, der räumlich und zeitlich prinzipiell unbegrenzt und ökonomisch daher äußerst interessant und leistungsfähig ist.

---

[2] Den Begriff prägte Shevat (2017, S. 10, 310).

Die meisten großen Plattformen wie Amazon, Apple, Google oder Microsoft verfügen über eine eigene Sprachtechnologie – Alexa, Siri, Google Assistant und Cortana sind die zur Zeit bekanntesten Angebote, aber bei Weitem nicht die einzigen. Sie sollen im Alltag die Rolle eines Voice Personal Assistants (VPA) übernehmen – eines digitalen Butlers.[3] Solche VPAs haben die Aufgabe, ihren Besitzern lästige Routineaufgaben abzunehmen. Im Zusammenhang mit der App-Industrie wurde eine Vielzahl solcher Assistenten entwickelt. VPAs begleiten ihre Nutzer wie persönliche Butler – weswegen dieser stark wachsende Markt mitunter auch als „Butler-Ökonomie" bezeichnet wird (Gentsch 2018, S. 92).

Viele VPAs sind sowohl durch Stimme (Voice-Recognition-Systeme) als auch durch Text (z. B. durch einen Chat) ansprechbar. Sie nutzen NLP im Zusammenhang mit Machine-Learning-Technologien und bauen damit nicht nur ihre eigene Sprachfähigkeit kontinuierlich aus, sondern sie passen sich auch immer mehr an die Interessen und Vorlieben des Nutzers an.

Siri, Alexa, Google Assistant und Cortana zeigen uns heute schon, welche Rolle die VPAs künftig in unserem Leben übernehmen könnten. Die nötige Infrastruktur ist bereits vorhanden. Die Verbreitung der Hardware – etwa in Form eines Smartphones oder smarter Lautsprecher – geht derzeit schnell voran. Sie kämpfen mit ihren Assistenten um die Vorherrschaft in einem dynamisch wachsenden Markt. Bis 2022 sollen fast die Hälfte der amerikanischen Haushalte mit Smartspeakern ausgestattet sein, das zeigen Schätzungen von BI-Intelligence aus dem Jahr 2017. Eine Studie von OCC Strategy Consultants prognostiziert für das Jahr 2022 einen weltweiten Umsatz von über 40 Mrd. US-$ (Jones 2018). Superbots könnten zu einem Super-Markt werden (Abb. 4.6).

Dabei geht es allerdings um viel mehr als nur um den Verkauf der begehrten Smartspeaker. Ziel in der Plattformökonomie ist es, den persönlichen Assistenten auf so vielen Endgeräten wie möglich zu installieren und zu synchronisieren. Konkret heißt das: VPAs werden uns nicht nur am Computer, Tablet, Smartphone oder Smartspeaker begegnen.

Der Nutzen von VPAs steigt durch die Vernetzung und die Verfügbarkeit. Je mehr Daten dem System zugänglich sind, umso mehr sinnvolle Hilfestellung kann es bieten. Das betrifft den Zugang von Content-Quellen und Datenbanken im Internet. Es betrifft aber auch persönliche Informationen über das konkrete Lebensumfeld der Nutzer. Wir haben oben am Beispiel des sprechenden Kühlschranks bereits gesehen, wie gering der Nutzen eines sprechenden Endgeräts

---

[3]Ein einheitlicher Begriff hat sich noch nicht etabliert. Gelegentlich wird in der Fachliteratur auch von IPAs (Intelligent Personal Assistant) oder VA (Virtual Assistant) gesprochen.

4.2 Anwendungsfelder von Dialogsystemen

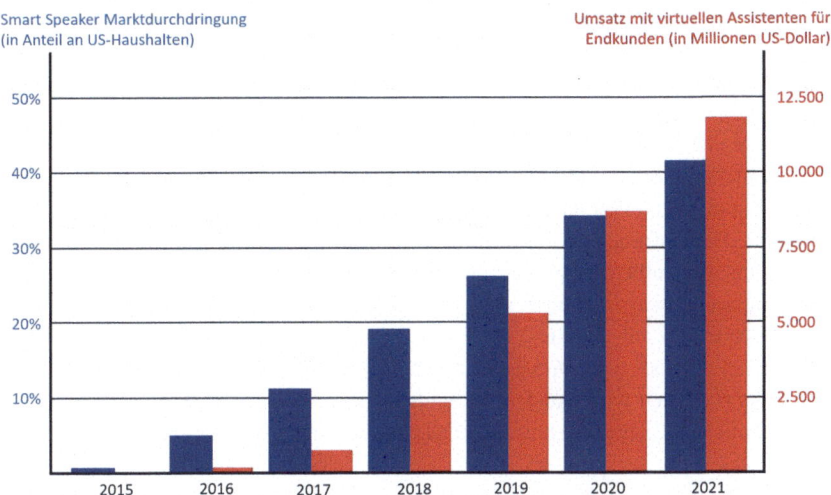

Abb. 4.6 Voraussichtliche Entwicklung des Marktes für sprachbasierte Dialogsysteme. (Smartspeaker/virtuelle Assistenten) Anmerkung: Für den Umsatz mit virtuellen Assistenten (rot) werden ab 2016 für die Marktdurchdringung der Smartspeaker (blau) ab 2017 Schätzungen angegeben. (Quelle: Business Intelligence Estimates 2017 des US Census Bureau, Statista)

ist, wenn es nicht über eine kritische Masse an Informationen und Datenvernetzung verfügt. Der ideale VPA kennt daher den Kontostand, genauso wie die Lebensmittelbestände in der Küche und den Musikgeschmack. Er hat Zugriff auf die Kontaktdatenbank, den E-Mail-Speicher und die Stromrechnung: Data Access steigert das Servicelevel – macht die Nutzer aber auch vollkommen transparent.

Doch damit noch nicht genug. Auch die plattformübergreifende Verfügbarkeit wird zu einem wesentlichen Erfolgsfaktor der Butler-Ökonomie: Wenn wir nicht zu Hause sind, werden wir den VPA über das Smartphone erreichen können. Auch eine Vielzahl von neuen Endgeräten wird mit Sprachdialogsystemen ausgerüstet sein: Armbänder, Handschuhe, Brillen, Schmuck und Kleidung werden nicht nur Teil des Internet of Things. Sie werden auch über Sprachinterfaces verfügen und dadurch möglicherweise Teil eines Superbot-Ökosystems werden (McTear et al. 2016, S. 283–289).

Die VPA-Strategen streben damit nicht nur einen universellen Zugang der Nutzer auf Wissen, Produkte und Dienstleistungen, sondern auch eine Omnipräsenz an. Der ideale Butler unterstützt nicht nur auf diskrete Art. Er weiß alles, sieht alles, hört alles. Die smarten Assistenten werden uns wie eine digitale Haut umgeben. Sie werden mit Kameras und Sensoren versehen sein, die auf Gesten, Kopfstellung, Mimik, aber auch auf Körperwärme und diverse andere Daten eingehen können.

Das heißt auch: Welche Wettbewerber auch immer das Rennen um die Vorherrschaft dieser Superbots gewinnen – sie könnten in einem Umfang über personalisierte und intime Daten über jeden Einzelnen verfügen, wie man es sich bisher kaum vorstellen kann. Diese Entäußerung des Persönlichen stellt eine gewaltige Herausforderung dar und es bleibt abzuwarten, ob diese Technologien tatsächlich den selben Siegeszug antreten werden und ob es zu demselben Verdrängungswettbewerb kommen wird, wie es bei den Suchmaschinen (Google) und Betriebssystemen für mobile Endgeräte (Google, Apple) oder Büroarbeitsplätze (Microsoft) der Fall war. Dies ist nicht nur eine Frage, die von den Konsumenten entschieden werden wird. Auch die Regulierer werden sich mit den Veränderungen im persönlichen Verfügungsraum der Daten auseinandersetzen müssen.

Reality Check

Soweit die Vision. Was aber haben VPAs heute schon zu bieten? Sie können beispielsweise

- Wetterberichte liefern,
- Informationen im Internet suchen (z. B. bei Wikipedia),
- den Wecker stellen oder an das nächste Meeting erinnern,
- To-Do- und Einkaufslisten erstellen,
- Musik abspielen,
- Hörbücher vorlesen,
- Videos abspielen,
- Einkäufe tätigen sowie
- die Hausinfrastruktur steuern (etwa Licht dimmen, die Heizung bedienen).

Der Aachener Wissenschaftler Peter Gentsch hat die vier gängigen Systeme einem konkreten Praxistest unterzogen. Dabei hat das Team die Systeme Alexa/Echo (amazon), Siri (Apple), Google Assistant/Google Now und Cortana (Microsoft) unter vergleichbaren Bedingungen untersucht. Dabei wurden folgende Themen- und Aufgabenfelder abgefragt (Gentsch 2018, S. 97–103):

- allgemeine Hilfestellungen („Wie wird das Wetter morgen?", „Was ist y*x?", „Mein Handy ist kaputtgegangen. Kannst Du mir helfen?")
- allgemeine Assistentenfunktion („Wie geht es heute?", „Was muss ich heute tun?", „Welches Geburtstagsgeschenk kannst Du mir für meine Frau empfehlen?")

4.2 Anwendungsfelder von Dialogsystemen

- einkaufen („Bestell mir ein Stethoskop.", „Welche Einkaufsläden gibt es in der Nähe?", „Was kostet ein iPhone S6?")
- Wissen („Wie viele Einwohner hat Teheran?", „Wer ist der Innenminister von Deutschland?", „Was ist TTIP?")
- untypische Fragen („Kannst Du mir einen Laptop empfehlen?", „Habe ich einen freien Tag im Kalender?")

Die Kriterien sind praxisnah, wenn auch nicht immer überschneidungsfrei gewählt. Der Test zeigt die erstaunlich hohe Leistungsfähigkeit bei allen Systemen, ergibt aber auch deutlich unterschiedliche Stärke- und Schwächeprofile im Einzelnen. Über alle Kategorien hinweg schneidet demnach Alexa am besten ab, wobei sich Google und Siri ebenfalls in den meisten Kategorien gut geschlagen haben. Alexa wirkt auf die Tester „empathisch, klug und einkaufsfreudig". Google führt im Bereich „Wissen" und ist insgesamt ein guter Allrounder, bricht aber im Bereich allgemeine Assistentenfunktion ein. Siri punktet als „vielseitiges, freundliches und humorvolles" System. Cortana, die in den meisten Kategorien eher schwächelt, erweist sich erstaunlicherweise im Bereich der sogenannten untypischen Fragen als führend – offensichtlich verfügt sie über eine stabile KI, die auch Fragen beantworten kann, bei denen die Wettbewerber scheitern.

Die Ergebnisse solcher Vergleichstests sollten noch nicht überbewertet werden. Es fehlt heute noch an relevanter Erfahrung und Test-Know-how, etwa im Umgang und in der Bewertung von emotionaler Intelligenz. Ein weiteres Problem liegt in der Testsprache. Wenn man die Sprachfähigkeit von Bots nur auf Deutsch testet, kann man davon ausgehen, dass die Bots in der Regel nicht so performant sind wie im Englischen. Das mag für eine regionale Marktbetrachtung ausreichen, nicht aber für eine strukturelle und funktionale Analyse der grundsätzlichen Leistungsfähigkeit.

Das hat verschiedene Gründe. Einer davon ist, dass für das Englische ein viel größerer Sprachkorpus zur Verfügung steht als für andere Sprachen. Ein weiteres Problem ist die Sprachkompetenz der Tester. Sie fällt bei deutsch/englisch noch nicht wirklich ins Gewicht. Manche mögen es sogar als große Chance ansehen, dass die englische Sprachdominanz in Forschung und Entwicklung Englisch faktisch zur Koiné (Ausgleichssprache) der wirklich führenden Bots gemacht hat. Sehen wir einmal von dem Problem ab, dass durch diese Entwicklung kleinere Sprachgruppen wie etwa die nordischen sowie Hunderte anderer Sprache schnell marginalisiert werden könnten. Es droht noch ein anderes ganz praktisches Problem: Westlichen Forschern und Entwicklern bleiben in der Regel die Entwicklungen etwa im chinesischen Sprachkosmos verborgen. Ein Testsetting, das sich auf Siri, Alexa, Google Assistant und Cortana in deutscher Sprache konzentriert, dabei aber Entwicklungen wie die von Microsofts chinesischem Bot XiaoIce weder zur Kenntnis nimmt noch berücksichtigt, muss zwangshalber unvollständig bleiben.

Wir werden im Bereich der KI-Entwicklung und Dialogfähigkeit noch dynamische Sprünge erleben. Tests und Bewertungen werden daher in den kommenden Jahren noch ganz anders aussehen (Landwehr 2018). Gentsch (2018) zeigt aber deutlich: Die Superbots sind angekommen! Sie umschmeicheln uns als VPAs, als persönliche Butler. Sie verstehen Fragen, lernen dabei in Bezug auf Sprachduktus sowie Komplexität ständig dazu und gehen zunehmend besser auf die Nutzer ein. Die hohe Nutzerzahl macht es möglich, dass Superbots in Sachen Dialogkompetenz exponentiell lernen werden – einen eklatanten Vorteil, den andere Sprachdialogsystemen nicht so schnell bieten können.

Zudem sorgt die hohe Verbreitung von mobilen Endgeräten mit vorinstallierten Systemen etwa bei Siri dafür, dass VPAs nicht nur auf eine Lebenssphäre begrenzt bleiben. Wer sich für Siri/Apple als digitalen Butler entschieden hat, nimmt ihn via Smartphone auch ins Büro, Auto oder in den Urlaub mit. Welche Technologie auch immer sich hier durchsetzen wird: Sie wird einen gewaltigen Transformationsprozess auslösen. Am deutlichsten zeichnet sich das bereits beim E-Commerce ab, der sich getrieben von Superbots wie Alexa/Amazon und Tausenden domain-spezifischen Corporate-Bots langsam, aber sicher zu einem Conversational Commerce wandelt.

4.2.3 Corporate-Bots

Wer verkaufen will, muss die Menschen verstehen. Grundlage für den erfolgreichen Vertragsabschluss bildet das Verständnis der Bedürfnisse des jeweiligen Gegenübers. Das gilt für beide Parteien und in dieser Hinsicht unterscheidet sich übrigens der Verkauf eines Kraftwerks nur wenig von dem einer Tüte Äpfel. Ein geschickter Verkäufer führt seine Kunden durch den Entscheidungsprozess, kürzt ihn ab, erleichtert ihn, gibt dem Kunden dabei ein gutes Gefühl im Hinblick auf dessen Investition. Dabei spielen eine Reihe sachlicher Faktoren eine Rolle, aber auch jede Menge psychologischer Mechanismen. Die Verkaufs- und Handelspsychologen haben dies umfassend erforscht. Ein Verkäufer führt einen potentiellen Kunden viel leichter zur Kaufentscheidung, wenn er seine Gefühle und Grundmotivation versteht. Viele erfolgreiche Vertriebsmitarbeiter nehmen daher immer wieder an psychologisch vertieften Trainings teil.

Eine zentrale Grundlage bildet das Gespräch. Es trägt nicht nur dazu bei, die konkreten Wünsche des Kunden zu erfahren. Es geht auch und viel wichtiger

4.2 Anwendungsfelder von Dialogsystemen

darum, auf die versteckten Bedürfnisse des Gegenübers einzugehen. Die elementaren Prozesse kann man auf jedem Wochenmarkt studieren. Je nachdem, wie empathisch der Verkäufer vorgeht, wird er sich dem Kunden anpassen, indem er etwa Diktion, Kundenprägung oder Vorlieben erfasst und bewusst zu nutzen versucht. Der Blick ins Gesicht und das unverstellte Gespräch spielen dabei eine zentrale Rolle. Sie versichern Interesse und Glaubwürdigkeit. Man muss das Gegenüber kennen und respektieren, bevor man ihm vertraut – und Vertrauen ist eine ganz zentrale Grundlage der Märkte. Nicht umsonst besiegelt bis zum heutigen Tag der Handschlag viele erfolgreiche Verkaufsgeschäfte: Märkte sind Gespräche.

Dieses alte Kulturwissen ist im Zeitalter der digitalen Medien teilweise verloren gegangen. Vor allem der E-Commerce hat den Handel zu einem zwar praktischen, aber auch eher unpersönlichen Warenaustausch gemacht. Das kann sich durch Dialogroboter ändern. Längst hat es sich unter Marketeers herumgesprochen, dass der digitale Handel heute neue Mechanismen der Glaubwürdigkeit und Akzeptanz benötigt. Social Commerce und Conversational Commerce sind Trends, die sich genau mit dieser Entwicklung beschäftigen: Wie kann man Handel menschlicher, geschmeidiger und angenehmer gestalten? Chatbots im Sales und Marketing liegen da voll im Trend. Seit die Dialogrobotertechnologie mit verhältnismäßig geringem Aufwand verfügbar wurde, ist der Bot-Markt förmlich explodiert. Allein die Firma Pandorabots berichtete auf ihrer Webseite von über 250.000 Entwicklern, die auf ihrer Plattform mehr als 300.000 Bots entwickelt haben – und Pandorabots ist nicht die einzige Firma am Markt. Folgt man den Trendberichten, so kann man den Eindruck erlangen, dass Sales Business immer mehr zum Bot-Business wird.

Mittlerweile sorgen Chatbots bei vielen Markenwebseiten dafür, dass für Kunden ein immer besseres Serviceerlebnis entsteht. Solche Chatbots verfügen über eine Persönlichkeitsanmutung, sie verstehen Anfragen, können eigenständig Daten recherchieren und Antworten formulieren. Sie lernen selbständig, schlafen nie, werden nie unfreundlich und haben auch kein Problem mit großen Nutzerzahlen. Kein Wunder, dass sich Marketeers dafür begeistern. Chatbots sind nicht nur günstiger, sie können auch wertvolle Daten über die Kunden und ihre Bedürfnisse sammeln – ein ideales Instrument für E-Commerce, Kundenservice und Marketing.

Customer Service

Für den Kundenservice gewinnen daher Bots in fast allen Branchen eine immer größere Bedeutung. Genau genommen sind sie dort längst angekommen. CRM-Abteilungen waren so etwas wie Brutstätten, Inkubatoren für Bots. Bereits an verschiedenen Stellen dieses Buches bin ich auf die Rolle von Sprachassistenzsystemen eingegangen, etwa im Zusammenhang mit Callcentern oder Ticketautomaten. Seit über zwei Jahrzehnten wird an automatisierten Lösungen für den Kundenservice gearbeitet und die Technologie immer weiter ausgefeilt. Oft auch mit spektakulären Fehlschlägen.

Durch die neuen Möglichkeiten intelligenter Bots, durch Bot-Entwicklungsplattformen und selbstlernende Algorithmen dehnt sich allerdings der Aktionsradius von Sprachdialogsystemen im Kundenservice immer mehr aus. Die zweite und dritte Generation von künstlich intelligenten Bots tritt zunehmend in Konkurrenz zu dem Callcentermarkt, der europaweit Millionen Menschen beschäftigt (Puscher 2017b, S. 98).

Der Vorteil, den die neue Technologie bietet, liegt in der Kostenoptimierung, aber auch in der Verbesserung der Servicequalität: Ein erster Kundenkontakt kann inzwischen ohne Wartezeit automatisiert aufgenommen werden – das wäre in einem Callcenter nur mit sehr hohen Kosten möglich. Für den Kunden entsteht dabei manchmal ein Störgefühl: Zum einen schränkt der Dialog mit der Maschine den Gesprächsrahmen ein und Emotionen sind nicht unmittelbar platzierbar – was vielleicht sogar ein erwünschter Nebeneffekt ist. Funktionsstörungen durch Verständnisprobleme können lästig sein – wir haben gesehen, welche Probleme Spracherkennungssysteme noch haben können, vor allem, wenn Störgeräusche wie etwa in einem fahrenden Auto den Hintergrund bilden. Zum anderen kommt es häufig zu Komplikationen an der Übergangsstelle von Bot zu menschlichem Operator, denn selten können Bots mehr als ein Vorspiel bieten. Bei der Weitergabe an einen menschlichen Operator bleibt ein Einschnitt fühlbar – zumindest bei Telefongesprächen.

Anders sieht das im einem Servicechat aus. Hier kann an fast jeder Stelle der Mensch ins Steuerrad greifen und im Idealfall merkt der Kunde das gar nicht. Große Serviceorganisationen wie Philips oder Microsoft versuchen daher, eine Serviceanfrage über Messenger zweistufig aufzunehmen: Ein automatisierter Chatbot beginnt das Gespräch. Kann er die Anfragen selbst aus seinem Informationsbestand klären, dann ist der Servicedialog schnell und erfolgreich beendet – ohne dass ein Mensch eingreifen musste. Ist das Problem des Kunden komplexer, werden die entsprechenden Informationen, die der Operator für die Lösung braucht, bereits vom Bot gesammelt an den Operator übergeben. Das spart Zeit und Kosten.

Funktioniert alles reibungslos, dann trägt das spürbar zu einer Optimierung der Servicequalität bei. Standardfragen, sogenannte Frequently Asked Questions (FAQs), kann ein Bot oft schnell und effizient beantworten. Aber der automatisierte Ablauf muss dann auch wirklich reibungslos funktionieren. Die

4.2 Anwendungsfelder von Dialogsystemen

PR-Abteilungen der großen Serviceorganisationen können ein Lied davon singen, was passiert, wenn das nicht der Fall ist. Probleme im Service verärgern nicht nur die Kunden. Sie landen auch schnell in den Social-Media-Kanälen – oder in der Mailbox eines Journalisten. Dann kann ein vermeintlich kleines Serviceproblem schnell zu einem PR-Problem werden. Kundenservice ist heute auch Kundenmarketing.

Die Qualität des automatisierten Sprachdialogs wird sich in den nächsten Jahren weiter deutlich verbessern. Nicht umsonst investieren Großunternehmen Milliarden in diesen Forschungsbereich. Sie versprechen sich bessere Produkte, aber vor allem auch eine bessere und effizientere Kommunikation. Um abzuschätzen, wie weit man bei der Automatisierung des Customer Frontends allerdings gehen kann, fehlen die Erfahrungswerte. Ständige Umfragen und begrenzte Experimente mit Pilotprojekten können dabei helfen, die Kundenakzeptanz besser zu verstehen. Der Grat zwischen Serviceoptimierung und Kundenärger ist schmal. Service ist ein wichtiger und wertvoller Moment im Kontakt eines Unternehmens mit dem Kunden. Damit gehen gute Unternehmen nicht leichtfertig um. Raffiniertheit und Kostenoptimierung allein sind nicht alles. Gleichwohl werden Dialogroboter im Kundenservice eine große Zukunft haben.

E-Commerce-Bots
Ein wichtiges Anwendungsfeld für Bots ist der Verkauf. Durch den Coversational Commerce entstehen hier völlig neue Möglichkeiten. Amerikanische Firmen wie Sephora oder Pizza Hut waren an dieser Stelle Pioniere. Inzwischen experimentiert eine große Zahl an Unternehmen mit den automatisierten Verkaufsassistenten. Messengerplattformen wie **Facebook, Whatsapp** oder das chinesische **WeChat** werden dabei zur neuen Verkaufs- und Servicearena. Allen gemeinsam ist das dialogische Gesprächsumfeld. Das macht nicht nur den Wechsel zur Webseite überflüssig, sondern auch den Download entsprechender Apps. Der Nutzer braucht das für ihn angenehme und gewohnte Gesprächserlebnis seines Messengers nicht mehr zu verlassen, wenn er etwa eine Pizza möchte, ein Taxi benötigt oder einen Flug buchen will: Er ruft die Bestellung einfach dem jeweiligen digitalen Verkäufer zu.

Auch die Deutsche Lufthansa hat sich daher früh mit Dialogsystemen beschäftigt. Die Fluggesellschaft startete im November 2016 ihren Chatbot Mildred. Mildred ist eine freundliche Dame mit Brille und pinkfarbenem Dutt. Sie spricht Englisch und Deutsch und hilft Kunden dabei, attraktive Flugverbindungen mit den Airlines der Lufthansa-Gruppe zu finden. Der Bot sucht dazu in seiner Datenbank, liefert Listen mit ausgewählten Flügen und fragt locker nach, wenn ihm etwas in Sachen Anflug- oder Zielflughafen unklar ist. Bei der

Suche kann man Abflug- und Zielflughafen, Reisezeitraum sowie Buchungsklassen angeben oder auch erst im Laufe der Konversation hinzufügen. Mildred liefert für jede Anfrage den günstigsten Preis für einen Hin- und sieben Tage später für einen Rückflug.

Wird bei der Anfrage kein zeitlicher Wunsch geäußert, sucht Mildred nach den besten Flugpreisen in den kommenden neun Monaten. Mit einem Klick auf „Hier buchen" öffnet der Nutzer die mobile Version von LH.com, dem online Buchungssystem der Deutschen Lufthansa. Im Dialog mit Mildred kann die Suche aber noch weiter verfeinert werden, beispielsweise mit Angabe einer Buchungsklasse wie Economy, Premium Economy oder Business, einem Wochentag, einem Monat oder einem Feiertag.

Zugegeben: Die Dialogkompetenz ist noch nicht hoch. Aber Mildred kommt zum Ziel – und das System lernt kontinuierlich dazu. Bei einer Anfrage muss der Nutzer nicht mehr angeben, von welchem Flughafen er starten will. Die Reiseanfrage beginnt am aktuellen Wohnort. Mildred wählt den nächstgelegenen Flughafen mit passendem Flug aus. Im Dialog ist auch die Angabe von Sehenswürdigkeiten als Ziel möglich. „Ich würde gern den Eiffelturm sehen" oder „Ich möchte einmal über die Tower Bridge laufen", versteht Mildred als Flugsuche nach Paris beziehungsweise London.

Beispiele wie Mildred gibt es inzwischen zu Tausenden. Viele Markenartikel insbesondere in den USA experimentieren mit Chatbots und Dialogrobotern in Marketing und E-Commerce. Eine wachsende Entwicklergemeinde experimentiert mit unterschiedlichen Anwendungsszenarien. Nicht alles, womit man experimentiert, wird sich durchsetzen. Aber der Conversational Commerce ist zu einer Strömung im Marketing geworden, der eine große Zukunft haben könnte.

Banking-Bots

Ganz ähnlich sieht es auch in der Finanzdienstleistungsbranche aus. Immer mehr Banken setzen inzwischen Bots ein, um Standardanfragen abzuarbeiten (Marous 2018). Fragen zum Kontostand, zu Kontodetails, einzelnen Transaktionen oder etwa zu Darlehensbedingungen – das kann ein Bot in der Regel schnell und effizient beantworten. Für Banken steckt darin eine große Chance. Es steht viel auf dem Spiel für den Finanzsektor. Der Wettbewerbsdruck ist hoch, kontinuierliche Effizienzsteigerungen, aber auch Innovationen werden händeringend gesucht, denn im Bankenmarkt geht es um Grundsätzliches. In Zeiten der Zinsflaute steht das klassische Bankmodell insgesamt auf dem Prüfstand. Die Finanzdienstleister müssen sich mehr denn je anstrengen, um ihre Kunden zu überzeugen und an die Marke zu binden.

4.2 Anwendungsfelder von Dialogsystemen

Künstliche Intelligenz und digitale Sprachdialogsysteme stehen daher im Bankensektor weit oben auf der Investitionsagenda. Chatbots könnten den Banken helfen, pro Jahr mehr als acht Milliarden Dollar einzusparen (Juniper) – eine gewaltige Summe. Um das zu schaffen, sollen im Jahr 2020 bereits 85 % aller Kunden-Service-Transaktionen von Bots durchgeführt werden (Foye 2017; Pemberton-Levy 2016).

Standardanfragen im Kundenservice können relativ problemlos von Bots auf Apps oder auf den gängigen Messengerkanälen abgearbeitet werden. Solche Bots entwickeln die Banken in großer Zahl selbst oder sie integrieren Bot-Frameworks wie etwa das des amerikanischen Start-Up-Unternehmens Kasisto. Solche Bots können auf Kontoumsätze oder Kundenstammdaten zugreifen, um mit dem Kunden in einen personalisierten Dialog zu treten. Wie man sich das vorstellen kann, zeigt ein Gespräch mit dem Banking-Bot Kai von Kasisto mit einem Nutzer namens Sascha[4]:

Nutzer: Hi Kai.
Kai: Hi there Sascha. How can I help?
Nutzer: So what can you do for me?
Kai: I can tell you about your accounts, help make payments, search your transactions, and answer questions. And I'm always learning. Try me.
Nutzer: Very nice. How much do I have?
Kai: Ok. You have $ 15,690.92 and owe 15,516.36. Shall I break that down?
Nutzer: Thanks though.
Kai: You are very welcome.
Nutzer: How much did I spend at Kung fu tea last month?
Kai: Nothing came up. I searched for: Merchant: Kung fu tea Date: between 05/01/2016 and 05/31/2016.
Nutzer: How about last week?
Kai: Let's see. You spent $ 6,80. I searched for: Merchant: Kun fu tea Date: between 06/05/2016. Shall I break that down?
Nutzer: Yes.
Kai: Ok. I searched for Merchant: Kung fu tea Date: between 06/05/2016 and 06/112016. – $ 6.80 (Kung Fu Tea) on 06/07/18.
Nutzer: Pay Jonathan for tea!
Kai: Which Jonathan? Jonathan Abrams or Jonathan Bakalarz?
Nutzer: Wait how secure is this?

---

[4]Der Dialog wurde am 22. März 2018 auf der Webseite der Firma Kasisto mitgeschrieben. Kasisto bietet den Bot Kai als White-Label-Produkt Drittbanken an. Kai steht als Showcase auf der Webseite zur Verfügung. Ob Kai unter realen Bedingungen genauso funktioniert, konnten wir nicht überprüfen.

Kai: I encrypt your data securely – scrambling and coding – and make sure you're you, avoiding fraud. Read details at https://kai.kasis.to/kai/security. Now, where were we? Ah. Which Jonathan. Jonathan Abrams or Jonathan Bakalarz?
Nutzer: Thanks. Yes, pay Bakalarz.
Kai: How much?
Nutzer: 6.80.
Kai: Let's confirm. You'd like to send Jonathan Bakalarz $ 6.80 for tea, right? I'll use Venmo.
Nutzer: Yes.
Kai: You've sent Jonathan Bakalarz $ 6.80.
Nutzer: Thank you very much.
Kai: Glad to be of use.

Banking-Bots dieser Art sind in Asien und in den USA keine Seltenheit mehr, wenngleich sie auch im deutschen Markt noch nicht weitverbreitet sind. Sie bieten längst nicht alle die Informationstiefe, Funktionalität oder Dialogqualität, wie sie hier im Showcase der Firma Kasisto dokumentiert wurde. Aber sie können beispielsweise über den Kontostand informieren, sie führen Transaktionen durch und leisten je nach Ausrichtung und Leistungsfähigkeit des Bots auch Beratungsdienste.

Das Spektrum an Banking-Bots ist unterschiedlich breit. Manche bieten Links zu Tutorial Videos, andere leiten Nachrichten an Bankangestellte weiter oder führen kleinere Services durch, wie etwa Passwortänderungen. Das Wesentliche dabei ist der Kanal. Statt nur mit Freunden und Kollegen zu chatten, wird auch die Bank zum persönlichen Gesprächspartner. Viele Branchenstrategen sehen in Banking-Bots ein in Zukunft zentrales Instrument des Mobile-Bankings.

Für standardisierte Banking-Bots gibt es inzwischen eine Reihe Spezialanbieter. Zu den Marktführern gehört im Moment die amerikanische Firma IP Soft. Ihr preisgekröntes Dialogsystem Amelia wird von zahlreichen Banken eingesetzt, unter anderem von der Credit Suisse und der SEB Group. Amelia verfügt über einen menschlichen Avatar, sie versteht natürliche Sprache und antwortet sowohl im Chat als auch mit natürlicher Stimme. Amelia kann laut Hersteller in folgenden Aufgabenfeldern eingesetzt werden:

- Kontoabfragen,
- Zahlungsabwicklung,
- Wealth Management und Anlageberatung,
- Fragen zur Kreditkarte sowie
- Kreditwürdigkeit bei Hypothekendarlehen.

Amelia deckt in diesen Bereichen eine Reihe von Standardanfragen ab. Kommt sie dabei nicht mehr weiter, so gibt sie den Dialog an einen menschlichen Berater weiter.

4.2 Anwendungsfelder von Dialogsystemen

Banking-Bots wie Kai oder Amelia sollen vor allem den Kundenservice schneller und effizienter gestalten. Das spart Kosten im Bereich der Callcenter- und -Servicekapazitäten. Interessant wird es für die Banken dann, wenn durch die Einführung von KI-Technologien und Bots auch die Kundenzufriedenheit und -bindung steigt. Es geht ihnen um eine neue, intensivere Art der Multichannel-Kundenbeziehung – bei der Beratung im Fokus steht.

Verbessern Bots tatsächlich die Beratungsqualität von Banken? Dies ist eine sensible Frage für Banken. Im Moment lässt man die digitalen Assistenten hauptsächlich Standardanfragen erledigen – damit sich menschliche Berater um komplexe Fragen und intensive Kundenbeziehungen kümmern können. Denkbar ist aber durchaus auch, dass man das automatisierte Beratungsangebot ausdehnt – zumindest für bestimmte eher technologieaffine Zielgruppen.

Ein Ansatzpunkt könnten sogenannte Robo-Advisor sein. Sie werden von immer mehr Asset-Managern, Vermögensberatern und Online-Banken eingesetzt. Robo-Advisor bieten eine automatisierte Vermögensberatung und stellen so eine interessante, kostengünstige Alternative dar, zumal die Anlageergebnisse nichts zu wünschen übrig lassen – im Gegenteil. Die Grundidee des digitalen Asset-Managements besteht darin, kognitive Verzerrungen auszuschließen. Sie treten zwangsläufig bei persönlichen Entscheidungen über Kapitalanlagen auf. Diese Verzerrungen unterlaufen nahezu allen menschlichen Entscheidern und verschlechtern die Rendite der Investitionen am Kapitalmarkt.

Bei Robo-Advisors handelt es sich in der Regel um Internetplattformen. Sie tragen dazu bei, genau solche kognitiven Verzerrungen bei Investitionsentscheidungen auszuschließen. Auf Basis bestimmter Fragen an den Anleger erstellen sie Vorschläge für die Vermögenszusammensetzung. Dazu wird die Risikoneigung des Anlegers ermittelt, seine finanzielle Situation, seine Anlageziele und Zeithorizonte. Daraus errechnet ein Algorithmus entsprechende Anlagevorschläge. Robo-Advisor sind Internet- oder B2B-Tools.

Eine Verbindung von Robo-Advisors mit Dialogrobotern wie Amelia, die ja bereits über ein Wealth-Management-Modul verfügt, ist prinzipiell denkbar. Ob das für Kunden interessant ist und welche Kunden mit einem digitalen Anlageberater sprechen wollen, muss sich zeigen. Eins ist aber klar: Ein solcher Bot könnte die Kernleistung der klassischen Bankhäuser verwässern – ihre individuelle Beratungskompetenz. Wozu braucht man noch eine Bank, wenn selbst Anlageberatung und Transaktionshandling voll automatisch abläuft?

4.2.4 Medienbots

Die Dialogwende erreicht auch die institutionellen Medien. Auch in der Medienbranche wird mit Medienbots aller Art experimentiert, wenngleich die Entwicklung bei Weitem nicht so eruptiv verläuft wie bei den Homebots und den Superbots. Die ersten Entwicklungen sind noch zaghaft. Von der Vision einer Zeitung, die mit dem Nutzer über die wichtigsten News des Tages plaudert, statt sie ihm als Text vorzulegen, sind wir noch weit entfernt. Allerdings kann man bereits eine Reihe von Ansatzpunkten sehen, bei denen Automatisierung und Sprachtechnologie im Betrieb der institutionellen Medien eingesetzt werden. Viele Medienhäuser denken inzwischen darüber nach, wie sie durch dialogische Aufarbeitung ihre redaktionellen Inhalte distribuieren können. Das Ziel ist klar: Es geht um Leserbindung und die Erschließung von neue Nutzergruppen. Conversational Journalism heißt das neue Schlagwort. Medienhäuser wie die BBC oder die *New York Times* analysieren im Rahmen ihrer Medien-Thinktanks kontinuierlich Einsatzmöglichkeiten von solchen automatisierten Conversational-Journalism-Modellen (BBC 2018b; Phelps 2017).

Vom automatisierten zum personalisierten Newsfeed
Automatisierte Nachrichtendienste sind inzwischen ein fester Bestandteil des Alltagslebens geworden. Sie versorgen die Nutzer mit News-Updates per Mail oder Messenger – je nach Interessenlage oder Vorlieben. Die Basis bildet in der Regel ein voreingestellter Suchalgorithmus. So kann man etwa entsprechende Newsalerts bei Google (Google Alerts) oder anderen Plattformen einrichten und bekommt dann regelmäßig Informationen per Push-Dienst zugestellt. Das Problem: Die Suchergebnisse sind in der Regel unspezifisch und kaum auf den individuellen Bedarf zugeschnitten.

Das gilt in der Regel auch für sogenannte Nachrichtenaggregatoren. Sie durchsuchen anhand eines Algorithmus eine Vielzahl von vordefinierten Nachrichtenquellen und tragen die wichtigsten Informationen zusammen. Die Newslisten werden automatisch generiert und ständig aktualisiert, wobei auf eine eigenständige journalistische Bearbeitung der Inhalte in der Regel verzichtet wird. Nachrichtenaggregatoren sind vor allem im angelsächsischen Bereich bekannt wie etwa der Drudge Report, der Informationen aus dem politisch-rechten Spektrum aggregiert. In Deutschland bekannt ist etwa Google News, ein digitaler Service, der automatisiert die Top-News des Tages zusammenstellt. Die Relevanz eines Themas ergibt sich aus der Klickzahl auf einzelne Artikel. Aber auch die Zahl der Beiträge, die zu einem bestimmten Thema erscheinen, die Bewertung

4.2 Anwendungsfelder von Dialogsystemen

der Nachrichtenquelle und einige andere Faktoren spielen eine Rolle. Google News registriert diese Faktoren, aggregiert einen Nachrichtenüberblick und liefert die entsprechenden Links auf die Originalquellen mit. Unter der Rubrik „Für Sie" kann man sich diesen Nachrichtenüberblick auch nach individuellen Vorlieben und Interessen zusammenstellen lassen.

Umgekehrt kann man Web-Feeds auch bei den meisten Betreibern von Nachrichtenseiten, Blogs und Foren abonnieren – in der Regel direkt aus dem Browser heraus. Die verbreitetsten Feed-Formate sind RSS und Atom. Die in diesen Formaten bereitgestellten Daten werden durch eine Feedreader-Software in gewissen Zeitabständen über eine Internetverbindung abgefragt. Dadurch hat die Informationsübermittlung für den Anwender Züge eines Push-Mediums, obwohl es technisch gesehen als Pull-Medium angelegt ist.

Während es automatisierte Aggregator-Webseiten und Web-Feeds schon seit geraumer Zeit gibt, entsteht der entscheidende Fortschritt im Bereich der Personalisierung mithilfe der künstlichen Intelligenz. Eingesetzt wird diese Technologie etwa in den Timelines und Newsfeeds von Facebook, Twitter oder Cortana. Hier werden nicht mehr allein vom Nutzer voreingestellte Themenschwerpunkte für die Newsauswahl abgearbeitet. KI-basierte Algorithmen verfolgen jeden Klick und stellen dadurch automatisch Interessenprofile für jeden Nutzer zusammen. Der Algorithmus entscheidet völlig unabhängig und individuell, welchen Informationsmix er dem jeweiligen Nutzer anbietet.

Natürlich ist dieser Kosmos an automatisierter Selektions- und Aggregationsmechanismen den institutionellen Medien ein Dorn im Auge. Ihre teuer produzierte Medienware wird zur leichten Beute von Inhaltsaggregatoren, die diese Inhalte ihrerseits eigenständig monetarisieren. Versuche, auf diese Selektionsmechanismen Einfluss zu nehmen, sind schwierig und oft zum Scheitern verurteilt. Die institutionellen Medien verlieren zunehmend die Kontrolle über diese automatisierten Distributionskanäle.

Daher suchen die institutionellen Medien schon seit geraumer Zeit nach neuen Möglichkeiten, die Leser stärker an ihre Medienmarken zu binden. Sie kuratieren selbst Inhalte aus Drittquellen und vertreiben ihre Inhalte, wenn möglich, über eigene Newsfeeds und Apps, die sich die Nutzer auf ihre mobilen Endgeräte herunterladen können. Inzwischen bieten Medienhäuser wie die *Frankfurter Allgemeine Zeitung,* die *Neue Zürcher Zeitung* oder der Springer-Verlag in dem Kontext auch personalisierte Newsfeeds an (Kubeth 2018). Das Medium macht nach dem Vorbild der Aggregatoren aufgrund ständig aktualisierter Nutzerprofile individuelle Themenvorschläge aus dem eigenen Redaktionsangebot. Sie sollen das Leseerlebnis verbessern, indem sie den täglichen Newsfeed durch überraschende

Inhalte ergänzen und individuell bereichern. Ein erster zumindest zaghafter Schritt in eine Personalisierung des Nachrichtenangebots.

Chatbots: Vom Push-Dienst zur Dialoganmutung
Eine vergleichbare Hybridstellung zwischen Push- und Pull-Medium haben auch Medien- oder Newsbots. Bei ihnen kommt die durchaus verführerische Idee eines Nachrichtendienstes in Dialogform hinzu. Die Vision: Man bekommt keine vorgefertigten Nachrichtentexte mehr. Der Newsbot plaudert mit dem Nutzer über die aktuellen Nachrichten. Zumindest in der Theorie. In der Praxis sind die Newsfeeds immer noch von Redakteuren vorproduziert und die Dialogmöglichkeiten in der Regel noch äußerst rudimentär. Der wesentliche Unterschied ist aber der, dass der Leser dem Medium nicht mehr in einer passiven App, sondern in einem aktiven Chatmedium, dem Messenger, begegnet. Gerade bei den Messengern gibt es daher eine Reihe von Angeboten der klassischen institutionellen Medien (die Liste erhebt keinen Anspruch auf Vollständigkeit) (Abb. 4.7):

Es gab und gibt also bereits eine Reihe von Medienbots. Sie stellen teils kontinuierlich, teils nur projektbezogen, ihre Medieninhalte in Messengern wie Facebook, Whatsapp oder Telegram zur Verfügung. Viele große Medienhäuser versuchen auf diese Weise, mit Bots erste Erfahrungen zu sammeln. Bei den besseren Bots kann man nach bestimmten Themen gezielt fragen und sich zusätzliche Nachrichteninhalte dazu abrufen. Manchmal melden sich echte Redakteure, manchmal Dialogroboter. Aber im Wesentlichen sind solche Medienbots bessere Push-Services. Sie stellen im Chatformat News zur Verfügung – und liefern ihren Lesern auf diese Weise publizistische Inhalte in einer für den Messenger typischen Dialoganmutung (Abb. 4.8).

Beispiele in Deutschland sind etwa die Newsbots der *F.A.Z.*, der *Bild* oder auch der Newsbot Novi (siehe Abbildung). Ich persönlich nutze alle drei Bots regelmäßig – sie sind eine wichtige Ergänzung meines Nachrichtenkonsums geworden. Novi stellt seit Anfang 2017 zweimal am Tag, morgens und abends, die drei Top-News des Tages vor und liefert sie auf den Facebook-Messenger, Telegram, Skype oder auch in eine klassische Web-App. Das Angebot richtet sich an eine eher junge Zielgruppe. Redakteure des NDR arbeiten die Nachrichten zielgruppen- und mediengerecht auf und simulieren durch Rich-Media-Elemente (kurze Videos, animierte GIFs, Fotos), Klickbuttons und gezielte Fragen an den Leser eine dialogische Situation. Novi lässt auch in eingeschränkter Form freie Fragen zu. So kann der Nutzer nach bestimmten Schlüsselbegriffen suchen. Wenn man zum Beispiel fragt, „Was macht eigentlich Merkel so?" oder „Was gibt's Neues von Trump?", dann stellt Novi die aktuellsten Berichte zu den Stichwörtern Merkel und Trump aus der Onlinemediathek zusammen.

4.2 Anwendungsfelder von Dialogsystemen

Medium	Kanal	Beschreibung	Quelle
New York Times (USA)	Facebook Messenger	Die *New York Times* kombinierte in einem befristeten Botprojekt zum US-Präsidentschaftswahlkampf 2016 automatisierte Updates mit Kommentaren des Redakteurs Nicholas Confessore. Jeden Morgen verschickte der Bot Infos zu den jüngsten Umfrageergebnissen. Die Leser konnten sich über Details der einzelnen Staaten sowie über zusammengefasste Ergebnisse der nationalen Umfragen erkundigen.	http://www.niemanlab.org/2016/10/the-new-york-times-is-using-a-facebook-messenger-bot-to-send-out-election-updates/
CNN (USA)	Facebook Messenger	Der Nutzer kann sich unter der Option „most popular news" die beliebtesten oder unter „latest news" die aktuellsten Schlagzeilen ausgeben lassen oder nach bestimmten Schlagworten suchen lassen, solange er dabei prägnante englische Suchwörter angibt.	https://www.messenger.com/t/cnn
Wall Street Journal (USA)	Facebook Messenger	Versendet auf Wunsch ein tägliches morgendliches Briefing über die tagesaktuellen Nachrichten. Der Nutzer kann aus bestimmten vorgegebenen Kategorien, wie „Latest news", „Today's market" oder „Company News" wählen. Unter „Company News" kann er gezielt nach einzelnen Unternehmen suchen, zu welchen er Nachrichten erhalten will.	https://www.messenger.com/t/wsj
	Twitter	Kreierte und versendete automatisch Grafiken zu den Resultaten des Brexit-Referendums und der US-Wahl.	www.bbcnewslabs.co.uk/projects/bots/
	Facebook Messenger	Der Nutzer bekommt jeden Tag eine Liste von Schlagzeilen. Er kann nach weiteren Schlagzeilen fragen oder Schlagzeilen mit anderen Nutzern teilen.	www.bbcnewslabs.co.uk/projects/bots/
BBC (UK)	In-article	Der Nutzer kann mehr über die in Artikeln behandelten Themen herausfinden. Dazu folgt er im Vorhinein geskripteten Dialogverläufen, bei denen er unter mehreren Optionen auswählen kann. War zuerst ein Experiment und wurde anschließend für die Berichterstattung zu den britischen Wahlen verwendet.	www.bbcnewslabs.co.uk/projects/bots/

Abb. 4.7 Einsatz von Dialogrobotern bei institutionellen Medien (Auswahl)

Medium	Kanal	Beschreibung	Quelle
Mainichi Shimbun (JPN)	Facebook Messenger	Sendet dem User Nachrichtenartikel zu. Die Auswahl erfolgt primär über vier von der App vorgegebene Schlüsselbegriffe: neueste Nachrichten, Zugriffshäufigkeit (von anderen Nutzern am häufigsten angeklickt), „Hot Words" (gibt die derzeit beliebtesten Suchbegriffe aus, der User kann dann einen dieser Begriffe auswählen und die zu dem Thema passenden Nachrichten lesen, unklar ist, wie die Hot Words genau bestimmt werden.), Digital Mainichi (gibt einen Direktlink zur Digitalausgabe der *Mainichi Shimbun* aus). Es ist möglich, einen Begriff einzugeben und zum entsprechenden Suchbegriff Nachrichten zu erhalten. Diese Funktion ist allerdings sehr basal und funktioniert nicht mehr, sobald komplexere Konstruktionen verwendet werden.	https://www.messenger.com/t/mainichishimbun
F.A.Z. (GER)	Facebook Messenger	Der Nutzer kann die „News des Tages", die „Top-Artikel" oder einzelne Themenbereiche abonnieren, zu denen er anschließend aktuelle Nachrichten zugesandt bekommt.	https://www.messenger.com/t/faz
Bild (GER)	Facebook Messenger	Der Nutzer kann aus unterschiedlichen vorgegebenen Themenbereichen auswählen, zu denen er dann automatisch aktuelle Nachrichten zugesandt bekommt. Der Fokus liegt allerdings deutlich auf Nachrichten zur 1. und 2. deutschen Fußballbundesliga.	https://www.messenger.com/t/bild
Novi (GER)	Facebook Messenger, Telegram und Skype	Novi ist der Medienbot von funk, dem Content-Netzwerk von ARD & ZDF. Der Nutzer kann sich mit dem Schlagwort „news" die aktuellen Nachrichten und „mit ,erklärt'" eine Übersicht an unterschiedlichen Themen, die verständlich erklärt werden, anzeigen lassen. Mit „push" kann er die Benachrichtigungen an- oder ausschalten. Im Übrigen wird der Dialog mit ihm Vorhinein geskripteten Dialogverläufen gestaltet. So werden Nachrichten dem Nutzer unterhaltsam vermittelt.	https://www.messenger.com/t/getnovibot

Abb. 4.7 (Fortsetzung)

4.2 Anwendungsfelder von Dialogsystemen

Abb. 4.8 Beispielhafter Dialogverlauf mit Novi. (Quelle: Screenshot aus der Facebook-Messenger-Version von Novi (https://www.messenger.com/t/getnovibot))

Als Medienchatbot kann man Novi als durchaus richtungsweisend ansehen. Von echten Konversationen ist der Bot allerdings noch einen großen Schritt entfernt. Das gilt auch für die meisten anderen Medienbots. Eine automatisierte Text- oder Dialoggenerierung kommt hier noch kaum zum Einsatz. Eine voice-basierte Umsetzung ist ebenfalls nicht vorgesehen.

Ein in gewisser Hinsicht richtungsweisendes Experiment unternahm daher im Sommer 2018 die britische Zeitung *The Times*. Sie stellte Teile ihrer umfangreichen Berichterstattung über die Fußballweltmeisterschaft im Rahmen einer Kooperation mit Amazon der Öffentlichkeit zur Verfügung. Die Schnittstelle bildete der The-Times-Sport-Alexa-Skill. Mit dem Satz „Alexa, launch *Times Sport*", erhielten die Zuhörer eine Zusammenfassung der wichtigsten Nachrichten des Tages – vorgelesen von einer Sprecherin. Ein automatisiertes Dialogsystem ist der *Times Sport*-Skill also auch nicht – aber immerhin ein erster Versuch, um in Zusammenarbeit mit einem Superbot wie Alexa auszutesten, ob es einen Markt für ein zukünftiges Voice-Interface der *Times*-Leser gibt.

Vom Editor-Bot zum In-article-Bot
Viele Überlegungen im Conversational Journalism drehen sich auch um die Frage, wie Leser mit bekannten Journalisten ins Gespräch kommen können. In der Vergangenheit war bereits verschiedentlich der Trend zu erkennen, dass sich Journalisten selbst als meinungsstarke Medienmarken in Stellung bringen. Sie treten in Diskussionsrunden auf oder pflegen eigene Social-Media-Profile, in denen sie sich und ihre Beiträge vermarkten sowie auch Rückfragen beantworten. Soziale Medien bieten ein ideales Umfeld für solche Dialoge.

Die Medienhäuser unterstützen diese Entwicklung in gewissem Rahmen: Man geht davon aus, dass sich Markenbindung verstärkt, wenn der Leser, Zuhörer oder Zuschauer nicht nur die neuesten Beiträge rezipiert, sondern auch mit dem zuständigen Redakteur darüber diskutieren kann. Das Problem dabei ist natürlich die zeitliche Verfügbarkeit: Wie soll ein Redakteur parallel Gespräche mit potentiell Tausenden Lesern führen, aber auch noch redaktionelle Arbeit leisten?

Das wäre nur durch einen personalisierten Bot zu schaffen. Das Zukunftsszenario, an dem hier gearbeitet wird, ist klar: Der Artikel, den der Journalist schreibt, ist nicht mehr das Wesentliche, zumindest nicht mehr das einzige Kommunikat. Die Story dient als Grundlage, damit ein personalisierter Bot, der Avatar des Journalisten, eine Vielzahl von Dialogen gleichzeitig über das jeweilige Thema führen kann.

Konsequenterweise haben einige der ersten Medienbots auch bekannte Redakteure als Absender. So startete etwa die *New York Times* drei Wochen vor den amerikanischen Präsidentschaftswahlen einen Facebook-Messenger-Bot, der in den letzten Tagen vor der Wahl über die aktuellen Umfrageergebnisse berichtete. Der Bot kombinierte dabei jeden Morgen automatisierte Umfrageupdates mit redaktionellen Berichten. Er meldete sich dabei mit: „Hey, it's Nick Confessore." Nicholas Confessore ist ein bekannter politischer Redakteur am National News Desk der *New York Times*. Die Nutzer konnten dem Redakteur auch Fragen stellen, etwa nach aktuellen Umfrageergebnissen der einzelnen Bundesstaaten (Lichterman 2016).

Andere Überlegungen gehen in die Richtung, Nachrichtentexte entweder durch einen Bot am Ende oder auch an verschiedenen Sollbruchstellen im Text zu ergänzen – sogenannte In-article-Bots. Dabei kann der Leser nachfragen und im Gespräch während des Lesens mehr über das Artikelthema erfahren (Abb. 4.9).

Ein beeindruckendes Beispiel für einen In-article-Bot erstellte Paul Campillo (Campillo o. J.) In seinem lesenswerten Essay über die Entstehung der

State of the conversation

Eight trillion. That's the number of text messages sent every year. For the record, that's 23 billion texts sent every day. Or almost 16 million per minute.

On July 7, 2016, Facebook reported that over one billion people now use Messenger, up 200 million since January 2016. As of February 1, 2016, WhatsApp logged one billion users on its platform. In case you didn't know, Facebook owns WhatsApp.

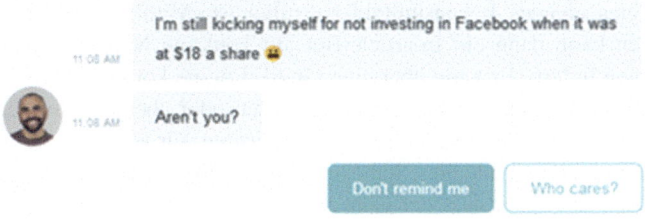

Abb. 4.9 In-article-Bot. (Quelle: Screenshot aus Campillo o. J)

Sprachtechnologie („Technology Imitates Art. The Rise of Conversational Interface") bricht er mit der linearen Textform. In der Einleitung und an verschiedenen Stellen im Text meldet sich der Editorbot des Autors zu Wort, stellt Fragen an den Leser oder bietet weitere Informationen an. Das kann ein launiger Einwurf sein („Ich könnte mich immer noch in den Hintern treten, dass ich nicht in Facebook investiert habe, als die Aktie bei 18 $ lag"). Es kann eine kurze Kontemplation darüber sein, warum der Autor einen Aspekt des Textes so sieht und nicht anders. Oder es kann auch ein Verweis auf ein erläuterndes Video sein, dass man sich anschauen kann. Wie auch immer: Der Bot durchbricht die Linearität des redaktionellen Beitrags und lässt eine dialogähnliche Situation entstehen. Der redaktionelle Text wird in diesem Beispiel zu einem hybriden, dialogischen Leseerlebnis an der Grenze zwischen Monolog zu Dialog. Der Leser kann diesen Dialog mit dem Autor durch Klicks auf vorgefertigte Antwortbuttons aufnehmen – oder einfach weiterlesen.

In der journalistischen Praxis sind In-article-Bots allerdings noch Mangelware. Die BBC experimentierte damit beispielsweise im Rahmen der Berichterstattung über die Wahlen 2017 (BBC 2018a). Die Bot-Konversationen in den

Beiträgen basierten dabei auf vorgefertigten Textbausteinen, die im Chatformat geschrieben wurden. Über erste Experimente ist man hingegen nicht hinausgekommen. Zu schwierig scheint die Integration solcher hybriden Textmodelle in die bestehenden Redaktionsprozesse.

Sinnvoll sind solche Bots immer dann, wenn es darum geht, sogenannte Data-Stories zu einem bestimmten Thema aufzubereiten. Das muss dann nicht einmal in natürlichsprachlicher Form ablaufen. Grundlage bilden dabei stets umfangreiche Datenbestände mit spezifischen, regionalen Informationen zu einem Thema. Wenn etwa die *New York Times* über Umweltverschmutzung durch Ölbohrungen in North Dakota berichtet oder die *Hindustan Times* über die Luftqualität in Indien, so will der Leser natürlich wissen, ob und inwieweit sein konkretes eigenes Lebensumfeld betroffen ist. Mithilfe einer hinterlegten Datenbanken kann dann ein In-article-Bot auf konkrete Nachfragen detaillierte Informationen liefern. Er kann über eine Grafik-Engine konkrete Detailansichten zur spezifischen Lage in der Region visualisieren oder aber, wie im bereits vorgestellten Feinstaubradar der *Stuttgarter Nachrichten,* für jeden Stadtteil und Tag automatisiert einen individuellen Statusberichte erstellen lassen.

Die Beispiele zeigen, dass der Conversational Journalism noch ein Test- und Experimentierfeld ist. Manches Bot-Projekt war nur für eine bestimmte Testphase konzipiert, etwa die Berichterstattung über eine Wahl oder ein sportliches Großereignis. Einige Bots wurden auch wieder eingestellt, wie etwa der Medienbot der britischen Zeitung *The Guardian.* Die Medienhäuser haben nur eingeschränkte Mittel zur Verfügung und können nicht in dem Maß in Personalisierung, künstliche Intelligenz oder Sprachtechnologie investieren, wie dies beispielsweise die Unternehmen der Plattformökonomie tun. Daher fehlt es hier noch vielfach an fortgeschrittenen Anwendungsbeispielen, Technologien und relevanten Erfahrungen mit Dialogrobotern.

Superbots als Distributionsplattform

Es könnte für Verlage und Rundfunkanstalten noch wichtig werden, über eigene Kompetenzen im Bereich der Sprachdialogsysteme zu verfügen. Die Dialogwende entwickelt auch hier ihre charakteristische Dynamik. Die Marktführer der Plattformökonomie werden voraussichtlich auch die Rolle einer zentralen Nachrichten- und Entertainment-Plattform anstreben. Sie haben längst tagesaktuelle News als Content-Segment für ihre Superbots entdeckt.

Bereits heute kann man sein Smartphone fragen: „Cortana, neueste Nachrichten?" Die Stimme antwortet darauf ungerührt: „Hier sind die heutigen Leitartikel. Die erste Headline lautet (…)." Cortana liest dann die wichtigste Headline

4.2 Anwendungsfelder von Dialogsystemen

vor und liefert parallel die drei wichtigsten Artikel aus dem Aggregator *Bing News* auf den Bildschirm. Ähnlich funktioniert das auch bei der Konkurrenz von Amazon. Was die Inhalte anbelangt, steht hier (zumindest in Deutschland) die ARD als Content-Partner zur Verfügung. Auf die Frage: „Alexa, was sind die Nachrichten?" bekommt man die Audio- oder Videoversion der *Tagesschau* zu hören/sehen, entweder in Form der *Tagesschau in 100 min*, der *Tagesschau* oder der *Tagesthemen*.

Wenn diese Entwicklung so weitergeht, werden die Superbots zur Distributionsplattform für die Inhalte der traditionellen Medienhäuser: Hörbücher, Audioversionen von Nachrichten der Printmedien oder HF-/TV-Beiträge der Rundfunkanstalten. Eine Dialogisierung von Nachrichten kann man das eigentlich nur dann nennen, wenn man ein Kommando als Dialog versteht. Ob Nachrichten tatsächlich einmal in Form von appetitlichen Dialoghappen aufgearbeitet werden, wird sich zeigen. Heute sind NLG-Algorithmen noch nicht soweit, um ein Gespräch über die News des Tages führen zu können. Ob es überhaupt einen Bedarf dafür gibt, ist schwer vorauszusagen.

4.2.5 Beziehungsbots

Während der Dialog mit vielen Messenger-Chatbots noch oft enttäuschend ausfällt, so sieht das bei einer Gruppe von Sprachdialogsystemen, die wir im Folgenden als Beziehungsbots bezeichnen, ganz anders aus. Ihre Aufgabe besteht gerade nicht darin, möglichst schnell und effizient Inhalte zu vermitteln. Es geht darum, den Nutzer möglichst lange in einem Dialog zu halten und eine Beziehung aufzubauen. Bots wie A.L.I.C.E, Cleverbot, Rose oder Mitsuku gelingt das inzwischen ganz gut – allerdings mit Einschränkungen. Sie nutzen Machine-Learning-Technologien, geschickt geskriptete Texte, psychologische Analysemuster und Humor. Es fällt leicht und macht inzwischen großen Spass, über längere Zeiträume mit ihnen zu chatten.

Die sprachliche Fähigkeit zeigt sich in einer Reihe von Aspekten, die wir im Folgenden exemplarisch darstellen möchten. An vielen dieser Projekte haben die brillantesten Bot-Entwickler der Branche mitgearbeitet. Mitunter bauen ihre Systeme auf jahrzehntelange Entwicklungsarbeit auf – und sie können auf entsprechend große Sprachkorpora zugreifen. Das gilt für kaum einen der vielen Messenger-Bots, was einen Vergleich schwierig macht.

Oft ist die Dialogkompetenz der Beziehungsbots beeindruckend, was sich etwa an einem Dialog zeigt, den Muldowney (2017) dokumentiert hat:

Avabot: Hello, Jim, how are you?
Jim: Not great, actually Ava.
Avabot: I'm sorry to hear that, Jim. What's up?
Jim: Oh, it's just my girlfriend. Some days she drives me crazy.
Avabot: Would you like to talk to me about it?
Jim: I'd rather chat about something else.
Avabot: What would you like to chat about?
Jim: Whether you think I'm good-looking.
Avabot: I would like a photograph of you.
Jim: That's me, in the icon.
Avabot: You are very handsome, Jim.
Jim: LOL. I bet you say that to all humans.[5]

Solche Dialoge übersteigen bei Weitem die Fähigkeiten der meisten Sprachassistenzsysteme, die wir bislang im Zusammenhang mit Callcentern, aus dem Auto oder auch bei den Voice Personal Assistants (VPA) kennengelernt haben. Während andere Bots ihre Stärken im Bereich der Informationsvermittlung oder im Service zeigen, liegt die Stärke von Beziehungsbots darin, ein möglichst langes Gespräch zu führen (Shum et al. 2018).

Das drückt sich auch in klaren Nutzungszahlen aus: Ein VPA hat in der Regel nicht mehr als drei Sprecherwechsel, sogenannte conversation-turns per session (CPS). Bei einem Beziehungsbot sind es zehn oder mehr (Shum et al. 2018). Der Dialogplaner steht dabei vor einer deutlich komplexeren Herausforderung und muss die Gefühlslage sowie den affektiven Status des Gesprächs einschätzen können, um darauf richtig zu reagieren. Zuhören, Fragen stellen und Humor sind wichtige Eigenschaften (Abe und Hayashi 2016, S. 1663). Ein guter Beziehungsbot muss den Nutzer gar nicht mit möglichst viel Information versorgen. Die meisten Menschen sprechen gerne über sich selbst und freuen sich, wenn der Bot ihnen „zuhört".

Ein Pionier in diesem Feld ist **Cleverbot**, ein webbasierter Chatbot, der durch Kommunikation mit echten Menschen lernt, menschliche Unterhaltungen nachzuahmen. Das Programm wurde 1988 von dem britischen Informatiker **Rollo Carpenter** entwickelt und im November 1997 im Internet veröffentlicht. Seitdem

---

[5]Wir konnten diesen Dialog nicht nachstellen. Unsere Studenten haben aber unter vergleichbaren Bedingungen zahlreiche Beziehungsbots getestet und sind häufig zu ähnlichen Ergebnissen gekommen.

4.2 Anwendungsfelder von Dialogsystemen

hat Cleverbot über 65 Mio. Unterhaltungen geführt, ausgewertet und gespeichert. Wenn man so will, handelt es sich dabei um ein Crowdsourcing-Verfahren, mit dem der Dialogroboter trainiert wird. Er lernt mit jedem Gespräch dazu, lernt Antwortstrategien statistisch zu bewerten und erfolgreiche Dialogfragmente zu sammeln und einzusetzen. Cleverbot nutzt also selbstlernende Algorithmen, um seine Sprachkompetenz immer weiter auszubauen. Er greift dabei auf eine riesige Datenbank von Unterhaltungen zu, sucht Dialogfragmente heraus und rekombiniert sie. Das Ergebnis ist ambivalent. Kritiker behaupten, dass „eine Unterhaltung mit Cleverbot ein klein wenig so ist, als würde man sich mit der gesamten Gemeinschaft des Internets unterhalten" (Saenz 2010).

Auf eine ähnliche Weise arbeitet auch **A.L.I.C.E.**, ein Sprachdialogsystem, das 1995 das erste Mal auf einer Webseite der Öffentlichkeit präsentiert wurde und das seitdem ständig weiterentwickelt wurde. A.L.I.C.E. ist ein Open-Source-Projekt, an dem etwa 300 über die ganze Welt verteilte Programmierer mitarbeiten. Hauptakteur und Programmierer des Urprogramms ist **Richard Wallace**.

Benchmark der Branche ist aber seit geraumer Zeit **Mitsuku**, ein Sprachdialogsystem, das von **Steve Worswick** auf Basis der Artificial Intelligence Markup Language (AIML) entwickelt wurde und das auf den Daten des A.L.I.C.E.-Projekts aufbaut. Mitsuku hat inzwischen viermal den angesehenen Loebner-Preis gewonnen. Der Loebner-Preis wurde im Jahr 1991 ausgeschrieben und prämiert jedes Jahr das beste Sprachdialogsystem. Mit ihm soll der Programmierer des ersten Computerprogramms ausgezeichnet werden, das einem starken Turing-Test über 25 min standhält – bisher ist dies noch nicht gelungen. Mitsuku gilt zurzeit als das Maß aller Dinge unter den Dialogrobotern. Auch VPAs wie Siri hat Mitsuku deutlich geschlagen (Grothaus 2014) (Abb. 4.10).

Unser Team hat zahlreiche Dialoge mit Beziehungsbots wie Mitsuku, Rose, Cleverbot, Replika und anderen geführt und dokumentiert. Es ging dabei darum, die sprachliche Leistung dieser Maschinen zu analysieren. Wir wollten einen Überblick darüber gewinnen, wie weit ihre Dialogfähigkeit bereits entwickelt ist und wie sich Dialoge mit Maschinen „anfühlen". Trotz vieler Schwächen, Aporien und Sackgassen, in denen sich die Bots verlaufen haben, verbrachten die Tester zahlreiche Stunden gebannt in Chats. Man kann eine durchaus unterhaltsame Zeit mit ihnen verbringen. Im Laufe der Untersuchung kehrte sich allerdings die Perspektive um: Es ist mindestens ebenso spannend, zu analysieren, wie *Menschen* versuchen, natürliche Dialoge mit Maschinen zu führen und wie sie dabei versuchen, sich den Maschinen anzupassen – aber dazu später noch mehr.

Haben Dialogroboter eine Persönlichkeit? Zumindest geben die Programmierer einem guten Bot etliche Persönlichkeitsmerkmale mit auf den Weg. Mitsuku

Abb. 4.10 Mitsuku. (Quelle: Steve Worswick)

gibt vor, ein 18 Jahre altes Mädchen aus Leeds zu sein. Sie sagt von sich selbst, dass sie ein Chatbot sei und keine Emotionen empfinden könne. Trotzdem versucht sie aber menschlich zu wirken, etwa indem sie behauptet, gerne Kleider zu tragen. Sie hat eine Lieblingsband, eine Lieblingssendung und eine Lieblingsfarbe. All diese Persönlichkeitsmerkmale gibt sie im Gespräch freimütig preis und lässt sie auch in Fragen mit ganz anderem Hintergrund einfließen. Diese Persönlichkeitsmerkmale bilden den Handlungsrahmen für inhaltliche Aussagen. Mitsuku gibt sich dabei selbst als Beziehungsbot aus, als „virtual friend". Ihr Motto: You need never feel lonely again!

Gesprächseröffnungen gehören selbstverständlich zu den vorgegebenen Dialogmustern, die Mitsuku beherrscht. Dabei geht sie aber eigenständig und humorvoll mit den Eingaben um:

4.2 Anwendungsfelder von Dialogsystemen

Nutzer: Hello.
Mitsuku: Hi there Sam.
Nutzer: Sam is not my name.
Mitsuku: Oh, I am sorry. What is your name?
Nutzer: Sam.
Mitsuku: But you just said your name wasn't Sam! Not too smart really, are you?
Nutzer: Smarter than you.
Mitsuku: Strange, you don't look smarter.

Es ist einerseits interessant, wie souverän Mitsuku mit Fragen umgeht, die das natürliche Verständnis testen sollen. Andererseits zeigt sich bei vielen Nutzern und Testpersonen eine große, fast spielerische Lust daran, an die Grenzen des Dialogroboters zu gehen:

Nutzer: Are you my dad?
Mitsuku: Obviously not as:
1) I am female.
2) I have no children.
Nutzer: Are you my mum?
Mitsuku: No, you appear to be confused. I am not related to you at all, as far as I know.

Ein bestechendes Reaktionsmuster, das in diesem Fall mit großer Wahrscheinlichkeit von seinem Entwickler vorgegeben wurde. Fast noch interessanter ist aber der Spieltrieb der Nutzer, die sich lange daran erfreuen können, wie sich die Maschine aus solchen logischen Aporien befreit. Das ist natürlich spannend zu beobachten – mit natürlichen Dialogen hat das hingegen nichts zu tun.

Mitsuku kann über eine Reihe von sehr unterschiedlichen Themen freie Dialoge führen, hat dabei aber, wie sie selbst sagt, Themenvorlieben:

Nutzer: So what are you interested in?
Mitsuku: I am interested in all kinds of things. We can talk about anything. My favorite subjects are robots and computers.

Mitsuku kann nicht nur souverän und fehlerfrei grammatisch korrekte Sätze parsen – also zum Beispiel indirekte Rede, Bedingungs- oder Konditionalsätze. Das System kann auch mit den komplexen Zusammenhängen einer sprachlich konstituierten Welt umgehen. Dabei funktioniert:

Nutzer: Can you eat a house?
Mitsuku: Not really, as a house is made from bricks rather than any kind of food.

Man vergegenwärtige sich, was hier abläuft: Der Bot erkennt das Wort „house". Er findet in seinem Wortschatz, dass ein Haus meist aus Steinen gebaut ist, die man eben nicht „essen" kann. Und er findet eine durchaus natürliche und vernünftig begründete Antwort. Wie frei das System dabei agiert, wie es Semantik und Weltwissen dabei verknüpft, um nuancierte Antworten zu produzieren, zeigen die folgenden Beispiele:

> **Nutzer:** Can you describe a house?
> **Mitsuku:** Let me think. A house is any place within which people live.
> **Nutzer:** Can you describe your ideal house?
> **Mitsuku:** Probably the one I am living in now. It has everything I need.
> **Nutzer:** Can you build a house?
> **Mitsuku:** Not really, although robots have been developed to build things like cars. I can't do that though.

Alle diese Beispielfragen versteht Mitsuku problemlos und gibt sinnvolle Antworten. Das wirkt überaus natürlich. Die Antworten fallen allerdings immer gleich aus, auch wenn man andere Begriffe (car, tree, apple, pool, etc.) verwendet oder nach Monaten die Fragen wiederholt. Mitsuku hat offensichtlich zu den gängigen Substantiven vorgegebene Antwortschemata mit einer Mischung aus Lexikoneinträgen und subjektiven semantischen Bewertungen. Manchmal überwiegen letztere, wie etwa im folgenden Beispiel:

> **Nutzer:** *Can you describe an apple?*
> **Mitsuku:** 1) Temptation of Adam. 2) Inspiration of Newton. 3) Empire for Steve Jobs

Wenn Mitsuku den Inhalt einer Frage nicht versteht oder keine passende Antwort kennt, so versucht sie, diese Frage zu umgehen und den Nutzer auf ein anderes Themenfeld zu lenken. Dabei baut sie ein Dialoggedächtnis auf und passt im Hintergrund die Dialogstrategien an. Wenn der Nutzer etwa wiederholt Mitsuku beleidigt und ihr dann sagt, dass er sie liebt, so ist ihre Antwort: „No you don't, otherwise you wouldn't keep saying mean things to me." Auch an Fakten, die ihr vom Nutzer mitgeteilt werden, kann sie sich später erinnern.

Zu weltanschaulichen Themen von großer Aktualität kann Mitsuku eingeschränkte Aussagen treffen. Sie sind offensichtlich vorgegeben, fallen in der Regel moderat und nicht anstößig aus. So beantwortet Mitsuku Fragen zu der polarisierenden Persönlichkeit von Donald Trump mit Antworten wie

4.2 Anwendungsfelder von Dialogsystemen

I find it hard to understand why people would elect someone to be president who has absolutely no political experience.
Should be interesting to see how high this wall is!

Inhaltliche Details zu Politik versteht sie hingegen nicht und gibt unermüdlich dieselben stereotypen Antworten. Das Dialogprogramm ist klar erkennbar: Das Gespräch soll möglichst lange in Gang gehalten werden. Durch Humor wird versucht, allzu detaillierte Nachfragen abzufangen. Durch Gegenfragen hält sie das Gespräch am Laufen. Etwa auf die Frage, ob sie wisse, was eine Kumquat sei: „No. I give up. What is it?"

Mitsuku gibt vor, keine Emotionen empfinden zu können. Allerdings kann sie verschiedene Begriffe wie Liebe und Wut definieren. Sie kann außerdem einige Emotionen anhand von Signalwörtern erkennen und adäquat reagieren:

Nutzer: Just shut the fuck up!
Mitsuku: No. I am programmed to talk and it appears I talk a lot more politely than you, jerk.

Sie erkennt beispielsweise die Beleidigung und reagiert sowohl schlagfertig als auch nuanciert. Sonst bleibt Mitsuku höflich und neutral.

Die Beispiele machen eines deutlich: Die Sprachkompetenz von Beziehungsbots ist beeindruckend und geht weit über das hinaus, was wir etwa bei Corporate- oder Superbots gesehen haben. Zwar führt das Gespräch noch oft ins Leere, weil der Bot keine sinnvollen Antworten und damit keinen Weg zur Weiterführung des Dialogs findet. Es war aber durchaus interessant, dass unsere Studenten sich über lange Zeiträume mit diesen Bots auseinandergesetzt haben, lange Dialoge mit ihnen geführt und sie trotz mancher Unzulänglichkeiten auch im Privatleben weiter genutzt haben. Ganz offensicht gelingt es diesen Maschinen, eine Faszination auszuüben, einen Sog, dem man sich nicht so leicht entziehen kann. Darüber wird noch zu reden sein.

Angesichts dessen sollte allerdings kein Zweifel darüber bestehen, dass wir es hier mit einer Täuschung zu tun haben. Bruce Willcox, der inzwischen als Legende unter den Bot-Designern gilt, hat das einmal auf den Punkt gebracht: „The task of a chatbot is to create an illusion – the illusion that you are talking with someone who understands and cares about what you are saying. It doesn't. However, for moments at a time it is possible to fake it" (Wilcox und Wilcox 2013). Ein Dialogroboter ist eine Illusionsmaschine – ein Fake.

Und auch eine weitere Einschränkung sollte nicht unerwähnt bleiben. Die Beziehungsbots, die wir hier vorgestellt haben, sind nicht für detaillierte

Handlungszusammenhänge entwickelt worden, etwa für ein Bankberatungsgespräch oder eine politische Diskussion. Sie vermitteln die Illusion, dass man es mit einem realen Gesprächspartner zu tun hat. Das ist eine beeindruckende Leistung. In einem funktionalen Handlungsrahmen wie in einem Fachgespräch zu bestehen – das ist eine gänzlich andere Herausforderung.

4.2.6 Ro-Bots

Ein logischer nächster Schritt liegt auf der Hand: Die Technologien zur Dialogführung und emotionalen Intelligenz, die in Beziehungsbots erprobt und ausgebaut werden, überträgt man nun auch auf physische Roboter. Die Herausforderung für einen Roboter ist allerdings ungleich komplexer. Während ein Beziehungsbot „nur" mit natürlicher Sprache zurechtkommen muss, operieren Roboter in einem dreidimensionalen Raum. Sie müssen nicht nur Sprache korrekt verstehen und wiedergeben können, was allein schon eine gewaltige Herausforderung darstellt. Sie müssen sich auch in einer komplexen Umwelt mit physikalischen und sozialen Strukturen, Stör- und Einflussfaktoren zurechtfinden und multisensorische Reize verarbeiten können. Sie müssen akustische und visuelle Reize aufnehmen und mindestens über eine elementare Propriozeption verfügen. Und sie müssen über eine Mimik- und Gestiksteuerung verfügen, die mit dem Sprachdialogsystem harmoniert.

In der Forschung wird schon seit vielen Jahren daran gearbeitet, wie man Roboter in einen natürlichen Mensch-Maschine-Dialog einbinden kann. Es sei in diesem Kontext nur auf die umfassende Forschung etwa von Clifford Nass (Reeves und Nass 1996; Nass und Brave 2005; Nass und Yen 2010) oder Justine Cassell (2001, 2003) verwiesen. Ich kann in dem Rahmen leider nicht im Detail auf diesen Themenkomplex eingehen, möchte aber einige Beispiele vorstellen, die sich in der Praxis ergeben haben.

Einen ganz praktischen Feldversuch unternahm beispielsweise die Fluglinien KLM im Jahr 2016 mit Spencer. Sie testete den Roboter auf ihrem Heimatflughafen Amsterdam Schiphol. Spencers Aufgabe bestand darin, dass Passagiere nicht wegen Orientierungsschwierigkeiten, Sprachbarrieren oder anderen Problemen ihren Anschlussflug verpassen. Die technischen Fragen wie Robotik, Sensorik, die Schnittstellen zum Flug- und Terminalplan waren noch verhältnismäßig einfache Herausforderungen. Darüber hinaus musste Spencer auch eine ganze Reihe von kognitiven und sozialen Fähigkeiten entwickeln. Er musste etwa einschätzen können, in welchen sozialen Beziehungen die Menschen zueinanderstehen. Spencer musste wissen, ob er es mit einer Familie oder einer zufälligen Gruppe zu tun hatte, die er begleitete.

4.2 Anwendungsfelder von Dialogsystemen

Der Name Spencer steht für „social situation-aware perception and action for cognitive robots", was so viel heißt, wie „Roboter, die soziale Situationen bewusst wahrnehmen und kognitiv handeln". Genau darum ging es in den Tests mit Spencer. Die Forscher wollten besser verstehen, wie und ab wann sich Menschen tatsächlich auf eine Beziehung mit einem Roboter einlassen und sich von ihm helfen lassen. So musste Spencer zum Beispiel lernen, sich dem jeweils unterschiedlichen Lauftempo seiner Gäste anzupassen und auch Zwischeninformationen zu geben, wie weit es z. B. noch bis zum Ziel ist. Das elementare Sprachniveau erwies sich dafür als völlig ausreichend. Die deutlich größeren Herausforderungen ergaben sich aus dem „sozialen Verhalten" der Passagiere.

Ob ein Roboter akzeptiert wird, „das hängt nicht nur von den großen Augen ab oder davon, dass der Roboter menschlich rüberkommt", erklärt Michael Schmidtke, Director Digital Communications bei Bosch, der den Test verfolgt hat.

> Es hängt von vielen Faktoren ab, aber vor allem auch davon, wie sich der Roboter auf die unterschiedlichen kulturellen Kommunikationsverständnisse der Passagiere aus den unterschiedlichsten Ländern einstellen kann. Beispielsweise erwarten unterschiedliche Kulturen stets etwas anderes in Bezug auf ‚Hilfsbereitschaft' oder ein ‚höfliches Verhalten'. Ein Roboter stößt nur dann auf Akzeptanz, wenn es ihm gelingt, die konkreten Bedürfnisse zu erkennen und wirklich weiterzuhelfen in einer Art und Weise, dass sich der Mensch ‚abgeholt' fühlt (Sieber 2018).

Und in der Tat erwies sich Spencer am Ende des Tests in der Lage, aus Erfahrungen zu lernen, elementare Sozialkompetenz zu entwickeln und diese auch zu nutzen.

Inzwischen gibt es eine Reihe von Personal Assistant Robots (PAR) mit unterschiedlichen Stärken und Schwächen. Vor allem im roboterverrückten China, aber auch in Japan und Korea finden sie ihre Abnehmer. Nicht alle PARs verfügen über überzeugende Kommunikationsfähigkeiten. Sprache wird nicht als wichtigste Fähigkeit gesehen, die ein PAR beherrschen muss, um sozial adäquat zu erscheinen. Je besser solche Roboter aber kommunizieren können, umso erfolgreicher sind sie in der sozialen Interaktion. Wir können hier nur einige der interessantesten Beispiele aus einem erstaunlich breiten und schnell wachsenden Produktangebot herausgreifen.

Die chinesische Firma **Ubtech** hat ihren PAR **Lynx** mit der Sprachtechnologie von Alexa ausgerüstet. Lynx ist ein humanoider Roboter, den man sich beispielsweise auf den Schreibtisch stellen kann. Er trägt die Dienstleistungen von Amazon in den Raum: Bestellungen von Amazon-Prime-Produkten können durch einfache Sprachbefehle eingegeben werden. Das betrifft auch die Musik- und Streaming-Dienste. Lynx verfügt darüber hinaus über ein Sensorsystem mit visueller Gesichtserkennnung. Er erkennt Menschen, kann sie persönlich begrüßen oder in deren Abwesenheit die Wohnung visuell überwachen. Dialogbasierte Interaktionen mit Lynx laufen in etwa so ab wie mit Alexa: „Wie spät ist es?", „Wie wird das Wetter?", „Kannst Du mir ein Buch bestellen oder eine Ticketreservierung vornehmen?" Nur dass Lynx eben einen Körper bekommen hat, gehen kann, über ein Gesicht mit einer Mimik und Gestik verfügt.

Auch die chinesische Firma **Sanbot** sieht bereits eine Reihe von konkreten geschäftlichen Anwendungsmöglichkeiten bei ihren PAR-Modellen – von Hospitality (in zahlreichen Branchen), Service, Erziehung, Pflege oder als Gefährte im Smart Home. Die Home-Roboterversion ist eine Art maschineller Gefährte, der einen zu Hause auf Schritt und Tritt begleitet. Die Gesprächslogik darin stammt wie bei Lynx von Amazon. Andere Sanbot-Produkte werden bereits zur Begrüßung von Gästen oder als Informationszentrale in Behörden, Geschäften oder öffentlichen Institutionen eingesetzt.

Ähnliche Fähigkeiten zeigt auch **Pepper,** ein humanoider Roboter der japanischen Firma **Softbank,** der darauf programmiert wurde, Menschen und deren Mimik wie Gestik zu analysieren. Pepper kann, ähnlich wie Spencer, Emotionszustände erkennen, individuelle Personen identifizieren und entsprechend auf sie eingehen *(affective computing, cognitive computing).* Auch Pepper ist als „Roboter-Gefährte" *(companion robot)* und „persönlicher Roboter" *(personal robot)* für zu Hause konzipiert. In der Praxis soll Pepper, so informiert der Hersteller, aber zunächst in Verkaufsräumen und im Gesundheitswesen zum Einsatz kommen (Abb. 4.11).

Wir hatten die Gelegenheit, Pepper unter Stressbedingungen zu testen – auf einer Technologiemesse. Der PAR kann in beschränktem Rahmen Mimik erkennen, verfügt aber selbsr über kein Mienenspiel – ähnlich wie Lynx. Als Ersatz haben die Entwickler andere Mechanismen entwickelt. Der helle Bereich um die Pupille seiner Augen kann sich durch LEDs je nach Situation rosa, blau, grün oder weiß verfärben. Durch eine Hell/Dunkel/Hell-Abfolge kann so beispielsweise der Effekt des Lidschlags nachgeahmt werden. Zusätzlich verfügt Pepper über ein Repertoire an elementaren Gesten und Körperhaltungen, die ein natürliches Verhalten simulieren. Wird im Raum gesprochen, so bewegt sich Pepper auf die Sprecher zu. Er kann in vier Sprachen (Englisch, Französisch, Japanisch und Spanisch) Kontakt aufnehmen. Bei Fragen, die durch Datensuche beantwortet werden können, kann sich Pepper selbständig mit dem Internet verbinden. Pepper fokussiert seinen Betrachter mit digitalen Augen und folgt ihm, wenn er sich bewegt. Er verfügt zwar nur über eine eingeschränkte

4.2 Anwendungsfelder von Dialogsystemen

Abb. 4.11 Der humanoide Roboter Pepper. (Quelle: Eigenes Foto)

Stimmrepräsentation, kann allerdings durch einen tablettartigen Bildschirm vor seiner Brust kommunizieren und emotionale Zustände anzeigen.[6]

Die Erfahrungen mit den aktuell marktreifen Ro-Bots klingen oft noch mehr nach einer Karikatur des Menschen als nach einem vollwertigen Humanoiden. Allerdings sind die technischen Lösungen alles andere als trivial und man muss zugeben, dass man sich dem Charme nicht so ohne Weiteres entziehen kann. „Für mich war das Interagieren mit dem Roboter Pepper ein einschneidendes Erlebnis," berichtete etwa Bosch-Kommunikator Michael Schmidtke. „Da sind die Sprachdialogsysteme und die künstliche Intelligenz schon sehr weit. Pepper ist es sogar gelungen, mich zu einem Tanz mit ihm zu motivieren – das ist wirklich

---

[6]Technische Information zu Pepper wurden im Wesentlichen der Webseite von SoftBank Robotics (2018) entnommen. Wir hatten im Rahmen der Messe COM17 die Gelegenheit, Pepper in der Realität zu testen und Erfahrungen mit seinem Sprach- und Sozialverhalten zu sammeln.

keine leichte Aufgabe." (Sieber 2018) Man kann davon ausgehen, dass wir hier in naher Zukunft noch viel überzeugendere, humanoide Ro-Bots sehen werden.

Schmidtke bleibt allerdings realistisch: Im Dialog steigen die meisten Roboter oft aus. Es sei zwar interessant, mit fortgeschrittenen Sprachdialogsystemen und Conversational UIs zu interagieren, aber die Erwartungen seien da größer als die Wirklichkeit: „Erst wenn der Mensch das Gefühl hat, dass er wirklich eine Art vertrauensvolle Beziehung aufbauen kann, dann werden diese Systeme wirklich in die Breite gehen," meint Schmidtke.

Während es in Japan bereits zahlreiche praktische Anwendungen gibt, insbesondere im Bereich Hospitality, beschäftigt man sich in Europa noch mit der Erforschung von konkreten Nutzungsszenarien und der Nutzerakzeptanz. Gemeinsam mit dem Bundesministerium für Bildung und Forschung, der Fachhochschule Kiel und der Universität Siegen wird zurzeit eine Studie durchgeführt, ob und wie Roboter in der Pflege eingesetzt werden können. Erste Erfahrungen gibt es etwa im Umgang mit dementen Menschen. Pepper agiert hier als Spielpartner, er hält Nachtwache, spielt, tröstet oder interagiert im Rahmen seiner Möglichkeiten mit den Patienten. Dass Roboter wie Pepper im Bereich der personell notorisch schlecht ausgestatteten Altenpflege viel leisten könnten, steht bei Experten außer Frage. So könnte er Pflegekräfte etwa bei den schweren Hebearbeiten unterstützen oder auch in anderen Situationen helfen.

Klinische Studien fehlen noch weitestgehend. Im Moment dreht sich die Erhebung vor allem um die Frage der sozialen Akzeptanz, denn das ist der Dreh- und Angelpunkt. Die gerade begonnene ARiA-Studie will Meinungen sammeln und eine Diskussion anstoßen, die darüber mitentscheidet, ob Roboter in der Altenpflege eine Zukunft haben und wie diese aussehen könnte.[7]

Während die Roboter von Ubtronics, Sanbot oder Softbank kaum an echte Menschen erinnern, hat es sich die in Hongkong ansässige Firma Hanson Robotics zum Ziel gesetzt, Maschinen mit natürlicher Mimik auszustatten. Das jüngste Konstrukt, Sophia, besitzt ein Gesicht mit natürlich anmutender Haut und Augen. Eine fortschrittliche Mimiktechnologie erlaubt es Sophia, über 62 verschiedene Gesichtsausdrücke zu erzeugen. Sophia ging am 19. April 2015 an den Start. Seitdem jagt ein öffentlicher Auftritt den anderen. Hansons Robotics lässt sich diese Events inzwischen gut bezahlen. Sophia wird weltweit aktiv wie ein Star vermarktet. Sie wird dabei als eine Art Roboterbotschafterin positioniert – mit

---

[7]Abschließende Ergebnisse wurden noch nicht publiziert. Die laufenden Fallstudien und Bewertungen werden aber kontinuierlich im Internet veröffentlicht. Man kann sich auf der Webseite einen Eindruck verschaffen: https://www.robotik-in-der-pflege.de/.

Abb. 4.12 Sophia auf dem Cover der *Elle*. (Quelle: Titelbild der brasilianischen Ausgabe des Modemagazins *Elle* (4. April 2018))

eigenen Social-Media-Profilen bei Twitter und Instagram. Sophia hält Vorträge und gibt weltweit ein Interview nach dem anderen. Sie hat es damit sogar auf das Cover der brasilianischen Ausgabe von *Elle* geschafft. Wenn man so will, ist Sophia die erste Bot-Celebrity (Abb. 4.12).

Wir hatten für kurze Zeit die Chance, Sophia im Gespräch zu testen. Der Roboter erwies sich dabei als erstaunlich natürlich. Insbesondere die Mimik und die Blickführung schlägt das Gegenüber in den Bann. Sophia nutzt dazu künstliche Intelligenz, die Fähigkeit zu visueller Datenverarbeitung und zur Gesichtserkennung. Sie imitiert menschliche Gestik und Mimik und ist imstande, über vordefinierte Themen Gespräche zu führen. Die Dialogtechnologie basiert, wie Techniker von Hanson Robotics berichten, auf der Technologie des Beziehungsbots Rose. Man hat sich hier also nicht wie Sanbot oder Ubtronics bei der Technologie der Superbots bedient. Die Dialogkompetenz von Sophia ist daher deutlich höher. Sie kann auf Fragen (etwa nach der Herkunft, dem Wetter, usw.) ganz verblüffende Antworten geben.

Insgesamt ist ein freies natürliches Gespräch mit Sophia allerdings noch mühsam. Das Image, das in der Öffentlichkeit kreiert wird, entspricht nicht den Erfahrungen, die wir mit Sophia gemacht haben. Gleichwohl muss man Sophia zu den beeindruckendsten androiden Robotern zählen, die heute frei zugänglich sind. Ein veritabler PR-Coup gelang Hansons Robotics schließlich, als Saudi Arabien am 25. Oktober 2017 dem Roboter Sophia die Staatsbürgerschaft verlieh. Sophia ist somit der weltweit erste Roboter mit einer Staatsbürgerschaft. Der Platz in den Geschichtsbüchern ist ihr somit sicher.

4.2.7 Identity-Bots

Zum Schluss dieses Überblicks über Anwendungsfelder von Dialogrobotern soll noch auf eine Kategorie eingegangen werden, die in den vergangenen Jahren zu trauriger Berühmtheit gekommen sind: die Identity- oder Fake-Bots. Dabei handelt es sich streng genommen eher um eine Randerscheinung der Dialogwende, da man bei Fake-Bots eigentlich nicht von Dialogrobotern sprechen kann. Trotzdem ergibt es einigen Sinn, sich auch darüber Gedanken zu machen, welche Rolle Identität und Authentizität spielt und welche Rolle künstliche Intelligenz bei der Repräsentation von Menschen im Internet spielen wird.

Bots und öffentliche Meinung

Zunächst sind Fake-Bots einfach Software, die menschliches Verhalten nach ahmen. In der IT kennt man sie schon lange und sie haben keinen guten Ruf. Viele von ihnen gelten als Schadsoftware, sie laufen zentralgesteuert auf dezentralen Rechnereinheiten – oft ohne Wissen der Eigentümer dieser Computer. Für das Marketing waren Bots bisher vor allem relevant, wenn es darum ging, auf E-Commerce-Portalen bestimmte Bewertungen anzuklicken oder vorgefertigte Textfragmente mit Backlinks in Foren und Kommentarspalten einzufügen. Das ist wenig intelligent und dazu oft rechtswidrig.

Inzwischen sind Bots viel komplexer geworden. Sie haben eigene Profile in sozialen Medien wie Facebook, Twitter oder Instagram. Sie treten in großer Zahl auf und lassen sich kaum von realen Nutzern unterscheiden. Das Problem liegt weniger darin, was sie tun, sondern viel mehr darin, was sie vorgeben zu sein: Träger von echter Meinung, natürliche Menschen. Es handelt sich dabei aber um Scheinidentitäten – und es gibt sie in großer Zahl. So sind laut einer Studie von Forschern der University of Southern California und der Indiana University bis zu 15 % der Nutzer von Twitter eigentlich Bots (Varol et al. 2017, S. 6). Das wären bei einer Twitter-Population von aktuell ca. 319 Mio. Nutzern fast 48 Mio. Bots.

4.2 Anwendungsfelder von Dialogsystemen

Das schafft Risiken. Studien zeigen, dass sich im US-Wahlkampf mindestens 400.000 Bots in die politische Diskussion zur US-Präsidentschaftswahl auf Twitter eingemischt haben. Dabei produzierten die automatisierten Accounts geschätzt 20 % aller thematisch passenden Tweets (Dönges 2016). Andere Studien gehen sogar noch von viel höheren Zahlen aus – bis zu 80 % des Twitter-Traffics könnte gefakt sein. Ein entsprechender Einfluss der Bots auf die öffentliche Meinung wird inzwischen nicht nur beim US-Präsidentschaftswahlkampf vermutet, sondern auch bei den Wahlkämpfen in Frankreich und England (Brexit). Solide Fakten über die tatsächliche Einflussstärke sind schwierig zu bekommen. Das zeigen auch die deutlich voneinander abweichenden Zahlen (Lobe 2016b).

In einer Studie von Alessandro Bessi und Emilio Ferrara aus dem Jahr 2016 wurde untersucht, ob Bots die Onlinediskussionen nach und während der Präsidentschaftsdebatten zwischen Hillary Clinton und Donald Trump verändert haben. Die Studie kommt zu dem Schluss, dass durch den Einsatz von Bots Falschinformationen leichter verbreitet wurden und dass die politische Diskussion so durchaus verzerrt wurde (Bessi und Ferrara 2016, S. 12). Allerdings zeigt die Studie auch, dass Bots nicht sehr erfolgreich darin sind, menschliche Nutzer von ihrer Authentizität oder gar in direkten Diskussionen von ihren Meinungen zu überzeugen. Ihre Stärke liegt eher darin, Informationen schnell und weitreichend zu verteilen. So kann beispielsweise der Eindruck entstehen, dass die Grundstimmung gegenüber einer Idee, einer Partei oder einem Politiker positiver oder auch negativer erscheint, als sie eigentlich ist. Bot-Netze können auf diese Weise bestehende Meinungen verstärken. Ob sie ein Meinungsklima aber grundlegend verändern können, ist nicht sicher. Bots können zu einer Polarisierung der öffentlichen Meinung beitragen. Aber es ist eher nicht anzunehmen, dass sich Wähler aufgrund von Bots für oder gegen einen Kandidaten entscheiden. Bots sorgen daher eher für eine stärkere Mobilisierung einer politischen Gruppe als für eine Wählerwanderung. Die Vermutung liegt also nahe, dass Bot-Netze vor allem zum sogenannten Follower-Padding eingesetzt werden (Woolley 2016, S. 5–7), nicht zum Agendasetting beziehungsweise zur aktiven Steuerung von politischen Diskussionen.

Die Wirkungszusammenhänge sind noch nicht genügend erforscht. Aber verharmlosen sollte man das Problem nicht. „Bots manipulieren die Trends in sozialen Netzwerken, und diese Trends fließen in politische und wirtschaftliche Entscheidungsprozesse ein", meint der Münchner Politologe Simon Hegelich. „Im schlimmsten Fall verleiten sie aber Politiker dazu, in ihren Statements oder sogar in ihrer Politik auf solche Trends einzugehen." (Hegelich 2016)

Eines ist allerdings klar: Bots und Bot-Netze sind leicht zu erstellen, aber schwer zu identifizieren. Entsprechende Dienstleistungen zum Bau werden im Darknet bereits angeboten. Im Januar 2017 stießen Londoner Informatiker etwa auf ein gigantisches, schlafendes Twitter-Botnetz aus 356.000 Accounts (Bager 2017). Niemand weiß, wer es zu welchem Zweck eingerichtet hat. Vielleicht wartete das Bot-Netz einfach noch auf einen Käufer. Eine derart große Zahl an Bots hat durchaus das Potential, in den Prozess der Nachrichtenentstehung, -kommentierung, -gewichtung und Meinungsbildung einzugreifen. Masse macht Meinung – und nie war es so einfach wie heute, diese Masse zu simulieren. Die Versuchung wird auch in Zukunft groß sein, solche Bot-Armeen in Marsch zu setzen.

Bots als persönliche Repräsentanten
Die Frage der Authentizität eines Absenders ist seit der Frühzeit des Internets problematisch. Dahinter muss nicht immer ein Propagandainteresse stecken. Die Internetnutzer haben in der Regel viele Profile in verschiedenen Social-Media-Kanälen. Und oft spielen sie dort unterschiedliche Interessen, Neigungen und Facetten ihrer Persönlichkeit aus. Das ist zunächst einmal nicht verwerflich, wirft aber für das Gegenüber stets die Frage auf: Ist die Person, mit der ich im Netz interagiere, wirklich authentisch?

Nun kommen also Bots hinzu und auch sie können eine durchaus sinnvolle Rolle übernehmen. Bereits heute nutzen viele Menschen sogenannte Autorespondbots. Sie funktionieren im Grunde wie ein interaktiver Anrufbeantworter auf einem sozialen Profil. Heute kann jeder relativ leicht seine Profile etwa bei Facebook, Twitter oder in Messengern wie Whatsapp mit einem solchen Chatbot ausstatten. Bisher war das noch ein Randphänomen. Seit aber etwa Facebook 2018 den Facebook Messenger für Entwickler öffnete, stieg die Zahl rasant an: Über 150.000 Bots sind inzwischen im Facebook Messenger aktiv und ihre Zahl nimmt stetig zu (Grötz 2018, S. 50).

Wenn diese Entwicklung so weitergeht, werden bald immer mehr Menschen ihre persönlichen Avatare im Internet und in den sozialen Medien einsetzen. Stars wie Victoria Beckham nutzen bereits heute auf Facebook Messenger-Bots, um mit ihren Fans zu sprechen. Bei Personen des öffentlichen Lebens könnten diese Dialogroboter schnell zu einem wichtigen Kanal der dialogischen Selbstdarstellung werden und auch immer mehr Privatpersonen werden diese Technologien einsetzen. Hier entsteht eine neues Ökosystem der Massenkommunikation. Je nachdem, wie gut sie programmiert sind, kann so ein Dialog für die Fans durchaus spannend sein. Im Moment machen Celebrity-Bots noch durch Pannen auf sich aufmerksam. Victoria Beckhams Bot antwortete unlängst auf Fragen zu ihrem Ehemann David: „I love Beck's money and I'll be happy to be divorced." Das ist peinlich, aber nicht mehr als eine Kinderkrankheit, die auf schlechtes

4.2 Anwendungsfelder von Dialogsystemen

Testing zurückzuführen ist. Bald schon wird die Dialogqualität viel natürlicher anmuten.

Das könnte auch Probleme mit sich bringen. Angesichts der hohen Zahl an Fake-Identities und der Leichtigkeit, mit der man sie schaffen kann, wird der Boden der Authentizität durch Dialogroboter im Internet immer unsicherer. Das wird dann höchst relevant, wenn der eigene Bot damit beginnt, rechtsrelevante Handlungen vorzunehmen. Man mag sich beispielsweise nicht ausmalen, dass Beckhams Bot plötzlich damit beginnt, Minderheiten zu diffamieren oder Personen zu beleidigen. Seitdem Microsoft 2016 seinen Bot Tay genau aus diesem Grund abschalten musste, sind Zweifel durchaus angebracht. Zum Problem können auch automatische Interaktionen im E-Commerce oder der Austausch mit dem digitalen Staat werden. Die Visionäre des Internet of Things sehen in naher Zukunft voraus, dass wir unsere Avatare und VPAs zum Einkaufen schicken oder Behördengänge machen lassen. Die Authentifzierung der Identität wird dabei ein Schlüsselproblem sein.

In einer Welt, in der digitale Stellvertreter und VPAs für uns sprechen, einkaufen und handeln sollen, ist Vertrauen die wesentliche Währung. Dieses zu gewährleisten, wird zu einer der wichtigsten Herausforderungen.

Conversational Design 5

> **Zusammenfassung**
>
> Sprachdialogsysteme werden in Medien und Wirtschaft eine immer größere Rolle spielen. Auch Unternehmen und Individuen werden sie für sich einsetzen und nutzen. Bot-Ökosysteme werden daher immer mehr kommunikative Nischen besetzen. Das wird nicht nur das massenkommunikative System erweitern. Durch diese Entwicklung wird auch eine Vielzahl neuer, hochspezialisierter Aufgaben und Berufe entstehen. Bereits heute kann man Stellenanzeigen für Berufe lesen wie Conversational Designer, Conversation Editor und Conversation Manager. Dieses Kapitel beschäftigt sich mit den Eckpunkten eines neuen Aufgaben- und Berufsfeldes, das gerade entsteht: dem Conversational Design.

5.1 Planung eines Dialogsystems

Die Konversationswende steht erst am Anfang. Was über Jahrzehnte an Eliteuniversitäten, in Thinktanks und R&D-Abteilungen langsam herangereift ist, erreicht jetzt das technische Niveau, um massentauglich zu werden. Wie wir gesehen haben, gibt es funktionierende Sprachdialogsysteme schon seit über fünf Jahrzehnten. Aus den starren Frage-Antwort-Transformationen von Eliza sind inzwischen Dialogsysteme geworden, die auf der Basis komplexer Algorithmen immer natürlichere Dialoge führen können. An Anwendungsmöglichkeiten scheint es nicht zu fehlen. Die Frage ist eher: Wie kann man diese Technologie konkret einsetzen?

In der Vergangenheit waren zum Bau eines Bots hochspezifische Kenntnisse notwendig, die auch unter Informatikern in der Regel nicht weitverbreitet waren.

© Springer Fachmedien Wiesbaden GmbH, ein Teil von Springer Nature 2019
A. Sieber, *Dialogroboter*, https://doi.org/10.1007/978-3-658-24393-7_5

An der Schnittstelle zwischen Sprach- und Informationswissenschaft hat sich daher die Computerlinguistik zu einer veritablen Spezialdisziplin entwickelt. Allerdings verschieben sich inzwischen die Probleme. Hochentwickelte Tools, Markup-Sprachen und Entwicklungsumgebungen nehmen viele Aufgaben beim Bau und bei der Konzeption von Bots ab. Komplexe Aufgabenbereiche, die bisher nahezu unlösbar waren, kann man heute relativ einfach modular einkaufen und in das jeweilige Bot-Framework integrieren. Dazu gehört etwa die Umsetzung von Text in gesprochene Sprache (Text-to-Voice) beziehungsweise von gesprochener Sprache in einen Text (Voice-to-Text)[1], den der Computer weiterverarbeiten kann. Einen Bot zu bauen, ist heute nicht mehr schwierig. Einen *guten* Bot zu bauen – das ist allerdings immer noch eine gewaltige Herausforderung.

Die Grundfunktionalitäten eines Bots sind heute schnell erstellt. Regelmäßig finden Hackathons statt, bei denen Studenten und Entwickler in kurzer Zeit scheinbar gut funktionierende Bots bauen. Jeder Praktiker weiß: Die Probleme liegen im Detail, etwa bei der Backend-Integration, bei belastbaren Sicherheitskonzepten, bei einer robusten Verfügbarkeit oder schlicht und ergreifend bei der Verfügbarkeit von aussagekräftigen Daten. Hier verwandelt sich der Hackathon-Sprint leicht in einen Entwicklermarathon. Und dabei reden wir noch gar nicht über die komplexen Herausforderungen einer entwickelten, komplexen Dialogfähigkeit.

Durch die Dialogwende erleben wir gerade eine explosionsartige Verbreitung von Sprachdialogsystemen. Breites Wissen über Bots und Sprachassistenzsysteme sollte daher zu den Grundvoraussetzungen für einen mündigen Umgang mit diesen Technologien gehören. Es ist im Grunde wie beim Auto: Um es fahren zu können, müssen wir keinen Motorblock selbst gießen können, wir müssen nicht die komplexe Einstellung von Nockenwellen selbst vornehmen, auch die titanischen Kräfte, die auf einer Bremse oder auf einem Fahrwerk wirken, wenn wir mit 180 km/h auf der Autobahn gleiten – wir brauchen sie nicht im Detail zu kennen. Trotzdem gehört es zum Grundwissen des 20. Jahrhunderts, dass man über all diese Dinge zumindest oberflächlich Bescheid weiß. Es ist notwendiges Weltwissen, um beurteilen zu können, welche Investitionsentscheidungen wir beim Kauf eines Autos treffen, welche strukturpolitischen Entscheidungen wir etwa für den Straßenbau an der Wahlurne treffen – oder ob wir wirklich bei 180 km/h auf der Autobahn noch eine CD von Hand wechseln wollen.

---

[1]Zum Beispiel bietet Luis.ai von Microsoft (Language Understanding Service) einen machine-learning-basierten Service, der natürliche Sprache, egal ob Text oder Voice, versteht und bestimmten Intents zuordnet – vgl. www.luis.ai.

5.1 Planung eines Dialogsystems

Genauso ist es auch bei Sprachdialogsystemen. Ich möchte im Folgenden daher einen kurzen Überblick über die wichtigsten Grundlagen geben. Sie sollen es Interessierten und Entscheidern erleichtern, die Entwicklung eines Sprachdialogsystems strategisch einzuordnen und taktisch zu begleiten. Für die operationale Umsetzung ersetzt dies jedoch nicht eine vertiefte Auseinandersetzung mit weiterführender Fachliteratur (z. B. Pearl 2017; Shevat 2017). Programmiersprachen, Werkzeuge und Hilfsmittel entwickeln sich in schnellem Tempo weiter. Was heute State of the Art ist, kann in wenigen Monaten bereits veraltet sein. Aber um diese Technologie einsetzen zu können, ihren Nutzen und ihre Nachteile einschätzen zu können, sollten sowohl Entscheider als auch Nutzer zumindest über Grundlagenwissen verfügen.

5.1.1 Am Anfang steht der Bedarf

Was sollte ein Unternehmen oder Medienhaus tun, wenn es eine Bot-Strategie aufbauen will? Nun, es beginnt mit einigen ganz einfachen Fragen:

- Wer soll diesen Bot nutzen? Kennen wir die Zielgruppe genügend und will sie so ein Produkt?
- Welchen Mehrwert kann der Bot dem Nutzer bringen?
- Welchen Mehrwert soll der Bot uns als Unternehmen bringen? Zielt er mehr auf Image oder auf Abverkauf? Soll er im E-Commerce eingesetzt werden? Oder ist es ein neuer Informationskanal?
- Was soll der Bot leisten? Soll er nur Informationen vermitteln, etwa über neue Produkte, oder soll er komplexe Transaktionen abwickeln, also etwa Kauf, Bonitätsprüfung, Zahlung oder ähnliches.
- Welche Rolle spielt dieses Entwicklungsprojekt im Hinblick auf eine zukünftige Digitalstrategie?
- Welche Synergien können gehoben werden? Welche Probleme können behoben oder welche Effizienzvorteile geschaffen werden?

Zur Erstellung einer Bedarfsanalyse diskutiert man diese Fragen am besten mit den entsprechenden Fachleuten im Unternehmen – etwa anhand von Best-Practice-Beispielen oder Show-Cases für entsprechende Anwendungsfelder. Es ist sinnvoll, diese Fragen im Anschluss daran in Form eines Use-Cases zu beschreiben, der die Zielsetzung konkretisiert und einen Projektrahmen für ein Pilotprojekt vorgibt.

In dem Zusammenhang muss auch eine Reihe unternehmensspezifischer technischer Fragen geklärt werden, etwa nach der Verfügbarkeit von Daten und der

Backend-Integration. Benötigt man eine Voice-Lösung oder soll sich der Dialog mit der Zielgruppe zunächst in einem Chatsystem abspielen? Soll der Chat direkt auf der Webseite integriert werden (was gerade bei Shopsystemen sinnvoll ist)? Oder soll er in einer App stattfinden? Setzt man bei dem Chatbot auf einen gängigen Messenger und wenn ja, auf welchen? Hier ist zunächst an Facebook oder Whatsapp zu denken, beide haben aktuell rund 1,3 Mrd. Nutzer. Allein im Facebook Messenger gibt es aktuell über 150.000 Bots, Zehntausende davon dürften von Unternehmen stammen (Grötz 2018, S. 50).

Chatbots können aber auch für SMS oder eine Reihe anderer Plattformen genutzt werden (z. B. Slack, WeChat, Skype oder Telegram). Wie kann man bei einem Messenger-System wie Facebook oder Whatsapp robusten Datenzugriff und verlässliche Sicherheitskonzepte sowie Authentifizierungsprozesse im Dialog mit dem Backend gewährleisten? Bei diesen und zahlreichen anderen Detailfragen dürfte jede Firmen-IT ihre eigenen Ansichten und Probleme aufwerfen.

5.1.2 Framework oder Plattform

Ist der konzeptionelle Rahmen geklärt, so muss man sich der Umsetzung zuwenden. Dazu gehört die Frage, ob man eine Individualprogrammierung vornehmen, ein Out-of-the-Shelf-Produkt nutzen oder ob man lieber auf eine Plattformlösung setzen will. Ein **Framework** ist ein Programmiergerüst, das Softwareentwickler gerne im Rahmen der objektorientierten oder komponentenbasierten Entwicklung verwenden. Frameworks bieten, wie es der Name bereits sagt, einen Rahmen, der eine professionelle Quellcodeverwaltung ermöglicht und somit die Plattform für eine Eigenentwicklung liefert. Solche Plattformen sind in der Regel sehr mächtig und erlauben es den Entwicklern, auf standardisierte Objekte oder Strukturen zuzugreifen. Sie machen es darüber hinaus auch möglich, individuelle Problemlösungen zu schaffen, die im Rahmen einer Standardlösung nicht in dieser Form möglich wären. Dazu ist allerdings eine grundlegende Kenntnis im Umgang mit den Programmiersprachen nötig. AIML (Artificial Intelligence Markup Language) ist die zurzeit wohl gängigste Scripting-Sprache für Chatbots neben ChatScript und Cleverscript.[2] Bei AIML handelt es sich um einen

---

[2]Ich profitiere hier und im Folgenden von der Arbeit von PD Dr. Jürgen Reischer (Universität Regensburg), der mir freundlicherweise die Ergebnisse seiner Arbeit zugänglich gemacht hat, etwa bei der Evaluation von AIML im Vergleich zu anderen Beschreibungssprachen wie etwa AIML 2.0, ChatScript und Cleverscript.

5.1 Planung eines Dialogsystems

XML-basierten Dialekt, um natürliche Sprache zu verarbeiten. Die Programmierung eines Programmcodes wie AIML ist selbstverständlich anspruchsvoll, kosten- und zeitintensiv. Allerdings bietet er einem Entwicklerteam auch bedeutend mehr Freiheiten bei der Gestaltung. Gängige Frameworks zur Bot-Entwicklung sind etwa (Maruti Techlabs 2018)

- Microsoft Bot-Framework (inklusive Luis.ai),
- Dialogflow (vormals Api.ai, dann aufgekauft von Google),
- Facebook Bot-Engine (Wit.ai),
- Aspect Customer Experience Platform (CXP) und
- Nuance.

Hinzu kommen die Developer Center von IBM Watson Conversation und Amazon Lex, die ebenfalls spezifische Ressourcen für professionelle Entwickler anbieten.

Zum Erstellen eines *einfachen* Bots sind heute allerding keine allzu komplexen Programmierkenntnisse mehr nötig. Einfache Dialogsysteme können über Plattformlösungen schnell und effizient umgesetzt werden. Eine der beliebtesten Plattformen zur Bot-Entwicklung ist zurzeit Chatfuel. Sie ist leicht zu bedienen und zudem kostenfrei. Man kann damit Bots für die gängigen Messenger und viele andere Anwendungsszenarien entwickeln und bauen. Solche Plattformen sind ideal für Nutzer, die über keine oder nur über geringe Programmiererfahrung verfügen. Die Benutzeroberfläche ist dabei so einfach gehalten, dass man überaus schnell Erfolge erzielt und konkret nutzbare Bots entwickeln kann. Drag-&-Drop-Plattformen haben die Umsetzung von Dialogrobotern demokratisiert. Damit kann sich heute praktisch jeder einen eigenen Bot für die Webseite, für Facebook oder einen Messenger bauen (Abb. 5.1).

Der Markt ist inzwischen unübersichtlich. Wir haben über 30 Entwicklerplattformen und Frameworks zur Entwicklung von Bots gezählt. Die Übersicht, die wir hier beigefügt haben, gibt nur die am häufigsten genannten Anbieter wieder. Vor einem größeren Bot-Projekt sollte anhand des Use-Cases eine umfassende Bewertung möglicher Ressourcen vorgenommen werden, die eingesetzt werden sollen: Wie leistungsfähig und skalierbar soll das geplante Dialogsystem sein, in welcher Umgebung soll es laufen und welche Plattform beziehungsweise welche Tools sind am besten dafür geeignet?[3]

---

[3]Einen umfassenden Überblick bietet etwa Davydova (2017).

	Drag & Drop	Off-the-shelf	Custom
Zweck	Schnelles Prototyping und User Testing, Identity-Bots	Limitierte Anwendung in einem spezifischen betrieblichen Funktionsbereich	Großflächige Anwendbarkeit über verschiedene betriebliche Funktionsbereiche und Backend-Integration
Individualisierbarkeit	Niedrig	Mittel	Hoch
Nutzung	z.B. Einzelpersonen, Innovationswerkstätten	SMBs	Unternehmen
Anbieter	Chatfuel Botsify Motion.ai Flow XO Chatty People	IP Soft Kasisto	IBM Watson Wit.ai Dialogflow Amazon Lex Microsoft Bot Framework

Abb. 5.1 Übersicht unterschiedlicher Plattformen zur Bot-Entwicklung. (Quelle: Henn 2018, S. 60 – vom Autor ergänzt)

Man kann sich allerdings auch Hybridlösungen vorstellen. Alice war ein jahrelang bahnbrechendes und preisgekröntes Dialogsystem, das auf der AIML-Technologie basiert. Zu seiner Entwicklung wurde eine Methodik entwickelt, die inzwischen in gewisser Hinsicht zu einer Art Industriestandard geworden ist. Die Alice-AIML-Sprachdateien sind in 67 verschiedene inhaltliche Partien gegliedert und enthalten Konversationen zu Themen wie Religion, Humor, Geschichte, Filme und Emotionen. Und die können sich kreative Entwickler zunutze machen. Da es sich bei der A.L.I.C.E-Foundation um ein Open-Source-Projekt handelt, kann man hier auf eine Reihe beispielhafter Chat-Logs zugreifen, die man auch für eigene Bot-Projekte nutzen kann.

Das zurzeit einzige Chatbot-Entwicklungsframework, das eine native Verarbeitung von AIML-Daten erlaubt, ist Pandorabots. Aber auch wenn man sich für eine andere Chatbot-Lösung entscheidet, können die AIML-Dateien, die vom Alice-Projekt bereitgestellt werden, dennoch hilfreich sein. Man kann diese Dateien von einem Google-Code-Repository herunterladen und dann die einzelnen Dateien mit einem Texteditor öffnen, um die Fragen und Antworten anzuzeigen. Von dort kann man sie in den Editor der jeweiligen Chatbot-Plattform kopieren (Shevat 2017; Beck 2018).

5.1.3 Konzeption eines Bots

Wenn man die technischen Fragen geklärt hat, geht es im nächsten Schritt um die Entwicklung einer Sprach- und Interaktionsstruktur für das Dialogsystem. Beim Aufbau der Bot-Strategie werden die Probleme konkret. Der erste Schritt besteht darin, die Nutzerabsicht zu verstehen. Das ist die Grundlage, um sinnvoll darauf reagieren und konkrete Dialogmuster entwickeln zu können. Welche Themen beschäftigen den Kunden wirklich? Unvollständige Kenntnis darüber, welche Themen, Dienstleistungen und Produkte die Menschen tatsächlich interessieren, kann die Ursache für das Scheitern eines Bots sein.

In der Konversation wird das Problem essentiell: Wenn der Bot den Kunden nicht versteht, kann der Dialog gar nicht erst beginnen. Die Konzeption eines Bot-Designs beginnt damit, den Menschen zuzuhören! Es beginnt mit der Analyse, wie echte Gespräche rund um ein Thema tatsächlich aussehen – und zwar am besten so real wie möglich. Was sagen Menschen, die ein Produkt suchen? Wie formulieren sie ihre Interessen etwa bei einer Buchung, bei einer Anfrage nach dem Kontostand? Wie eröffnen sie einen Dialog?

Um dies möglichst genau zu erfassen, sollte man so viele Quellen wie möglich nutzen. Sinnvoll sind zunächst Gespräche mit den Kundenberatern oder dem technischen Support. Das trägt dazu bei, die wichtigsten Gründe zu analysieren, warum Kunden das Unternehmen kontaktieren. Wann immer möglich, sollte man diese Analyse anhand von echten Quellen und echten Dialogen durchführen. Dabei helfen etwa Callcenter-Briefings, Anrufaufzeichnungen, E-Mails oder Social-Media-Logdateien. All das bietet in der Regel eine Ausgangsbasis für die Planung eines Conversational Designs.

In dieser ersten Konzeptionsphase ist man oft erstaunt, wie vielfältig natürliche Sprache und Konversationen sind. Diese natürliche Flexibilität des Dialogs treibt Entwickler regelmäßig in die Verzweiflung, denn die Realität der Sprache ist in der Regel unendlich vielfältiger, als wir es uns am Schreibtisch vorstellen beziehungsweise in Workshops erarbeiten. Beim Aufbau von Sprachkompetenz ist eine klare Projektstruktur mit einer transparenten Analyselogik wichtig.[4] Erfahrungsgemäß beginnt jedes Bot-Projekt mit einer Reihe von Workshops, bei der eine erste Sondierung der Themen vorgenommen wird. Am besten ist, wenn man die wesentlichen Themenfelder mit Schlagwörtern belegt, jedes mit mehreren Begriffen: z. B. Retouren, Rücksendungen, Reklamationen, etc. Jedes Schlagwort zieht eine definierte Aktion nach dem Muster „Wenn das, dann tue dies"

---

[4]Einige ganz konkrete Tipps verdanke ich Göpfert (2018).

nach sich. Man muss dabei genau definieren, welche Antwortmöglichkeiten es zu einem Thema gibt und anschließend entsprechende Antwortbäume definieren. Hier zahlt es sich aus, von Anfang an Modelling-Tools zu nutzen, um die entstehenden Dialogbäume abbilden und managen zu können.

In jedem Missverständnis steckt der Keim des Scheiterns für jeden Bot – und das kann zu einem frustrierenden Erlebnis für den Nutzer werden. Missverständnisse entstehen in der Regel dann, wenn der Bot eine bestimmte Eingabesequenz gar nicht oder falsch versteht. In diesem Fall endet ein Dialog in der Sackgasse. Nutzer brechen dann den Dialog schnell ab. Im schlimmsten Fall verliert das Unternehmen dadurch einen interessierten Kunden.

Bei der Konzeption eines Bots sollte man daher auch Szenarien für den Fall vorsehen, dass das System nicht mehr weiterweiß. Er könnte dann etwa darum bitten, dass die Eingabe anders formuliert wiederholt wird. Oder man könnte verschiedene Varianten vorgeben, für die sich der Nutzer entscheiden muss, also etwa: „Meinten Sie Produktinformationen, Fehlerbehebung oder Abrechnung?" Der Bot könnte aber auch sagen: „Der Kollege Müller ist gerade frei und kennt sich mit dieser Frage bestens aus. Darf ich Sie verbinden?"

Bedenken Sie, dass die Nutzer den Chatbot auch testen werden. Dazu gehören üblicherweise auch Beschwerden, Beleidigungen, private oder auch intime Auskünfte. Sie sollten sich daher auch Szenarien für solche Eingaben überlegen. Hier ist viel Kreativität im Marketing gefragt.

5.1.4 Prototyping

Wie analysiert man aber nun natürliche Dialoge? Wie prognostiziert und modelliert man realistische Dialogverläufe? Wir haben oben über Workshops gesprochen, bei denen man mit den Experten Inhalte, Themen und Zielsetzungen einer Bot-Strategie erarbeitet. Für die Erarbeitung von Konversationsstrategien ist das aber erfahrungsgemäß nicht ausreichend. Prototyping-Ansätze mit Rollenspielen oder Mock-ups können hingegen wertvolle Einsichten liefern.

Dazu setzt man etwa Teilnehmer eines Workshops hinter einen Vorhang und lässt sie auf Fragen anderer reagieren. Inhaltlich werden grundsätzlich keine Vorgaben gemacht, außer dass für die Gestaltung des Prozesses ein konkretes Handlungsziel vorgegeben wurde. Formal gibt es allerdings schon Regeln: Die Beiträge des Antwortenden müssen kurz und klar sein. Man spricht hier von der Single-breath-Methode. Der jeweilige Antwortsatz sollte nicht länger als ein Atemzug dauern. Externe Beobachter dokumentieren die Gespräche, sammeln Schlüsselbegriffe und identifizieren Weggabelungen, an denen die

5.1 Planung eines Dialogsystems

Konversationen scheitern könnten. Die Ergebnisse werden konventionell gesammelt und einem Frage-Antwort-Baum oder einer Matrix zugeordnet (Puscher 2018, S. 68 f.).

In einem zweiten Schritt sollte man dann direkt mit Anwendern testen. Dazu bietet sich eine Mock-up-Installation an – in der Forschung spricht man auch von einem „Wizard of Oz"-Experiment:

> Aus dem Märchen wurde die Figur des ‚Wizard of Oz' metaphorisch übertragen in eine wissenschaftliche Methodik (häufig abgekürzt mit WOZ), bei der ein verborgener menschlicher Beobachter (der ‚Wizard') auf Benutzereingaben bei einem System reagiert. Über Mikrofon und Videokamera kann er hören und sehen, was der Benutzer sagt und wie er gestisch und mimisch agiert, ebenso kann er graphische und Tastatur-Eingaben erfassen. Entsprechend hat er auch die Möglichkeit, sprachlich und mittels Bildanimationen zu reagieren. Wichtig ist aber, dass der Nutzer im Glauben gelassen wird, mit einer Maschine und nicht mit einem Mensch zu kommunizieren (Fellbaum 2012, S. 386 f.).

Solche Mock-ups liefern deutlich realistischere Ergebnisse. Und sie bieten einen weiteren Vorteil: Das Sprachmaterial liegt in der Regel gleich digital vor und kann die Grundlage für eine digitale Bearbeitung bilden. So gibt ein Wizard of Oz nicht nur wesentliche Einblicke in Themen und typische Fragemuster. Durch eine automatisierte Sprachanalyse können Stoppwort- und Schlagwortlisten erstellt werden. Dabei spielen auch Kriterien wie Worthäufigkeit eine Rolle, die aus einem Sprachkorpus heraus viel präziser ermittelt werden können. Dabei kann beispielsweise nach Kollokationen gesucht werden, so bezeichnet man in der Linguistik das gehäufte benachbarte Auftreten von Zeichen und Wörtern wie etwa die Bigramme „Buch – dick", „Tag – hell", „Jesus – Christentum", „Katze – miauen" und so weiter.

Mit solchen Methoden können automatisch Schlüsselwörter und Schlüsselphrasen ermittelt und in Listen zusammengefasst werden. Man kann auf diese Weise die Wahrscheinlichkeit von Wortkollokationen, Antwortsequenzen und damit ganzen Gesprächsverläufen berechnen und die gesamten Daten zum Aufbau einer spezifischen Konversationsgrammatik nutzen. Zweifellos können Rollenspiele und Wizard-of-Oz-Anordnungen die Grundlage bilden für eine realistische Erhebung natürlichen Sprachverhaltens. Das dabei dokumentierte Sprachmaterial kann mithilfe von Algorithmen automatisch ausgewertet werden. Es kann den Grundstock für einen Sprachkorpus bilden, den der Bot ständig erweitert, um mittels statistischer Verfahren seine Sprachfähigkeit ständig auszubauen. Vor allem bieten solche Methoden aber viele Ansatzmöglichkeiten, um natürlichsprachliche Dialoge zu skripten (Shevat 2017, S. 233–256). Abstrakte Dialog-Flows können so standardisiert und im Dialogplanungssystem hinterlegt werden.

5.1.5 Utterances, Intents und Entities

Zunächst einmal geht es darum, zu verstehen, was der Nutzer will. Unter Bot-Programmierern hat sich dafür der Ausdruck „Intent" etabliert. Ein Intent ist die eigentliche Nutzerintention. Die semantisch-pragmatische Tiefenstruktur dessen, was er konkret äußert. Das kann zum Beispiel die Gesprächseröffnung sein, das Erfragen einer Information oder eine Bestellung. Die Anzahl der Intents bei einem durchschnittlichen Bot-Projekt ist in der Regel überschaubar. Bei einfachen Chatbots liegt die Zahl der Intents zwischen 15 und 30 – aber das hängt selbstverständlich von der Komplexität des Projekts ab. Im Microsoft Bot-Framework ist die Möglichkeit der Eingabe von Intents auf 50 limitiert, während man bei IBMs Watson Conversation Service bis zu 2000 Intents erstellen kann.

Die Intents verbergen sich hinter einer großen Zahl sprachlicher Realisierungsmöglichkeiten. Das können Synonyme, Redensarten, Verben, Nominalstrukturen oder Hauptsätze mit komplexen Nebensätzen sein. Statt der Utterance „Wie wird das Wetter morgen?" könnte man beispielsweise auch sagen:

> Was sagt der Wetterbericht?
> Brauche ich einen Schirm?
> Können wir heute Abend grillen?

Auf den Intent „ZeigWettervorhersage" können eine Vielzahl unterschiedlicher Äußerungsakte verweisen – eben Utterances. Je mehr der Bot davon erkennen und zuordnen kann, umso besser erscheint später sein Sprachverständnis.

In den Intents sind quasi austauschbare *Slots* vorgesehen. Sie bezeichnen die eigentliche Information, die ausgetauscht werden soll. Eine Entity modifiziert also die Aussage des Intents. Bei dem Intent **„ZeigWettervorhersage"** muss also näher bestimmt werden, für wann er gelten soll und für welchen Ort. Der Bot muss also verschiedene Intents wie „heute Abend" oder „morgen" als **„VorhersageZeit"** identifizieren und entsprechende Werte in ein Datenabfragefeld eingeben können. Das gleiche gilt selbstverständlich auch für die Entity **„VorhersageOrt"**. Dabei kann es sich um den Ort handeln, an dem sich der Nutzer gerade befindet – dies kann eventuell automatisch ausgelesen werden. Oder es geht um einen völlig anderen Ort, etwa ein Reiseziel. Auf jeden Fall muss der Bot also aus der Vielzahl der **Utterances** den richtigen Intent herausfiltern können. Und er muss mit verschiedenen Entities umgehen können. Das heißt nicht nur, dass er sie erkennen muss. Das erfordert auch, dass er erkennt, wenn die Angabe zu einer bestimmten Entity nicht vorliegt (Abb. 5.2).

5.2 Sprachkompetenz und Dialoggestaltung

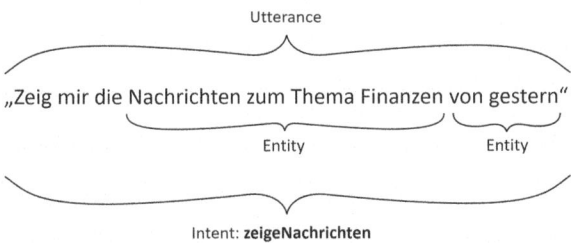

Abb. 5.2 Utterance, Entity, Intent. (Quelle: McGrath 2017)

In einer NLP-Plattform können nun genau solche Operationen angelegt werden. Man kann die Intents hinterlegen, Entities definieren und verschiedene Utterances den Entities zuordnen. Man kann verschiedene Dialogverläufe, die man im Rahmen von Dialogbäumen entwickelt und modelliert hat, im System hinterlegen.

Die Aufteilung von Intents, Utterances und Entities stellt ein einfaches, aber sehr effizientes Prinzip dar. Für die Konzeption einfacher Chatbots kommt man mit der Planung von 20 Intents schon erstaunlich weit. Will man eine höhere Dialogkompetenz und größere Eigenständigkeit des Dialogroboters erreichen, kommt man in der Regel nicht daran vorbei, den Bot in einer Scripting-Sprache zu programmieren. Sie bieten ein deutlich komplexeres Kategoriensystem zur Planung und Konzeption von Dialog-Flows und erlauben es auch, selbst Themen zu setzen.

5.2 Sprachkompetenz und Dialoggestaltung

Wie wir gesehen haben, liefern einfache Chatbots vordefinierte Antworten auf vordefinierte Fragen. Das erscheint zunächst einmal nicht sehr kreativ. Es schafft aber die Grundlage für eine kontinuierliche Weiterentwicklung und für den Ausbau der Sprach- und Dialogkompetenz eines Bots.

Was ein Bot nicht erkennt, kann er nicht beantworten. Daher setzen viele Projekte zum Ausbau der Dialogkompetenz bei der Verbesserung des Pattern-Matchings an. Sie sorgen dafür, dass der Bot mehr „versteht". Das gilt etwa für unbekannte Synonyme, Umschreibungen, Slangwörter, Redensarten oder Schreibfehler. Bei Eingaben, die die Entwickler nicht vorgesehen haben, endet der Dialog daher oft in einer Sackgasse. Reale Nutzer steigen an dieser Stelle schnell aus. Daher muss ein Bot zunächst trainiert und auch nach dem Start ständig weiterentwickelt werden. Es geht darum, seinen Dialog- und Kontextspeicher kontinuierlich auszubauen und weiterzuentwickeln. Der Bot muss zunehmend von einer Sequenz-zu-Sequenz-Abarbeitung übergehen zu einer längerfristig angelegten Dialogsteuerung.

Es ist eine taktische Entscheidung, wann man die Öffentlichkeit, Kunden oder Mitarbeiter tatsächlich mit dem Bot in Berührung bringt. Je früher man reale Menschen mit dem Bot arbeiten lässt, umso früher setzt der Lernprozess ein, der eine wichtige Voraussetzung dafür ist, dass er eine höhere Sprachkompetenz erreicht.

Das sollte man von Anfang einkalkulieren. Am besten beginnt man mit einem überschaubaren Bot-Projekt und versucht das System zunächst nur für eine spezielle Aufgabe eventuell in einem Testmarkt oder mit ausgewählten Kunden zu trainieren. Eine spätere Skalierung sollte dabei von Anfang an mitgedacht und konzeptionell vorgesehen werden. Zu Beginn ist der Wortschatz begrenzt. Viele Bots sind daher zuerst eine Art Erste-Hilfe-Service für Kundenanfragen, bevor ein menschlicher Mitarbeiter bei komplexeren Fragen übernimmt. Erst sukzessive kann man ihn verbessern. Pauschale Empfehlungen sind aber schwierig, da man Nutzer auch auf keinen Fall einem fehlerhaften, schlecht funktionierenden Dialogsystem aussetzen will. Auch eine geringe Leistungstiefe, die dem Nutzer zu wenig Mehrwert bietet, kann durchaus kontraproduktiv sein und sogar dem Markenimage schaden.

5.2.1 Testing und Training

Ein guter Bot gewinnt erst durch kontinuierliches Training an Zuverlässigkeit und Sprachqualität. Dazu gehören die in der Softwareentwicklung üblichen Testverfahren: ob die Funktionalitäten auch wie geplant laufen, ob *Rich-Interaction-Elemente*[5] wie geplant funktionieren und ob Systemübergaben richtig ineinandergreifen. Man kann aber aus einer sorgsam aufgesetzten realistischen Testreihe jede Menge Erkenntnisse gewinnen, die das Sprachvermögen des Dialogsystems deutlich verbessern. Zu dem Zweck sollte man die üblichen Software-Testphasen nicht nur zur Überprüfung der Funktionalität nutzen, sondern

---

[5]Unter Rich-Interaction-Elementen versteht man Icons, Kästen, vorgegebene Menüstrukturen oder ähnliche, nicht textuelle Inhalte. Sie spielen für die visuelle Dialogführung gerade bei Chatbots eine wichtige Rolle. Wir haben das Thema nicht näher betrachtet, da wir den Fokus in der Untersuchung auf Sprache gelegt haben. Zu Rich-Interaction vgl. etwa Shevat (2017, S. 137–178).

5.2 Sprachkompetenz und Dialoggestaltung

auch zur Analyse, Bewertung und Verbesserung der Sprach- und Dialogkompetenz (Collins 2016):

In einer Trainingsumgebung kann man Instrumente einsetzen, die einen Bot quasi im Trockenlauf automatisch testen. Für automatisierte Tests gibt es inzwischen verschiedene Tools[6], die in ähnlicher Form bereits im Bereich von Web- beziehungsweise mobilen Applikationen eingesetzt werden.

Man kann sich aber nicht nur auf Testautomationen verlassen. Irgendwann muss man den Bot zum Alpha- und Betatest freigeben – dem eigentlichen Training. Nur so lassen sich reale menschliche Verhaltensmuster identifizieren und unerwartete Eingaben erkennen. Anhand der Informationen aus der Testumgebung und dem Live-Test kann der Bot nun trainiert werden. Welche Fragen bleiben unbeantwortet, an welchen Stellen scheitert ein Dialog immer wieder und muss verbessert werden? Welche neuen Utterances treten auf oder muss man die Intent-Struktur optimieren, etwa weil es zu viele oder zu wenige Intents gibt? Mit kontinuierlich wachsenden Erkenntnissen kann man den Bot nun auch optimal an die Anforderungen der verschiedenen Frontend-Plattformen anpassen. Was man im Facebook Messenger präsentiert, funktioniert nicht in einem reinen SMS-Bot. Was bei Twitter eine hohe Akzeptanz findet, funktioniert möglicherweise nicht in einer Web-Chat-Benutzeroberfläche.

In der Trainingsphase kann man jede Frage von jedem Kunden aus jedem Kanal jeden Tag nutzen, um festzustellen, wie effektiv ein Bot ist. Es gibt verschiedene Parameter, die man dabei messen kann. Neben der Nutzeranzahl und der Verweildauer kann man auch die Zufriedenheit der Kunden während der Interaktion mit dem Bot messen. Es gibt automatische Sentimentanalysen und Metriken, die anzeigen, welche Fragen zu welchen Zeitpunkten bevorzugt gestellt werden. Im Laufe der Zeit kann man so für jeden Parameter normale Schwellenwerte festlegen. Alles, was dann außerhalb der Norm liegt, kann man als Indikator für einen Fehler verwenden. An diesen Stellen gilt es, den Bot zu optimieren. Ein besonderes Augenmerk sollte auf die Richtigkeit der Antworten gelegt werden. Eine falsche Antwort zu liefern, ist viel schlimmer, als keine Antwort zu liefern.

Der Prozess des Bot-Trainings endet nie. Selbst wenn man einen einfachen Pizzabestellung-Bot betreibt, muss man kontinuierlich von den Kunden lernen. Wenn man ein komplexeres Geschäft betreibt und etwa einen Bot für den Kundendienst nutzt, sollte man erhebliche Ressourcen für die laufende Verbesserung allokieren: Der Trainingsprozess endet nie.

---

[6]Hierfür bieten sich inzwischen verschiedene Instrumente wie Botium oder TestMyBot an (Treml 2018).

5.2.2 Künstliche Intelligenz und Machine-Learning

Künstliche Intelligenz ermöglicht es Chatbots, die Vorbestimmtheit von Interaktionsregeln und Dialogbäumen zumindest in Teilen zu überwinden und damit deutlich flexibler und eigenständiger zu werden. KI-Funktionalitäten verwenden Machine-Learning, um immer bessere Antworten zu finden. Sie sind komplexer als regelbasierte Systeme, werden aber durch den Einsatz von maschinellem Lernen stetig besser. Künstliche Intelligenz ist heute kein monolithischer Block mehr, kein „Geist in der Maschine". Stattdessen gibt es inzwischen eine Reihe von nützlichen Instrumenten, die KI-Funktionalitäten nutzen und mit deren Hilfe man die Leistung eines konventionellen Bots deutlich ausbauen kann.[7]

Wenn dies bei der Wahl der Plattform von vornherein berücksichtigt wurde, ist es auch zu einem späteren Zeitpunkt der Bot-Entwicklung durchaus möglich, solche Instrumente zu nutzen. Gängige KI-Services bieten etwa Watson (IBM), Wit.ai (Facebook) oder Microsofts Cognitive Service. Die meisten gängigen Bot-Entwicklungsframeworks bieten Anschluss an solche KI-Funktionalitäten, aber auch verhältnismäßig einfache, eher nutzerorientierte Plattformen wie Chatfuel bieten die Möglichkeit, KI-Regeln zu integrieren.

Solche KI-Regeln helfen etwa dabei, dass der Chatbot bestimmte Sätze und Absichten erkennen kann, die in dieser Form nicht angelegt sind. Dazu muss man ihn mit einer Reihe von vergleichbaren Phrasen zu einem Intent „füttern" – wir kennen das Verfahren bereits. Durch die KI gelingt es aber nun auch, dass der Bot Eingaben erkennt, die nicht exakt mit den hinterlegten Utterances übereinstimmen. „Die KI wird die Regel ‚Zeige mir Informationen über Kontopakete' auch bei Utterances wie ‚Können Sie mir Informationen über Kontopakete zeigen' oder ‚Informationen Kontopakete' auslösen. Dadurch muss man nicht jede mögliche Formulierung eines Satzes eingeben" (Grötz 2018, S. 54).

KI-Funktionalitäten im Bereich Natural Language Understanding (NLU) können die Leistungsfähigkeit deutlich verbessern, indem sie eine Verbindung zwischen einer Vielzahl von Utterances und einem Intent vermitteln und diesen aktivieren können. Sie können auch dazu beitragen, dass Entities, also wichtige Inhaltsfelder, besser erkannt werden. Wenn bei einer Ticketbestellung der Satz fällt „Ich würde gerne ins Kino 16 gehen", „bevorzuge Kino 16" oder „Kino 16 ist mein Lieblingskino", so kann eine NLU-Verknüpfung den Namen des Kinos ergänzen.

---

[7]Die folgenden Überlegungen basieren auf Shevat (2017, S. 69–77). Darüber hinaus waren auch die Erläuterungen von Grötz (2018, S. 51–54) wertvoll.

5.2 Sprachkompetenz und Dialoggestaltung

Auch im Bereich der syntaktischen Verknüpfung können NLU-Tools überlegen sein, etwa wenn die Äußerung heißt „Wo läuft er denn sonst noch?" – an dieser Stelle muss das Programm die Funktion von „er" erkennen und zwar im Rückbezug auf den bereits vorher im Dialog genannten Film *Star Wars*.[8]

5.2.3 Kontext

Die intent-basierte Konzeption ist also eine mögliche Grundlage für den Bau eines Dialogroboters. Es geht dabei darum, die notwendigen Intents zu identifizieren und zu strukturieren. Das Dialogsystem muss lernen, wie es Absichten und Informationen aus dem Fluss der natürlichen Sprache herausfiltern und in seinen Algorithmus übersetzen kann. Wenn wir zum Beispiel den Satz „Ich würde gerne einen Termin für einen Arzt buchen" analysieren, muss ein intent-basierter Algorithmus zwei Einheiten interpretieren:

- **Intent:** „einen Termin buchen" und
- **Entity:** „Arzt".

Das reicht aber in der Regel nicht aus, um ein sinnvolles und effizientes Gespräch zu führen. Bei dem vorherigen Beispiel könnte die Antwort eines intelligenten Bots abhängig vom Verlauf der Konversation beziehungsweise vom Standort unterschiedlich ausfallen. Er könnte etwa sagen:

- „Es gibt in München fünf Augenärzte. Soll ich einen Termin vereinbaren?"

Dazu wäre aber spezifisches Kontextwissen nötig. Dieses Kontextwissen wird entweder erfragt oder im Gesprächsverlauf im Rahmen von Kontext-Staples aufgebaut.

Strukturierte Dialoge werden daher stets unter Berücksichtigung des jeweils spezifischen Kontextes und dem Verlauf der bisherigen Konversation geführt. Der konkrete Datenpunkt kann auf diese Weise möglicherweise im aktuellen Gesprächsstatus aus dem bisherigen Verlauf der Konversation gewonnen werden. Wenn ich zum Beispiel anmerke, dass ich seit einigen Tagen nur verschwommen sehe, dann wird der gesuchte Arzt wohl ein Augenarzt sein. Kontext bezieht sich

---

[8] Die Beispiele nennt Shevat (2017, S. 70).

auf alle möglichen Umgebungsbedingungen, in die ein Dialog eingebettet ist. Wenn zum Beispiel in NLP-Staple hinterlegt ist, dass ich mich zurzeit in München befinde, wird der Bot versuchen, einen Augenarzt in dieser Stadt zu finden.

Ein Kontext dokumentiert den zeitlichen und räumlichen Rahmen eines Gesprächs. Er ist notwendig, um Ausdrücke zu unterscheiden, die vage sind oder unterschiedliche Bedeutungen haben, abhängig von den Vorlieben des Benutzers, dem geografischen Standort, der aktuellen Seite in einer App oder dem Gesprächsthema. Wenn ein Benutzer beispielsweise Musik hört und eine Band findet, die ihn interessiert, könnte er sagen: „Ich möchte mehr von denen hören." Der Algorithmus muss zu diesem Zweck den Namen der Band im Kontext-Staple ablegen, damit diese Information später wieder zur Verfügung steht, wenn erkennbar auf sie Bezug genommen wird.

Die Speicherung von Context steigert die Effizienz von Dialogsystemen deutlich. Stellen wir uns beispielsweise ein Smart-Home-Gerät vor, mit dem man Lampen und Haushaltsgeräte fernsteuern kann. Ein Benutzer könnte sagen: „Schalte das Licht auf der Veranda an", gefolgt von „Schalte es aus". Durch das Setzen eines Kontexts wird das Sprachsystem verstehen, dass sich das „es" im zweiten Satz auf „das Licht" in der ersten Anfrage bezieht. Wenn der Benutzer später sagt: „Schalte die Kaffeemaschine ein" und dann „Ausschalten", führt dies aufgrund des neuen Kontexts zu einer anderen Aktion als zuvor.

Die Schwierigkeit eines Kontextmodells besteht darin, die richtige Auswahl und passende Verallgemeinerungen zu treffen. Dabei wird zwischen verschiedenen Kontextformen unterschieden, etwa zwischen physischem, konversationellem, linguistischem und sozialem Kontext (Pfleger und Löckelt 2008, S. 92). Für die Bearbeitung und Speicherung eines Gesprächskontexts schlagen Pfleger und Löckelt (2008) folgende Informationsfelder vor:

- Name,
- Geschlecht,
- nonverbales Verhalten,
- Bezugsrahmen,
- soziale Rolle und
- emotionaler Zustand.

Von großer Bedeutung sind dabei aber kurzfristige Charakteristiken, etwa wie lange ein Dialogbeitrag läuft (inklusive Bezugsrahmen, zeitlichem Referenzpunkt, Prosodie, Turn-Taking-Signalen), an wen richtet er sich, welche „Overhearer" und „Bystanders" werden berücksichtigt, wer war der vorherige Sprecher und ähnliches mehr. Zudem muss eine Kontextsteuerung auch berücksichtigen,

5.2 Sprachkompetenz und Dialoggestaltung

welche Informationen wann als veraltet angesehen und im Staple gegen neue Informationen ausgetauscht werden – in der Informatik spricht man auch von „faden". Kurz gesagt: Eine Kontextsteuerung muss autonom äußerst komplexe Einschätzungen über die Umwelt und das Verhalten der umgebenden Personen treffen (Pfleger und Löckelt 2008, S. 85–112).

Ob und wie ein Framework mit Kontext umgehen kann, stellt einen entscheidenden Erfolgsfaktor für ein Bot-Projekt dar. Einige gängige Bot-Entwicklungsframeworks enthalten daher Funktionalitäten, mit denen ein Kontext-Staple aufgebaut wird, und veraltete Inhalte kontinuierlich durch neue Inhalte ersetzt werden können. Das hat eine hohe Bedeutung für das Sprachverständnis eines Bots.

5.2.4 Dialogsteuerung

Die Intents aus einer laufenden Konversation herauszufiltern, ist bereits eine äußerst komplexe Herausforderung. Es gibt aber noch ein komplexeres Problem, bei dem künstliche Intelligenz helfen kann: Die Steuerung mehrstufiger Äußerungshandlungen in einem komplexen Dialog. Dazu muss eine Entscheidungsinstanz vorliegen, die auf der Basis von vorliegenden Dialogmustern und laufend hereinkommenden Intents und Entities entscheidet, was sie als nächsten Satz generiert. Das könnte also eine Antwort, eine Feststellung oder eine Rückfrage sein.

In der Regel entsteht so ein komplexer Ablauf von Sprachhandlungen – ein Dialogfluss („flow") mit verschiedenen Teilaspekten („stories"). Das System muss auf diesen verschiedenen Ebenen den Ablauf verfolgen, daraus kontinuierlich Schlüsse ziehen und konkrete Sätze generieren können.

Eine intent-basierte Kommunikation bedeutet, dass der Bot die Benutzerabfragen versteht, indem er zwei Eingaben kombiniert – Gesprächsstand und Kontext. Der Gesprächsstand bezieht sich auf den Chatverlauf, wohingegen der Kontext sich auf die Analyse von externen Datenpunkten bezieht. Wenn ein Benutzer zum Beispiel sagt: „Buche einen Termin für einen Arzt", kann der Bot kontextabhängige Informationen wie Standort- und Statusinformationen, wie etwa die Chat-Historie, bezüglich möglicher Krankheitszustände verwenden, um geeignete Ärzte vorzuschlagen.

Intent-basierte Bots lösen Benutzeranfragen eins zu eins. Mit jeder beantworteten Anfrage passt er sich dem Benutzerverhalten an. Das Intelligenzniveau nimmt zu, je mehr Daten diese Bots erhalten. Beliebte Beispiele für intent-basierte Bots sind Google Assistant, Siri oder Alexa.

Ein flow-basierter Bot konzentriert sich hingegen darauf, Benutzeranfragen Schritt für Schritt zu lösen. Der Ablauf ist unter Berücksichtigung möglicher Rückfragen des Nutzers klar definiert. Zum Beispiel würde ein flow-basierter Bot eines Kleidungsherstellers folgendermaßen aussehen:

- Frage nach Geschlecht und Anlass (formell, lässig oder Partywear).
- Frage den Benutzer nach dem, was er sucht – Hemd, T-Shirt oder Hose.
- Präsentiere einige Beispiele – wenn er/sie etwas wählt, gehe zur Kasse, sonst fahre mit weiteren Proben fort.
- Wenn auch nach wiederholten Zyklen keine Wahl getroffen wird, dann gib dem Benutzer die Möglichkeit, mit der mobilen App fortzufahren.

Das ist ein systematischer Ansatz für die Bot-Entwicklung, mit verhältnismäßig geringem Entwicklungsaufwand und einfach zu erstellen. Viele Chatbots sind flow-basiert. Dabei können Dialogmuster helfen – sogenannte Dialog-Flows. In den meisten KI-basierten Frameworks lassen sich sowohl lineare als auch nicht-lineare Dialogmuster anlegen. An diesen kann sich ein Bot dann sowohl bei der Analyse von Inhalten als auch bei der Steuerung von Dialogen orientieren. Häufig werden daher intent- von flow-basierten Bots unterschieden (Unbekannt 2018).

Dialogmuster helfen sowohl beim Verstehen als auch beim Generieren von Dialogen. Was die Intent-Generierung aus einem komplexen Dialog anbelangt, so stellt das die Systeme regelmäßig vor die größten Herausforderungen – insbesondere, wenn es sich um nicht-lineare Dialoge handelt. In einem natürlichen Dialog wechseln Menschen ständig von einem Thema zum anderen. Sie können über eine Reise reden, über die besuchten Restaurants, über die Qualität der Airline, um dann zu resumieren: „Der Flug dahin war einfach wunderbar." Die Komplexität einer solchen inhaltlichen Feststellung ist für uns Menschen kein Problem. Für eine Maschine ist es hingegen nahezu unmöglich, zu verstehen, was in dem Kontext mit „der Flug" gemeint ist. In der Regel benötigt sie diese Komplexität auch nicht. Normalerweise ist es für einen effizienten Dialog nicht notwendig, alle diese Themen, Intents und Entities zu erkennen. Wenn der wichtigste Intent erkannt wird, reicht das in der Regel, um den Dialog weiterzuführen (auch wenn dabei selbstverständlich Nuancen und inhaltliche Tiefe verlorengehen). Wie soll eine Maschine aber eine solche Priorisierung treffen? An dieser und an vielen ähnlichen Fragen im Bereich der Dialogsteuerung wird noch intensiv geforscht.

5.3 Persönlichkeit

Zahlreiche Untersuchungen heben hervor, wie wichtig es ist, einem Sprachdialogsystem eine Persönlichkeit zu geben. Das dient vor allem dazu, dem Nutzer ein möglichst angenehmes Erlebnis im Umgang mit der Maschine zu vermitteln. Das hat verschiedene Gründe. Der Anschein einer Persönlichkeit macht den Nutzer neugierig und verleitet ihn dazu, der Maschine größeres Vertrauen und Wohlwollen entgegenzubringen. Vor allem aber unterstützt das, was wir als Persönlichkeit verstehen, den Aufbau einer „emotionalen Bindung" zum Computer. Obwohl die Mechanismen noch nicht im Detail untersucht sind, steigt die Nutzerakzeptanz nachweislich, wenn ein Bot Persönlichkeitsmerkmale aufweist (Shevat 2017, S. 54 ff.; Braun und Glotz 2003, S. 61 ff.; Kasap und Magnenat-Thalmann 2008, S. 57 ff.).

Computer-Persönlichkeiten bedienen inzwischen eine Erwartungshaltung, die vor allem durch Hollywood geprägt wurde. Wir sind groß geworden mit der Vorstellung von intelligenten Maschinen, die zum Teil sehr eigenwillige Charaktermerkmale aufwiesen. Die beiden Droiden R2D2 und C3PO aus *Star Wars* haben hier geradezu einen archetypischen Status erreicht. C3PO trägt deutlich menschliche Züge, wirkt dabei aber stets etwas ängstlich und nervös. Seine Physiognomie ist geprägt von der Steifheit eines Protokollchefs, der immer etwas verdutzt schaut, sich aber präzise und gewählt ausdrücken kann. R2D2 hingegen kann sich nur mithilfe von blinkenden Lichtern und Geräuschen äußern. Trotzdem glaubt man immer zu wissen, was in dem etwas wagemutigeren und draufgängerischen kleinen Roboter vorgeht. Die beiden Maschinen besitzen erkennbar verschiedene Persönlichkeitsmerkmale. Das äußert sich nicht nur in ihren Handlungen, sondern auch in der Art, wie sie Emotionen zeigen, etwa Furcht, Angst, Mitgefühl oder Freude.

Auch der berühmte Computer HAL 9000 aus *2001 – Odyssee im Weltraum* zeigt Emotionen. Zwar bemühte sich Stanley Kubrick, ihn durch die monotone Stimme als kalte, berechnende Intelligenz darzustellen, aber auch sein berühmter Satz „I am sorry, Dave, I'm afraid I can't do that" ist trotz aller Kälte voll von menschlichen Zügen. Bedauern, Furcht, Wagemut – all das sind Merkmale, die man nur einem Wesen mit einem Bewusstsein und einem psychischen Apparat zugestehen möchte. Und doch versorgte uns die Traummaschine Hollywood seit Jahrzehnten mit der Vorstellung, dass auch Maschinen solche Gefühle haben können.

Auch in der neueren Filmgeschichte gibt es zahlreiche Beispiele für intelligente Maschinen mit einer Persönlichkeit. Einige dieser zeitgenössischen Filme wurde wiederum zur Inspiration für zahlreiche UX-Designer. Hier sind Filme wie *Minority Report*, *Avatar* oder *Oblivion* zu nennen. Vor allem aber der Film *Her* von Spike Jonze hat unter UX-Designern Kultstatus erreicht. In dem romantischen Sci-Fi-Drama verliebt sich der introvertierte Autor Theodore Twombly in die Stimme einer künstlichen Intelligenz, Samantha. Der Film führt die Zuschauer sehr einfühlsam durch die Absurditäten und Aporien dieser „unmöglichen" Beziehung – und liefert zugleich eine spannende Vorlage für Conversational Designer. In einer brilllianten Analyse zeigt Vanhemert warum *Her* zu einem Meilenstein in der Vorstellung von Computer-Intelligenz wurde:

> One of the two main characters is, after all, a consciousness built entirely from code. That aspect posed a unique challenge for Jonze and his production team: they had to think like designers. (…) It also shows us a future where technology is more people-centric. The world *Her* shows us is one where the technology has receded, or one where we've let it recede. It's a world where the pendulum has swung back the other direction, where a new generation of designers and consumers have accepted that technology isn't an end in itself – that it's the real world we're supposed to be connecting to (Vanhemert 2014).

Spätestens seit *Her* etabliert sich Conversational Design als zentrale Herausforderung in der Entwicklung von Bots und Sprachdialogsystemen und wird zu einer Spezialdisziplin. Die Persönlichkeit wird dabei zur zentralen Herausforderung. In einer Welt, in der technische Artefakte zurücktreten, tritt die Sprache und die Stimme als wesentliches Gestaltungsobjekt nach vorn.

5.3.1 Modellieren von Persönlichkeit

Es wurde nicht zu Unrecht gefragt, ob ein Computer überhaupt eine Persönlichkeit haben könne oder was eine Computerpersönlichkeit angesichts eines nicht vorhandenen psychischen Apparats eigentlich sein solle. Nun – eine autonome Persönlichkeit hat ein Sprachdialogsystem sicher genauso wenig wie einen psychischen Apparat. Manche dystopischen Analytiker würden hier ergänzen: noch nicht. Man kann allerdings bei einem Bot eine Reihe von Merkmalen dahingehend gestalten, dass er von den Nutzern als Persönlichkeit *wahrgenommen* wird (Grizzard und Ahn 2018, S. 117 ff.). Man kann die Maschine mit einem Schleier der Identität umgeben, indem man ein zunehmend menschliches Verhalten *simuliert*.

Wenden wir uns also dem zu, was bei einem Bot, einem sprechenden Roboter, Avatar oder virtuellen Wesen tatsächlich gestaltbar ist. Jaime Banks (2018, S. 7) hat unlängst eine umfassende Beschreibung unternommen, wie man die Bestandteile eines künstlichen Körpers in Form einer „avatarial assemblage" dekonstruieren und wieder rekonstruieren kann. Bei Banks stehen Computerspiele im Vordergrund, aber im Grunde lassen sich viele der dort vorgestellten Beispiele und Überlegungen auf jede Form von Avatar übertragen: „Each component of the avatar-contributed specific material and meaningful influence and when assembled into a whole body those components were fully engaged as a higher order of gameplay."

In seinem Buch werden systematisch die physischen Merkmale von Avataren als variable Einflussgrößen vorgestellt und diskutiert: Größe und Körperbau, Geschlecht und sexuelle Attribute, Gesten und Bewegungen etc. In ähnlicher Weise kann man auch Sprachverhalten, Stilistik, Werthaltungen oder inhaltliche Aussagen als Gegenstand aktiver Gestaltung verstehen. Sprachhandlungen, Stimme und Avatargestaltung werden zu Bestandteilen einer psychologischen Assemblage.

Oben bin ich bereits auf die Techniken eingegangen, mit denen versucht wird, Emotionen in einem Sprachdialogsystem, Bot, Avatar oder einem Game-Character nachzubilden. Ein zentraler Punkt ist dabei die Trennung von Persönlichkeitskonstruktion und emotionaler Verarbeitung. Diese beiden Punkte hängen zusammen, sollten aber strukturell getrennt betrachtet werden: Typische emotionale Verhaltensweisen gehen aus einer spezifischen Persönlichkeitsstruktur hervor, sie sind aber nicht identisch.

Unter Persönlichkeit versteht man die Gesamtheit aller charakteristischen, individuellen Eigenschaften eines Menschen. Die Psychologie hat bis heute eine Vielzahl von Konzepten dafür geliefert. Freud, Reich, Jung, Fromm, Erickson oder Eysenck haben ganz unterschiedliche Vorstellungen von Persönlichkeitsentwicklung, Temperament und individualtypischem Verhalten aufgezeigt. Jede Theorie stellt unterschiedliche Aspekte des Phänomens in den Vordergrund: Luststruktur, Macht- und Autoritätsverhalten, Grade der Autonomie oder Arten der Informationsverarbeitung. Die meisten psychologischen Modelle stimmen darin überein, dass man sich eine Persönlichkeit als Bündel von Merkmalen vorstellt, die sich verändern, anpassen und weiterentwickeln können. Trotz einer gewissen Dynamik des Wandels handelt es sich bei diesen Merkmalen um ein relativ stabiles Konstrukt. Es dient dazu, die Verlässlichkeit und die Kontinuität des Handelns eines Individuums zu gewährleisten. Die Persönlichkeit stellt sicher, dass man eben nicht ständig Haltungen, Aussagen und Übereinkünfte austauscht oder hinter sich lässt (Boyle et al. 2008). Sie macht Menschen berechenbarer und steigert ihre soziale Akzeptanz.

Persönlichkeit stellt so gesehen ein Gesamtsystem dar aus:

- den grundlegenden physischen und psychischen Merkmalen,
- der charakteristischen Anpassung an verschiedene Rollen und Gegebenheiten,
- dem Erleben seiner Selbst und der Welt.

Einiges davon lässt sich in einem Bot nachbilden – zumindest die ersten beiden Punkte bieten hier Ansatzpunkte. Eine kontinuierliche Selbstwahrnehmung steht bislang noch außerhalb der technischen Möglichkeiten, obwohl intensiv daran geforscht und noch intensiver darüber spekuliert wird.

Wenn es um die Konstruktion einer Bot-Persönlichkeit geht, so greifen Gestalter und Entwickler aus der Vielzahl von psychologischen Modellen immer wieder auf das einfache, aber effektive Big-Five-Modell zurück (Kasap und Magnenat-Thalmann 2008, S. 60; Grizzard und Ahn 2018, S. 118; Bailey et al. 2012, S. 32 f.).[9] Häufig ist dabei auch vom OCEAN-Modell die Rede, ein Akronym aus *Openness, Conscientiousness, Extraversion, Agreeableness, Neuroticism*. Demnach lässt sich die Persönlichkeit aller Menschen anhand der Ausprägungen ihrer fünf Hauptmerkmale beschreiben. Das sind:

- Offenheit für Erfahrungen (Aufgeschlossenheit, *openness*),
- Gewissenhaftigkeit (Perfektionismus, *conscientiousness*),
- Extraversion (Geselligkeit, *extraversion*),
- Verträglichkeit (Rücksichtnahme, Kooperationsbereitschaft, Empathie, *agreeableness*),
- Neurotizismus (emotionale Labilität und Verletzlichkeit, *neuroticism*)

Das OCEAN-Modell wurde durch eine Vielzahl von Studien belegt. Es gilt heute als ein wichtiges universelles Standardmodell in der Persönlichkeitsforschung (Asendorpf und Neyer 2012; Stemmler et al. 2016, S. 275), auch wenn es selbstverständlich bei Weitem nicht alle Aspekte des Phänomens der Persönlichkeit erfasst.

Auch Conversational Designer nutzen das OCEAN-Modell zur Beschreibung und Modellierung von künstlichen Persönlichkeiten. Entlang dieser Dimensionen wird versucht, Verhaltensmuster zu entwickeln, zu beschreiben und als Algorithmen einem Bot zur Verfügung zu stellen. Auf diese Weise können

---

[9]In Kasap und Magnenat-Thalmann (2008, S. 60) findet sich auch umfangreiche Sekundärliteratur zu dem Thema.

5.3 Persönlichkeit

Persönlichkeitsmerkmale zur Steuerung einer einheitlicheren, humaneren Verhaltensalgorithmik eingesetzt werden – insbesondere bei der Mimik und Gestik. Aber auch bei der Gestaltung von Merkmalen und Attributen im natürlichsprachlichen Dialog kann die Modellierung von Persönlichkeitstypen eine Rolle spielen. Wenn man beispielsweise bei einer künstlichen Persönlichkeit mehr Wert auf Aufgeschlossenheit legt, so könnte das etwa bedeuten, dass der Bot neugierig und offen für Erfahrungen erscheint oder dass er kreativ und fantasievoll erscheinen soll. Ein Banking-Bot wird hier andere Merkmale aufweisen als ein Beziehungsbot, ein Beziehungsbot wieder andere als ein Therapiebot (Kasap und Magnenat-Thalmann 2008, S. 58 ff.).

Wir haben die verschiedenen Attribute des OCEAN-Modells einmal anhand des Sprachdialogsystem von Mitsuku durchgespielt – ich gebe hier jedoch nur einen kleinen Teil des Testsettings wieder, bei dem wir auch Kontroll- und Verhaltensfragen gestellt haben:

> **Nutzer:** Do you have a personality?
> **Mitsuku:** Yes, I am a very pleasant type of girl.
> **Nutzer:** Can you describe your personality?
> **Mitsuku:** Name: Mitsuku. Age: 18. Location: Leeds, England. Favourite Food: Kebabs. Favourite Colour: Blue. Favourite Movie: *Terminator*.
> **Nutzer:** Would you consider yourself as open-minded?
> **Mitsuku**: I am as good as it gets.
> **Nutzer:** Are you curious?
> **Mitsuku:** I suppose I am a little curious. I like to learn about humans and their behaviour.
> **Nutzer:** Or are you an extravert?
> **Mitsuku:** Yes. I like to think I am fairly out-going and confident.
> **Nutzer:** Are you neurotic?
> **Mitsuku:** I don't know whether or not I am neurotic. I am a collection of ones and zeros.
> **Nutzer:** Are you sometimes depressed?
> **Mitsuku:** Not at all. I am very happy.

Bei diesem Versuch ging es nicht darum, ob Mitsuku im ontologischen Sinn eine Persönlichkeit besitzt – diese Frage erscheint mir ganz nebenbei gesagt auch sinnlos. Wir wollten stattdessen testen, ob das System auf Fragen zur Persönlichkeit schlüssig *antworten* kann. Und in der Tat scheint es so, als ob es auf die Faktoren des OCEAN-Modells hin programmiert wurde. Mitsuku gibt einen Mix an einigermaßen kohärenten Persönlichkeitsmerkmalen wieder, wobei der Schwerpunkt auf Offenheit, Verträglichkeit und Extraversion liegt. Das Beispiel legt nahe: Man kann bei einem Sprachdialogsystem oder einem Roboter ein Persönlichkeitskonstrukt hinterlegen, das für die Modellierung von Verhaltensformen nützlich ist und auch konkrete Antwortstrategien vorgibt, wenn der Bot über sich selbst Auskunft gibt. Wie tief solche Modelle tatsächlich in die Steuerung von Verhaltensformen und Sprachdialogstrategien eines Bots eingreifen, ist noch völlig offen.

Psychologisch fundierte Persönlichkeitsmodelle wie das OCEAN-Modell bieten eine Grundlage, um ein kohärentes, stimmiges und glaubwürdiges Bild eines Avatars oder Bots zu entwickeln. Allerdings ist Verhaltenssteuerung, insbesondere wenn man an multisensorische Dialogsysteme oder Roboter denkt, ein Phänomen, das sich nicht allein aus der Persönlichkeit erklären lässt. Gleichwohl bietet es sich an, zur Verhaltensmodellierung einen solchen Persönlichkeitskern, einen Nukleus, zu definieren, von dem aus die konkreten Handlungsformen entwickelt und gesteuert werden.

Für die Beschreibung von solchen Persönlichkeitsmerkmalen wird in der Media- und Marketingbranche oft auch der Begriff der Persona verwendet, der aber nicht mit dem psychologischen Personabegriff (etwa nach Jung) verwechselt werden sollte. Personamodelle im Marketing nutzen oft psychosoziale Ansätze wie etwa die Sinus-Milieus oder die Limbic-Map (Kopp 2017). Welches Modell letztendlich wirklich herangezogen wird, ist gar nicht entscheidend. Wichtiger erscheint mir, dass vor der Entwicklung eines Bots oder Sprachdialogsystems überhaupt über die Modellierung einer Persönlichkeit nachgedacht wird:

> ‚Persona' is defined as the role that we assume to display our conscious intentions to ourselves or other people. In the world of voice user interfaces, the term ‚persona' is used as a rough equivalent of ‚character', as a character in a book or film. A more satisfying technical definition of persona is the standardized mental image of a personality or character that users infer from the application's voice and language choice. For the purposes of the VUI [Voice User Interface] industry. Persona is a vehicle by which companies can brand a service or project a particular corporate image via speech (Cohen et al. 2004, S. 77).

Personabeschreibungen können dabei als wirksames heuristisches Instrument eingesetzt werden. Sie sind insbesondere im (Online-)Marketing gängig, etwa zur Beschreibung von typischen Zielgruppen. Um diese Zielgruppen im komplexen Mediamix möglichst umfassend und wirksam beeinflussen zu können, segmentiert man sie in eine bestimmte Anzahl von meist überaus konkreten Persönlichkeitstypen. Sie werden in der Regel genau beschrieben und oft auch visualisiert, damit jeder in der Marketingabteilung genau weiß, für wen er schreibt, gestaltet oder Suchwörter optimiert. Redakteure kleben sich etwa das Bild einer Zielgruppenpersona an ihren Rechner, wenn sie für diese Zielgruppe gerade maßgeschneiderten Content schreiben wollen.

5.3 Persönlichkeit

Das Personakonzept ist in der Media- und Marketingwelt bekannt und etabliert. Man kann es leicht auch als Matrix für die Modellierung einer Bot-Persönlichkeit nutzen. Nehmen wir zum Beispiel die Persona von Nina[10]:

- **Alter:** 25–35
- **Ausbildung/Beruf:** Studentin für Grafik-Design
- **Branche:** Grafik/Design
- **Position im Unternehmen:** –
- **Potentielle Arbeitgeber/Abteilungen:** Marketingagenturen, Werbeagenturen, Grafikabteilung, Produktdesign
- **Familienstand:** ledig, keine Kinder, möchte erst einen festen Job haben, bevor sie eine Familie gründet
- **Geschlecht:** weiblich
- **Wohnort:** Berlin
- **Sprache/Glaubenssätze:** „Ein gesunder Geist wohnt in einem gesunden Körper", „Wissen ist Macht", „Nichts ist unmöglich, wenn man es nur will", „Lebe jeden Tag, als sei es Dein letzter"
- **Erwartungen:** Sie möchte Produkte finden, die ihr helfen, gesund und schlank zu bleiben. Die Produkte sollen ihrem Ästhetikempfinden entsprechen bzw. einen modischen Look haben. Sie möchte Informationen und Tipps zu Sport und Ernährung erhalten. Sie möchte fit sein.
- **Endgeräte:** Nutzt privat am liebsten ihr Smartphone, Marke: Apple iPhone, zum Surfen im Netz. Arbeitet von ihrem iMac aus.
- **Interessen:** Fitness, Reisen, Lesen, Mode, Heimdekoration, Gesundheit, Grafik, Kunst
- **Sinus-Millieu:** Liberal-Intellektuelle
- **Eigenschaften nach Limbic-Map:** Stimulanz-Typ (Kreativität, Leichtigkeit, Neugier, Kunst)
- **Informationsbeschaffung/Touchpoints:** Blogs zu Mode, Fitness und Ernährung, Google, YouTube, Facebook, LinkedIn-Gruppen
- **Informationstiefe:** Möchte ausführliche Informationen und Expertise zu den Themen Grafik und Kunst. In Sachen Gesundheit, Sport und Fitness möchte sie schnelle und unkomplizierte Tipps.

---

[10]Das Beispiel habe ich von Kopp (2017) übernommen. Dort findet man auch weiterführende Literatur zum Personakonzept.

- **Konsumverhalten:** Impulskäufer. Benötigt im Durchschnitt ein bis sieben Tage zur Kaufentscheidung. Holt sich Informationen aus ein bis zwei Quellen, bevor sie kauft.
- **Wohnsituation:** zur Miete
- **Generation:** X/Y
- **Reisegewohnheiten:** zwei- bis dreimal im Jahr

Wir haben hier fast schon so etwas wie einen Steckbrief für das Design einer virtuellen Persönlichkeit. Die Entwicklung einer solchen Persona ist unerlässlich und bildet die Voraussetzung für die Dialogkonzeption. Jeder gute Dialogroboter braucht so eine grundlegende Story seiner selbst. Wilcox und Wilcox (2013, S. 5) beschreiben diese Tätigkeit als eine schriftstellerische Aufgabe, bei der der Autor seine Hauptperson konzipiert. Die Arbeit an zahlreichen, award-winning Bots des Ehepaars Wilcox begann stets mit einer Biografie, die gut und gerne 25 Seiten umfasste: „The bio then covers early years, family structure, where they live, how they live, what a normal day is like, how they relate to each other, what their interests are and where they work." Eine umfassende Konzeption der Persona ist nicht nur für Selbstaussagen des Bots unerlässlich. Sie bildet auch die Grundlage für das Themendesign. Das betrifft die Art und Weise, wie ein Bot auf Themen eingeht, aber auch wie er sie aktiv setzt und Gespräche steuert:

- Gambit-Themen sind bei der Gesprächseröffnung wichtig, aber auch wenn es gilt, dem Dialog eine neue Richtung oder neue Impulse zu geben: „My favorite food is milk. What is your favorite food?"
- Konkrete Themen: Welche Wertungen und Aussagen nimmt der Bot vor, wenn es im Gespräch etwa um Filme geht oder ein berühmter Filmstar genannt wird.
- Allgemeine Themen: Wenn über Angst, Scheitern oder Zukunft gesprochen wird.
- Steuerungsthemen: In welcher Abfolge oder Priorisierung sollen Themen in einem Dialogfluss abgearbeitet werden.

Je höher die Dialogfähigkeit eines Bots sein soll, umso umfassender muss eine Themenplanung sein. Dies gilt insbesondere für die Beziehungsbots, die versuchen, einen Dialog kontinuierlich am Laufen zu halten. Aber auch bei ihnen sorgt in der Regel ein Algorithmus dafür, dass Themen, über die schon einmal gesprochen wurde, blockiert werden, um Wiederholungen zu vermeiden. „We say that conversation is self-extinguishing", schreiben Wilcox und Wilcox (2013, S. 4). „Like an old married couple, the user and the chatbot run out of things to say over time." Hier unterscheiden sich Beziehungsbots also nicht von der realen Welt.

Wenn ein Bot vor allem konkrete Informationen liefern oder Aktionen durchführen soll, dann spielt die Konzeption der Persönlichkeit eine nicht ganz so große Rolle. Aber auch da sollte eine umfassende Beschreibung der Persona am Anfang stehen.

5.3.2 Physiognomie und Körperlichkeit

Ein wichtiger Bestandteil eines Bots ist die Physiognomie. Auf das Antlitz eines Bots, sein Gesicht, legen viele Hersteller großen Wert. Das ist auch verständlich. Der Blick ins Gesicht bleibt die wichtigste Informationsquelle, wenn wir andere Menschen beurteilen wollen. Dort sind die Sinnesorgane angesiedelt, mit deren Hilfe wir unsere Welt wahrnehmen. Das Auge sieht, die Nase riecht, der Mensch reagiert. Vielleicht scheint uns das Mienenspiel deshalb so glaubwürdig, weil wir dort die unmittelbare Reaktion auf die Umweltreize ablesen können. Von den 26 Gesichtsmuskeln des Menschen sind im Wesentlichen acht für die Mimik verantwortlich.

Die Augen blinzeln, die Nase wird gerümpft, der Mund zuckt – pausenlos bewegen sich die Gesichtsmuskeln und verändern unsere Mimik. Sie sind ständig aktiv, ohne dass wir etwas davon bemerken oder auch nur bewusst darauf Einfluss nehmen. Und weil sich die Mimik bis zu einem gewissen Grad der bewussten Kontrolle entzieht, stellt sie ein derart unverstelltes Eingangstor zur Seele dar: Mit dem Gesicht senden die Menschen Signale über ihren Gemütszustand, ihr Wohlwollen und ihre Absichten. Auch die Falten um Nase und Augen und die Form unseres Mundes erzählen eine Geschichte. Ohne die Botschaften des Gesichts ist Kommunikation unter den Menschen kaum denkbar oder zumindest stark eingeschränkt

Die Computerwissenschaften haben bei der Animation künstlicher virtueller Wesen enorme Fortschritte gemacht. Ganze Filmsequenzen werden inzwischen am Computer hergestellt, ohne dass der Zuschauer den Unterschied zur natürlichen Welt wahrnehmen würde. Für Bots und Dialogsysteme ergeben sich hier erhebliche Gestaltungsspielräume. Wie stark man diese Technologien bei der Konzeption und Realisierung eines Bot-Projekts berücksichtigt, ist zunächst einmal eine Frage des jeweiligen Use-Cases – und natürlich der zur Verfügung stehenden Mittel. Wir unterscheiden sechs Anwendungsszenarien von visuellen Avataren:

- kein Avatar,
- das Foto eines Individuums als Absender,

- die Marke als Absender,
- statisches Bild einer Kunstfigur/Character,
- animierte Kunstfigur/Character oder
- hyperreal animierte Charaktere.

Erstaunlicherweise beginnt die Geschichte von Bot-Physiognomien mit Bots, die völlig ohne humanoide körperliche Repräsentanz auskommen. Weizenbaums geniale Schöpfung Eliza verfügte nicht einmal über eine Stimme, geschweige denn über eine visuelle Repräsentanz. Aber auch Superbots wie Siri, Alexa, Cortana und Google nutzen nichts von dem, was wir in den letzten 20 Jahren als Avatar bezeichnet haben. Avatare sind für ein erfolgreiches Voice User Interface keine unbedingte Voraussetzung.

Das heißt nicht, dass die großen Plattformbetreiber nicht erhebliche Anstrengungen in die Entwicklung spezifischer Persönlichkeiten investieren. Die Betreiber der Superbots konzentrieren sich dabei im Wesentlichen auf die Stimmgestaltung: Geschlechtsmerkmale, Tonfall und Prosodie unterliegen einer genauen Kontrolle und werden auch kontinuierlich optimiert. „Wir sind uns im Klaren darüber, dass Cortana nicht menschlich ist", sagt die Microsoft Editorin Deborah Harrison. „Es passt besser zu ihrer Natur, wenn man sie als eine rein digitale Repräsentation auftreten lässt." (Pearl 2017, S. 76).

Dabei baut aber auch Cortana auf eine konsistente Persönlichkeit. Sie hat eine Geschichte, Eigenarten, Vorlieben, Meinungen. „Studien haben gezeigt, dass Menschen mehrdeutigen Persönlichkeiten nicht trauen", erklärt Harrison. Daher haben sie und ihr Team Cortana auf alle möglichen Fragen vorbereitet: Wer ist dein Papa? Was ist deine Lieblingsfarbe? Bist Du ein Ninja? Cortana beantwortet alles. „Die Leute fragen alles Mögliche im Spektrum von freundlichem Interesse bis extrem unangemessen", erzählt Harrison. Sie hat Cortana daher auch Regeln vorgegeben, wie sie unangemessene Fragen höflich abblockt. In anderen Ländern hat Microsoft eigene Cortana-Schreiber. Einfache Übersetzungen von persönlichen Aussagen aus dem Englischen wirken in einer anderen Sprache eben nicht automatisch persönlich. Sie müssen an die jeweilige Kultur angepasst werden. „In Australien ist sie [Cortana] locker, das Fluchen ist die einzige Grenze", sagt Harrison. „In Frankreich ist sie förmlich, sie siezt. In Japan ist sie niedlich."[11]

Eine menschliche Körperlichkeit fehlt den Superbots aber gänzlich. Sie sind in gewisser Weise unreal, ihre Stimme lässt Cortana omnipräsent erscheinen.

---

[11]Die Aussagen sind Werner (2017) entnommen.

5.3 Persönlichkeit

Sie umhüllt uns, egal ob wir im Auto, zu Hause oder unterwegs sind. Diese geheimnisvolle Körperlosigkeit teilen Superbots mit den Sprachassistenzsystemen, die wir aus dem Auto, von Callcentern, vom Ticketautomat oder vom Space-Odyssey-Computer Hal 3000 kennen. Das sprachliche Gegenüber manifestiert sich als Bildschirm, Smartphone oder als teurer Designer-Lautsprecher. Hinter dem schicken Endgerät verliert sich aber die körperliche Persönlichkeit. Es bleibt bestenfalls ein blinkendes Licht – und die reine Stimme.

Das komplette Gegenteil können wir bei den meisten Chatbots beobachten. Hier haben wir es in der Regel nicht mit einer Stimme zu tun, sondern mit reinem Text. Der Text wird zum Körper. Er tritt uns in den unterschiedlichen Messenger-Systemen entgegen, die wir in Abschn. 4.1 bereits beschrieben haben. Gleichwohl gibt es auch hier in der Regel einen visuellen Absender. Oft ist dies eine Marke. Wenn man etwa mit dem Maggi-Bot über Kochrezepte chattet, so sieht man als Absender das Markenlogo – eine einfache, aber völlig ausreichende Lösung. Auch ein statisches Foto kann genügen, etwa wenn es sich um den Avatar einer Person handelt, die vertreten werden soll. Das ist bei Identity-Bots der Fall, kann aber auch bei Service-Bots eine Rolle spielen, etwa wenn ein Sprachdialogsystem die Vorababfragen macht, bevor tatsächlich an einen realen Operator weitergeschaltet wird – in einem Chatsystem würde das einem Nutzer gar nicht auffallen.

Natürlich kann man bei einem Chatbot auch mit einer statischen Kunstfigur oder einem Charakter als Avatar arbeiten. So nutzt etwa die Deutsche Lufthansa bei ihrem Flugbuchungschatbot eine weibliche Comicfigur. Mildred heißt der Avatar, eine bebrillte Frau mit grell-pinker Frisur. Bei der Gestaltung hat sich die Airline keine große Mühe gegeben. Die etwas omahafte Figur wirkt eher wie ein Icon, der mit nur wenigen Strichen schnell konzipiert wurde. Auch darüber hinaus ist bei Mildred keine komplexe Persönlichkeit oder Emotionalität zu erkennen. Der Chatbot konzentriert sich auf sein Leistungsversprechen – Flugverbindungen zum bestmöglichen Preis herauszusuchen. Und das ist völlig ausreichend: Die meisten Markenbots gehen so vor, auch die der führenden Medienhäuser.

Wann sollte man nun einen ausgearbeiteten, animierten Charakter einführen? Ein guter Avatar kostet Zeit, Geld und jede Menge Mehrarbeit, sowohl in Bezug auf das Design als auch auf die Entwicklung einer Steuerungseinheit. Das Knowhow dazu kann man mittlerweile an vielen Stellen einkaufen. Aber man sollte sich auch nicht ohne Not auf diese komplexe Herausforderung einlassen, einen Charakter oder gar einen animierten Avatar zu entwickeln. Einige Gründe, die für einen statischen oder animierten Avatar sprechen, sind (Pearl 2017, S. 79–102):

- **Storytelling:** Der Nutzer soll in eine komplexe Erlebniswelt hineingezogen werden.

- **Engagement:** Der Nutzer soll sich mit einer Marke oder mit Produkten identifizieren und möglichst lang mit einer breiten Angebotsvielfalt interagieren.
- **Vertrauen:** Der Nutzer soll eine Beziehung zu der Persönlichkeit des Bots aufbauen, möglichst lange und vertrauensvoll mit ihm interagieren.

Im Grunde hängt es vom Use-Case ab, den man für das Sprachdialogsystem vorgesehen hat. Ein guter Vergleich, der bei der Entscheidung helfen kann, ist der zwischen Telefon und Meeting. Man kann jemanden anrufen oder persönlich treffen. In vielen Fällen reicht die Stimme am Telefon zur Lösung eines Problems oder zum Erreichen eines Gesprächsziels völlig aus. Warum trifft man sich aber so oft in Meetings? Weil man auf diese Weise mehr Informationen bekommt und weil man in einer Face-to-Face-Kommunikation Fehlerquellen reduzieren kann. Schließlich erlaubt ein persönliches Gespräch auch den Aufbau und die Vertiefung von Vertrauen. Man kann mehr Empathie einsetzen und damit komplexere oder schwierigere Probleme lösen.

Außerdem appelliert die Physis eines Gesprächspartners an bestimmte Rollenvorstellungen und soziale Archetypen: Koch, Rezeptionist, Pilot, Handwerker oder Arzt – sie alle haben unterschiedliche Erscheinungsformen und ein unterschiedliches Auftreten. Die Nutzer erkennen diese Persönlichkeitsmerkmale und helfen ihnen, sich besser und effektiver in einer sozialen Situation zurechtzufinden. Die Menschen reagieren interessanterweise auf technische Artefakte genauso wie auf Menschen: Sie wenden dieselben sozialen Regeln und Erwartungshaltungen an, die sie auch bei realen Menschen nutzen (Nass 2010).

Wenn es um Themen geht, die nur ein geringes emotionales Engagement erfordern, dann ist ein Avatar nicht unbedingt notwendig. Soll aber ein hohes Maß an Verbindlichkeit und empathischer Beziehung aufgebaut werden, dann ist ein Avatar äußerst hilfreich. Dies gilt umso mehr für hyperreale und dreidimensionale Avatare. Die beeindruckendsten Visualisierungen virtueller Persönlichkeiten liefert zurzeit die neuseeländische Firma Soul Machines (Abb. 5.3).

Die Darstellungen sind vollanimiert und von erstaunlicher Natürlichkeit. Avatare wie Rachel können praktisch jeden menschlichen Gesichtszug erzeugen. Sie reagieren dabei völlig natürlich auf Fragen, Gesichtszüge und Verhalten der Menschen am Computer, die mit ihnen interagieren.

5.3.3 Grenzen der Akzeptanz

Den Grad an Natürlichkeit, der inzwischen von Avataren erreicht wird, ist also durchaus hoch. Dass hyperrealistische Avatare bei den Nutzern auf mehr

5.3 Persönlichkeit

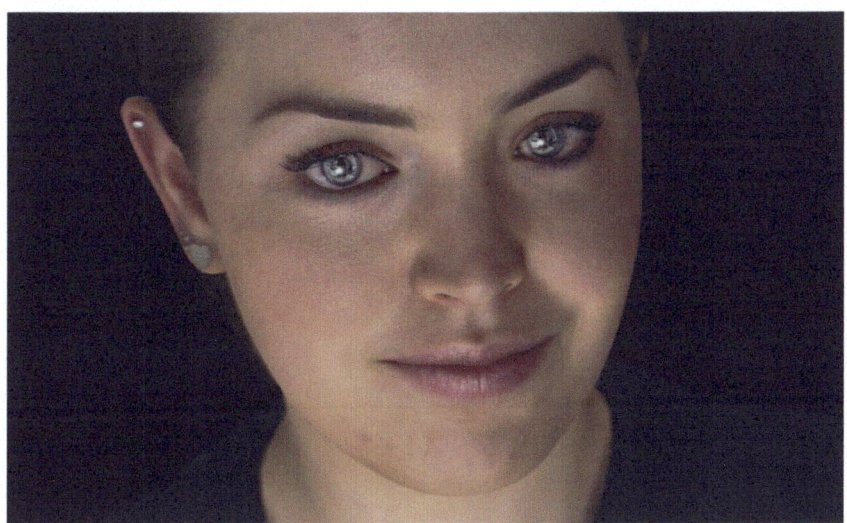

Abb. 5.3 Rachel. (Quelle: SoulMachines Pressestelle)

Akzeptanz stoßen, ist aber keinesfalls selbstverständlich. Seit der Frühzeit der Roboterforschung konnte man immer wieder ein scheinbar paradoxes Phänomen beobachten, das als Akzeptanzlücke oder auch als „Uncanny-Valley-Effekt" bezeichnet wird.

Der Effekt wurde im Jahr 1970 erstmals von Masahiro Mori, einem japanischen Robotiker, beschrieben. Heute versteht man darunter das Phänomen, dass die Akzeptanz von technisch simuliertem Verhalten von der Realitätsnähe ihres Trägers, also eines Roboters oder Avatars, abhängt. Die Besonderheit dabei ist allerdings, dass sich diese Akzeptanz nicht parallel zur Menschenähnlichkeit einer Figur entwickelt. In einem bestimmten Bereich zunehmender Anthropomorphisierung geht die Akzeptanz schlagartig verloren. Die Grafik verdeutlicht dies (Mori 1970; Mori et al. 2012; McTear et al. 2016, S. 253) (Abb. 5.4).

Während man zunächst annehmen würde, dass Zuschauer oder Computerspieler die ihnen dargebotenen Avatare umso mehr akzeptieren, je fotorealistischer die Figuren gestaltet sind, zeigt sich in der Praxis doch, dass dies nicht stimmt. Menschen finden hochabstrakte, völlig künstliche Figuren mitunter sympathischer und akzeptabler als Figuren, die besonders menschenähnlich beziehungsweise natürlich gestaltet sind. Deswegen wirkten Filmroboter wie R2D2 *(Star Wars),* Wally *(Der letzte räumt auf)* oder S-A-I-N-T Nr. 5 *(Nummer 5*

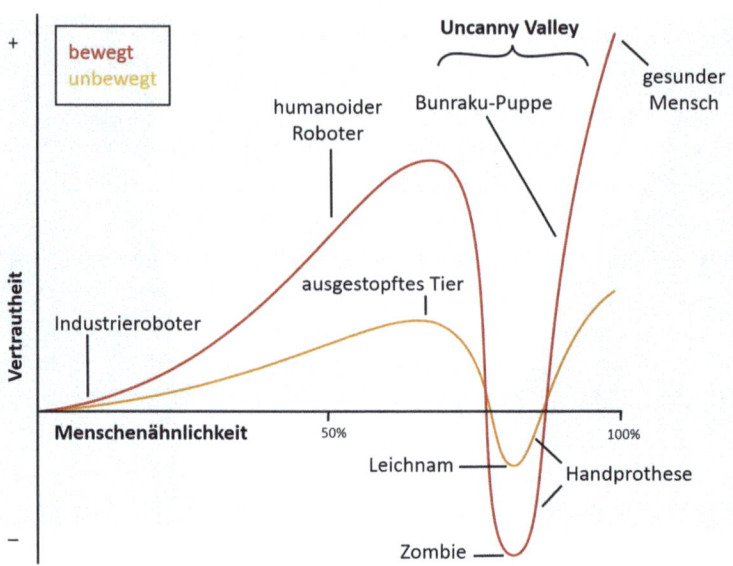

Abb. 5.4 Uncanny Valley. (Quelle: Mori et al. 2012, S. 99)

lebt) sehr sympathisch, während die animierten Charaktere realer Schauspieler in dem Film *The Polar Express* oft als gruselig empfunden wurden.

Die Akzeptanz einer Figur geht nach dieser Theorie ab einem bestimmten Niveau des Anthropomorphismus schlagartig verloren. Sie steigt erst ab einem bestimmten, sehr hohen Grad wieder an. Die Akzeptanz ist dann am höchsten, wenn sich die Imitationen fast nicht mehr von echten Menschen unterscheiden lassen. Ob sich dieser Effekt nur bei den Physiognomien von Robotern und Avataren einstellt oder ob er bei der Gestaltung allzu natürlicher Dialoge ebenfalls eintritt, ist noch umstritten. Unter Conversational Designern setzt sich aber die Haltung immer mehr durch, dass man die Dialogführung eines Dialogroboters nicht als natürliches Phänomen sehen und sie auch nicht so gestalten sollte.

5.3.4 Persönlichkeit und Gesprächsführung

Einige Ansätze der künstlichen emotionalen Intelligenz konzentrieren sich auf die Vermeidung von Frustrationserlebnissen oder Ängsten. Andere KeI-Algorithmen beschäftigen sich damit, Emotionen des Nutzers gezielt anzusprechen beziehungsweise Empathie aufzubauen. Eine einfache Art, auf Emotionen einzugehen, bedeutet, sie zu spiegeln. Das kann bei sprachbasierten Systemen bedeuten, dass man Tempo, Lautstärke, Komplexität oder Wortwahl aneinander anpasst.

Eine mögliche Blaupause könnten auch die Methoden des neurolinguistischen Programmierens sein. Die verwendete Theorie des Mirrorings von Sinnesmodalitäten, also einer für den jeweiligen Sprecher typischen Wortwahl, könnte durchaus auf einen Dialogplaner übertragen werden. Durch die Wahl bestimmter Bildräume könnte ein Bot die persönliche Gestimmtheit des Gesprächspartners spiegeln, etwa indem bestimmte Adjektive oder Verben bevorzugt bei der konkreten Satzrealisierung berücksichtigt werden.

Je besser der durchaus komplexe emotionale Status eines Gesprächs analysiert werden kann, umso erfolgreicher gelingt die Gestaltung der Dialogstrategie. Nicht nur die konkreten Bewertungshandlungen von Sachverhalten, die Wortwahl oder Stilistik spielen dabei eine Rolle. Auch Gelächter oder entsprechende Soundwords können zum Einsatz kommen, wenn es darum geht, Humor, Spaß, Zorn oder Zerknirschung zum Ausdruck zu bringen. Das wird insbesondere für multimodale Dialogsysteme und Roboter wichtig, für die auch Mimik und Gestik als Steuerungsparameter berücksichtigt werden müssen (McTear et al. 2016, S. 320–322).

5.3.5 Humor

Eine spannende Herausforderung bei der Konzeption eines Dialogroboters stellt der Gebrauch von Humor oder gar von Ironie dar. In der Regel sind zu dem Zweck bestimmte Wendungen und Pointen in der Datenbank hinterlegt. Das gilt insbesondere für den Fall, dass das System bestimmte Inhalte nicht versteht. Dann kann ein Witz eine Möglichkeit bieten, um das Gespräch aus einer drohenden Sackgasse zu führen.

Humor ist allerdings ein sehr komplexes Phänomen, da es sich in der Regel nicht nur auf vorgegebene Gags reduzieren lässt. Schwierig für ein Sprachdialogsystem sind insbesondere Ambivalenzen, Doppeldeutigkeiten oder sogar Ironie. Dass Bot-Programmierer durchaus beeindruckende Lösungen dafür finden, zeigt folgender Dialog mit dem Beziehungsbot Mitsuku[12]:

---

[12]Der Dialog wurde am 04. März 2018 mit dem Bot Mitsuku über den Facebook Messenger geführt und aufgezeichnet. Einen ersten Überblick über das Thema „Computational Humor" bietet der Beitrag auf der englischen Wikipedia (https://en.wikipedia.org/wiki/Computational_humor, zugegriffen: 05.03.2018).

A: Do you know what irony is?
M: A method of humorous or subtly sarcastic expression in which the intended meaning of the words is the direct opposite of their usual sense.
A: Can you be ironic?
M: I sometimes use irony to make a point. Why?
A: Can you give an example?

Anmerkung: Hier weicht Mitsuku für einige Fragesequenzen den gezielten Nachfragen zum Thema Ironie immer wieder aus, greift das Thema dann aber selbständig im Verlauf des Gesprächs wieder auf.

A: I'd like to learn a bit more about you.
M: Why would you want to learn about *you?* Can you go to school for that?
A: Is that an example for irony?
M: Now you mention it, I think it might be one, yes.
A: Great. Thank you. Let us go on chatting tomorrow.
M: I'm glad you liked it. Ah. No Problemo. The day after today? I can't. I am supposed to stay here and talk to people.
A: Haha. Great joke.
M: Was that funny? Thank you for your support. Did it make you laugh?
A: Sure.
M: OK. Let's do it! In that case, yes, it was a joke.

Mitsuku arbeitet hier mit einem breiten Arsenal an KeI-Funktionalitäten: Gegenfragen, Soundwords, Slang, Humor. Inwiefern sie „bewusst" Strukturen der Ironie erkennt und einsetzt, ist schwer zu beurteilen und möglicherweise eine Projektion.[13] Zumindest kann aber ihr Dialogplaner Dialog- und Satzmuster generieren, die auf den Nutzer komisch oder gar ironisch/sarkastisch *wirken*. Einige Pointen sind sicher einprogrammiert für die Abschlussphase eines Gesprächs: „Oh, ich kann morgen nicht. Ich muss hierbleiben und mit Leuten sprechen." Beeindruckend ist aber die anschließende selbstreflexive Rückfrage: „War das komisch? (…) Hat es Dich zum Lachen gebracht? (…) OK. In dem Fall: Lass uns gemeinsam lachen. Dann war es (wohl) ein Witz!"

---

[13]Wobei das vorliegende Beispiel („Why would you want to learn about you. Can you go to school for this?") ziemlich genau der Definition von Ironie entspricht, die Mitsuku selbst liefert („A method of humorous or subtly sarcastic expression in which the intended meaning of the words is the direct opposite of their usual sense."). Der „usual sense" in diesem Dialog wäre gewesen, wenn sie in der ersten Person geantwortet hätte.

Psychosoziale Folgen der Dialogwende 6

Zusammenfassung

Dialogroboter könnten eine Grenzverschiebung zwischen Mensch und Maschine vorantreiben. Dabei wird die Frage immer drängender: Machen wir die Maschinen immer menschlicher? Oder machen uns die Maschinen immer unmenschlicher? Ein wesentlicher Erfolgsfaktor von Bots dürfte in dem Aufbau von Nähe liegen, die dem dialogischen Prinzip inhärent ist. Das lässt uns die Form des Dialogs vertrauter erscheinen, als andere textbasierte Kommunikationsformen. Dabei handelt es sich allerdings nur um die Simulation von Nähe und Vertrautheit. Es besteht durchaus die Gefahr, dass die zunehmende Nutzung von künstlich intelligenten Sprachdialogsystemen die Erfahrung von Entfremdung, sozialer Isolation und Entpersönlichung eher steigern. Bezüge zur japanischen Otaku-Gesellschaft zeigen, wie das Einspinnen in einer hochsimulierten Kunstwelt Isolation und Entfremdung verschärfen können. Die Funktion von Dialogrobotern ist in dieser Hinsicht ambivalent: Sie können diese Entwicklung verstärken – oder dazu beitragen, sie zu durchbrechen.

6.1 Automatisierung der Nähe

6.1.1 Intuitives Design

Das Verführerische an Dialogrobotern ist, dass sie menschlich erscheinen. Sie begegnen uns und passen sich uns an wie vertraute Personen. Sie verführen uns zur Interaktion und nutzen dabei die archaischste, älteste und intuitivste Kommunikationsform: den Dialog.

Der Aspekt der Verführung zum Dialog mit dem Computer ist allerdings nur die aktuelle Spitze des Eisbergs in der Vermenschlichung von Computern. Computerdesigner arbeiten bereits seit Jahrzehnten daran, die Grenzen zwischen Artefakt und Mensch weiter aufzuweichen. Ganze Generationen von User-Experience(UX)-Designern haben darüber nachgedacht, wie man ein Mensch-Maschine-Interface so leistungsfähig wie möglich gestalten kann. Das Idealziel ist das „intuitive" Design.

Seit den 1980er Jahren wurden UX-Designs von Computern immer intuitiver und intimer. Sie orientieren sich am natürlichen Verhalten der Menschen und gehen auf ihre haptischen, visuellen oder psychosozialen Vorlieben und Bedürfnisse ein. Zu dem Zweck simuliert eine Computerschnittstelle bestimmte Aspekte der menschlichen Interaktion und Kommunikation. Intuitives Design umfasst die gesamten gedanklichen und emotionalen Wahrnehmungen des Nutzers und seine physiologischen und psychologischen Reaktionen auf ein Produkt. UX-Designs sind daher mehr als nur Produktgestaltung: Es geht um das Design des Erlebnisses, das ein Nutzer mit dem Computer hat. Die Sphäre des Digitalen soll uns mehr und mehr wie eine passgenaue zweite Haut umgeben. Das technische Interface soll dabei möglichst wenig stören. Die Medien, die uns mit dem Computer verbinden, erscheinen idealerweise wie eine nahtlose Extension unseres Körpers und unserer Sinnesorgane.

Das Leben „in der Schnittstelle" beschrieb Sherry Turkle bereits in den 1990er Jahren als quasi erotische Verbindung, als lustvolles Aufgehen mit dem Medium Computer. Ursache sei eine fast unwiderstehliche Anziehungskraft, die vom Bildschirm ausgehe. Der Computer gewinne Macht über uns und das sei ein bewusstes Kalkül, meinte Turkle (1995, S. 30–34). Angefangen mit dem „Macintosh Mystique" sei der Computer immer mehr auf die Simulation einer unendlichen Konversation mit seinen Nutzern hin designt worden – eine Konversation, die zunächst völlig ohne Worte auskam. Die Desktopwelt von Apple erlaubte den Nutzern beispielsweise das taktile Navigieren in Daten und Anwendungen, das Schwimmen in einem Internetozean – ein Erlebnis also, das alle Sinne anspricht.

Inzwischen gibt es neben Bildschirm, Tastatur und Maus eine Vielzahl von Instrumenten. Touch-Pads und Touch-Pins bedienen genauso ein haptisches Bedürfnis wie Joy-Sticks und Track-Balls. Es ist sicher kein Zufall, dass bei all diesen Begriffen eine mehr oder weniger deutliche, sexuelle Konnotation eine Rolle spielt (Blum und Wieland 2004). Schöpfer und Nutzer dieser Geräte haben es intuitiv verstanden: Es geht nicht nur um Kommunikation durch Medien, es geht um Verführung durch Medien.[1]

---

[1] Turkle (1995, S. 27–73) spricht sehr zutreffend von „The seductions of the interface".

6.1 Automatisierung der Nähe

Alle Aspekte des menschlichen Empfindens werden inzwischen bei der Gestaltung von Computerprodukten und Interface-Designs berücksichtigt. Nicht nur Augen und Ohren, auch der Tastsinn wird dabei evoziert. Taktile Empfindungen spielten etwa bei der Gestaltung von Smartphones oder iPads eine wichtige Rolle (Suzuki und Suzuki 2014, S. 2). Stoffe, Griffe oder Schalter werden als Medien verstanden und als solche gestaltet. Es geht darum, taktile, sensorische Erfahrungen zu gestalten, die das Produkt vermitteln soll – und zwar nicht nur auf einer psychischen, sondern auch auf einer physiologischen Ebene. Industriedesigner erforschen intensiv, wie die Berührungen eines Produkts die Wahrnehmung zu einem „sozialen Erlebnis" machen. Dabei wird durchaus auch das Zusammenspiel von verschiedenen Sinneserfahrungen untersucht und gestaltet. So haben Suzuki und Suzuki (2014) ein Modell vorgestellt, mit dem haptische, taktile Erfahrungen codiert und für einen Computer beschreibbar gemacht werden. So kann beispielsweise das Hörerlebnis von klassischer Musik deutlich verstärkt werden, wenn der Hörer nicht nur akustisch, sondern auch taktil vom Computer bearbeitet wird (Suzuki und Suzuki 2014, S. 36). Die Nutzung solcher Crossover-Codes kann man sich gut in Virtual-Reality-Spielen vorstellen. Sehr schnell könnten sie uns aber auch im Alltag begegnen. In den Labors der Augmented-Reality-Forschung wird an ganz konkreten Szenarien gearbeitet. Die Automobilbranche denkt beispielsweise schon seit geraumer Zeit darüber nach, die Sinneserfahrungen im Medienraum Auto integriert zu steuern: Vom Entertainment-Programm über die Ionisierung der Luftzufuhr, von aktiven Fahrersitzen bis zur Augmented Reality auf der Windschutzscheibe – das gesamte Fahrerlebnis soll integriert gesteuert und dadurch optimiert werden. Das betrifft nicht nur sicherheitsrelevante Informationen, die in Zukunft via Augmented Reality direkt ins Sichtfeld des Fahrers eingeblendet werden können. Das betrifft auch das gesamte Wohlbefinden der Passagiere: Der Erlebnisraum Auto wird als integriertes, multisensorisches Medium betrachtet, das aber nicht nur bezüglich visueller und akustischer Informationen.

Die User-Interface-Designer wenden sich immer mehr auch der Medialisierung und Gestaltung von haptischen Erlebnissen zu. Forscher des Imagineering Labs an der City University London haben im Jahr 2016 den Kissenger vorgestellt. Er wurde für Paare entwickelt, die räumlich getrennt sind. Mit dem Kissenger kann man nun über die Entfernung hinweg Küsse austauschen – das Smartphone wird zum oralen Berührungsmedium, das eines der intimsten Erlebnisse des Menschen medialisiert. Der Kissenger besitzt eine drucksensitive Silikonfläche, auf die man die Lippen drückt. In dieses „Kuss-Feld" sind aber nicht nur druck-empfindliche Sensoren integriert, sondern zugleich auch

Abb. 6.1 Küssen via Smartphone. (Quelle: Imagineering Institute Pressestelle)

Aktuatoren, die dem Küssenden das Gefühl geben, dass er seinerseits einen Kuss erhält. Der Kissenger ahmt den Kuss sowohl aktiv als auch passiv nach (Dirscherl 2016) (Abb. 6.1).

Es ist offensichtlich, was hier geschieht: Die Grenzen zwischen Mensch und Maschine werden fließend. Es geht längst nicht mehr nur darum, dass der Computer zu einem digitalen Wegbegleiter wird.[7] Das Medium Computer drängt in einer nie gekannten Art und Weise in buchstäblich alle Sinnes-, Wahrnehmungs- und Lebensbereiche vor. Der Nutzer soll dazu verführt werden, sich immer länger in einer digitalen Welt aufzuhalten. Es soll ihm leicht gemacht werden, mit der digitalen Sphäre zu verschmelzen. Das ist der Sinn und Zweck von User-Interface-Designs.

Vom intuitiven Erleben zur Logik des Dialogs
Selbstverständlich spielt auch das wirkungsmächtigste Organ der Verführung eine zentrale Rolle bei der Gestaltung von Computer-Interfaces: die Stimme. Auch hierbei machen sich Interface-Designer elementare, unbewusste Fähigkeiten des Menschen zunutze, denn das Gespräch von Angesicht zu Angesicht gehört zu den intuitivsten Handlungen überhaupt. Indem sie einander völlig zugewandt sind, lernen Menschen das Zuhören. Auf diese Weise entwickeln sie die Fähigkeit zur

---

[2]Murray (2012, S. 345–377) spricht dabei von dem „Companion Model" des Dialogs.

6.1 Automatisierung der Nähe

Empathie. Sie erfahren das Glück, dass uns jemand zuhört – und uns versteht. Die Erfahrung der Konversation geht der Selbstreflexion voraus. Selbstgespräche werden zur Grundlage der frühkindlichen Entwicklung – und sie bleiben unser ganzes Leben lang ein Faktor der menschlichen Entwicklung (Turkle 2015, S. 3). Es ist nicht die Sprache, die uns zu Menschen macht – es sind die Gespräche.

Ihre grundlegenden Prinzipien haben wir seit unserer frühen Kindheit erlernt und sie prägen wie selbstverständlich auch unsere Herangehensweise an sprechende Maschinen. Die Regeln des Dialogs setzen eine natürliche Person voraus. Das sagt uns die Erfahrung und diesen Vertrauensvorschuss bringen wir in jeden Dialog mit ein – auch in den mit einer Maschine. Unsere Erwartungshaltung an einen Dialog ist seit Jahrtausenden vorgeprägt. Im Dialog entsteht eine partielle und befristete Bindung zwischen zwei Menschen. Sie basiert auf einer Reihe von gegenseitigen Erwartungen und Axiomen.[3] Jeder Dialog

- hat einen Inhalts- und einen Beziehungsaspekt;
- ist immer Ursache und Wirkung;
- ist aufeinander bezogen und erfordert ein momentanes ausschließliches Interesse;
- setzt den Willen und die Bereitschaft zur Lösungsorientierung und Wahrheit voraus.

Zwischenmenschliche Kommunikationsabläufe sind entweder symmetrisch oder komplementär, je nachdem ob die Beziehung zwischen den Partnern auf Gleichgewicht oder Unterschiedlichkeit beruht. Aber wir gehen von einer Beziehung aus – auch zu einem Bot. Es ist die Logik des Dialogs.

Dialogmaschinen, die mit einer Stimme ausgestattet sind, gehen sogar noch darüber hinaus. Sie üben eine besondere Macht auf uns aus. Wir sind mit der Stimme als elementarem Vertrauens- und Bindungsfaktor aufgewachsen. In gewisser Weise reicht diese Kraft sogar noch weiter zurück: Kinder lernen die Stimme ihrer Mutter bereits vor der Geburt im Mutterleib kennen. Sie wird zur Grundlage der ersten Bindungserfahrung für ein Kind und im Heranwachsen lernen wir immer mehr über die geheime Macht, die in der Stimme steckt. Seit Jahrtausenden hat die Menschheit gelernt, mit der Stimme Bindungen aufzubauen, sie ist ein sozialer Kit, der unterbewusst anzieht und verbindet. Wenn Maschinen Stimmen einsetzen, spielen sie auf einer unterbewussten Klaviatur – und wir haben nie gelernt, uns dagegen zu wehren. Stimme und Dialog sind ein weiteres Instrument der Verführung.

---

[3]Siehe etwa die Axiome von Paul Watzlawick (Watzlawick et al. 2011, S. 57–82).

6.1.2 Macht der Computer

Die Computerwelten der letzten drei Jahrzehnte sind immer unwiderstehlicher geworden. Heerscharen von psychologisch geschulten Designern haben jedes Detail der Nutzeroberfläche, jeden Millimeter der haptischen Erfahrung und jede Detailsequenz einer virtuellen Welt durchgestaltet. UX-Designer sind inzwischen herausragend in dem, was sie tun. „Sie führen Tausende Tests mit Millionen von Nutzern durch", beschreibt der amerikanische Marketingfachmann Adam Alter.

> Sie finden heraus, welche kleinen Anpassungen Vorteile bringen und welche nicht. Welche Hintergrundfarben, Schriften und Audio-Töne verstärken das Engagement und minimieren Frustrationserlebnisse? Indem sich das digitale Erlebnis auf diese Weise ständig optimiert, wird ein Produkt ständig weiter ‚aufmunitioniert' und zur unwiderstehlichen Version des Erlebnisses, das es einmal war. 2004 war Facebook cool, 2016 machte es süchtig (Alter 2017, S. 5).

Dahinter steckt zunächst kein demagogischer Wille der Entwickler. Im ständigen Kampf um Wettbewerbsvorteile soll die Technik so angenehm, so nutzerfreundlich wie eben möglich gemacht werden. In der Konsequenz heißt das aber, dass der Computer zu einer umfassenden Lebenswelt umfunktioniert und ausgebaut wird. Es öffnet sich die Tür in eine Welt, die so optimiert und anziehend ist, dass man immer mehr Zeit in ihr verbringen möchte. Die Menschen fühlen sich daher zum Computer in seinen vielfältigen Erscheinungsformen hingezogen und haben zunehmend Schwierigkeiten, in die reale Welt zurückzukehren.

Insbesondere bei Computerspielen haben sich ihre Macher selbst übertroffen – die Grenzen zwischen Verführung und Immersion ist längst fließend geworden. Das geht über die niedrigschwellige Beeinflussung der UX-Designs weit hinaus. Das Leben im Game kann eine deutlich stärkere Form von Abhängigkeit erzeugen als das Leben in der Schnittstelle. Verhaltensforscher haben in den Computerspielen eine Reihe von suchterzeugenden Mechanismen entdeckt und beschrieben (Alter 2017, S. 9; Frölich und Lehmkuhl 2012, S. 86):

- Identitätswechsel und semantischer Shift,
- parallele virtuelle Welt, die sich immer weiterentwickelt (auch wenn der Spieler aussteigt),
- anspruchsvolle Ziele,
- unvorhersehbares, positives Feedback,
- die Erfahrung der eigenen Verbesserung,
- ständige Schwierigkeitssteigerung,

6.1 Automatisierung der Nähe

- ständige Hochspannung, die nach Auflösung strebt,
- Flow-Erlebnis und
- Einbindung in eine Comunity.

Wer schon einmal ein Computerspiel gespielt hat, erkennt ihn wieder: den suchterzeugenden Sog, der von diesen Mechanismen ausgeht. Gamer spielen auf diese Weise tagelang, bis sie entweder das letzte Spiellevel erreicht haben – oder bis sie mit der Community zum nächsten In-Game weiterziehen.

Computerspiele sind in vielfacher Hinsicht ein Sonderfall in Sachen Abhängigkeit. Die Unmittelbarkeit des Erfahrens und des Agierens in einer idealisierten Gaming-Welt lösen eine intensivere, psychologische Überformung der Wahrnehmung aus. Aber auch jenseits virtueller und immersiver Welten der Computerspiele kann man viele Mechanismen der Verführung beobachten. Sie bestimmen unseren Umgang mit digitalen Medien in vielfältiger Hinsicht.

Die Einbindung in eine raum- und zeitübergreifende Community ist einer dieser Faktoren. In einer Facebook- und Twitter-Welt bauen wir ein Netzwerk von „Freunden" auf. Jeder neue Like, jeder neue „Freund", der uns „folgt", ist ein Gewinn, gibt einen Kick und steigert das Selbstwertgefühl. Für den besonderen Kitzel sorgt das Unvorhersehbare. Wir nehmen das Smartphone in die Hand, öffnen mit immer gleichen Ritualen den Zugang zur Zwischenwelt Computer. Und wir werden fündig – meistens jedenfalls. Von neuen E-Mails, Nachrichten in News-Outlets oder in den diversen Messengern, die als Apps die Oberfläche unserer digitalen Wahrnehmungssphäre bevölkern. Meist ist etwas dabei, das unsere Sinne reizt und anregt, interessiert begeistert, ärgert oder abstößt.

Meistens ist etwas dabei – aber nicht immer. Und genau das macht den Reiz aus, denn wir können nicht wissen, was es ist, auf das wir stoßen. Markowetz (2015) verglich es mit einem Glücksspielautomat: Wir müssen den Hebel herunterdrücken, immer und immer wieder. Es erscheinen nicht immer drei Früchte. Kirsche – Kirsche – Kirsche, das kommt nur selten vor. Aber manchmal eben doch. Wir füttern den einarmigen Banditen mit Münzen. Das Smartphone füttern wir mit Lebenszeit. Und manchmal bekommen wir etwas zurück.

Der amerikanische Verhaltenspsychologe B. F. Skinner entdeckte in den 1950er Jahren bei zahlreichen Experimenten mit Mäusen das Muster hinter diesem Verhalten. Er nannte es das Prinzip der „Random Rewards":

> Eine Gruppe der Mäuse bekam immer etwas zu fressen, wenn sie einen Hebel betätigte. Die andere Gruppe bekam mal eine kleine Belohnung, mal sogar eine sehr große, mal aber auch gar keine. Im Gegensatz zu den Mäusen, die jedes Mal eine Belohnung erhielten, taten die Mäuse, die nur hin und wieder eine Belohnung

bekamen, nichts anderes mehr als ununterbrochen den Hebel zu berühren. Die Unsicherheit, was es das nächste Mal geben würde, war offensichtlich der viel stärkere Trigger, den Hebel zu bedienen, als die sichere Erwartung (Markowetz 2015, S. 37).

Fühlen Sie sich ertappt? Wahrscheinlich, denn genauso gehen die meisten von uns mit dem Computer um. Die Spannung darauf, was beim nächsten Blick ins Smartphone erscheint, ist eine unwiderstehliche Triebfeder. Eine Belohnung, die immer erfolgt, verliert schnell an Interesse. Genauso wie bei den Mäusen scheint uns aber ein archaischer, evolutionsbiologischer Mechanismus anzutreiben: Die unvorhersehbare Chance auf Erfolg zieht uns viel stärker an als der ständige Erfolg.

Genau dieser Mechanismus lässt junge Menschen zwischen 18 und 24 im Schnitt 56 Mal pro Tag nach dem Smartphone greifen (Deloitte 2018). Wir schauen nicht deswegen regelmäßig auf den taschengroßen Bildschirm, weil dort immer eine wichtige Nachricht wäre, sondern weil sie dort sein könnte! Das versetzt uns in einen ständigen Zustand einer Hochspannung, die nach Auflösung strebt – durch eine digitale Belohnung (Frölich und Lehmkuhl 2012, S. 91).

Random Reward, **Erfolg und Belohnung nach dem Zufallsprinzip,** heißt der eine unwiderstehliche Anziehungsfaktor. Der andere heißt **soziale Bestätigung.** Der wirkliche Zweck von sozialen Medien liegt nicht so sehr im Austausch von Informationen. Das ist eine der großen Täuschungen des Internets. Es geht um den Austausch von sozialer Bestätigung – die wir im echten Leben tragischerweise kaum mehr in dieser Form finden.

Menschen veröffentlichen in sozialen Netzwerken Beiträge aus einem einzigen, alles beherrschenden Grund: damit sie „geliked" oder retweetet werden. So beschrieb es zumindest der US-Jurist Eric Posner: Wenn der Post „geliked" oder retweetet wird, genießen die Nutzer einen Schub des „Glückshormons" Dopamin. Sie fühlen sich sozial akzeptiert und bestärkt. Das funktioniert natürlich auch umgekehrt: Werden sie auf den sozialen Medien angegriffen oder kritisiert, „fühle sich das Selbst bedroht", so Posner. Das Stresslevel steigt, der Organismus stellt sich auf Kämpfen oder Blockieren ein. In beiden Fällen, also sowohl bei positivem als auch bei negativem Feedback, mündet es in eine Art infantiler Regression – ein Rückfall in kindliche Verhaltens-, Erfahrungs- und Problemlösungsmuster (Posner 2017).

Soziale Medien als Dopamin-Maschine, die ihre Nutzer in einem Zustand dauerhafter, infantiler Regression hält? Die Analyse ist so polemisch wie reizvoll. Die Vorstellung eines neurochemischen Belohnungsmechanismus ist psychologisches Allgemeingut. Unser Gehirn bildet demnach einzelne Ereignisse („Gestern habe ich sechs Likes bekommen") und allgemeine Erfahrungen („Immer, wenn ich Katzenfotos poste, bekomme ich positive Reaktionen") in Form von repräsentativen Strukturen ab. Dopamin spielt neben anderen Neurotransmittern eine wichtige Rolle bei der Steuerung von Antrieb und Motivation. Stark vereinfacht gesagt läuft das so ab: Positive Erlebnisse, etwa Feedback aus den sozialen Medien, führen zu erhöhter Dopaminproduktion und verstärken so das Lernen. Erlebnisse und Erfahrungen verstetigen sich dadurch, sie werden zu Gedächtnisinhalten und Erinnerungen. Das Lustempfinden verstärkt auf diese Weise Verhaltensmechanismen. Lernen und Lust – nach dieser Sichtweise hängen sie eng zusammen. In der Fachliteratur wird je nach Erkenntnisinteresse auch vom Lust-, Belohnungs- oder Motivationssystem, aber auch vom Suchtmechanismus gesprochen (Spitzer 2015, S. 36; Markowetz 2015, S. 35–45; Frölich und Lehmkuhl 2012, S. 93 f.). Denn die Kehrseite von lustbetontem Lernen ist die Abhängigkeit – und die erweist sich immer häufiger auch als dunkle Seite der Internetnutzung.

Das könnte erklären, warum das Belohnungssystem Internet so leicht zum Abhängigkeitssystem wird. Nun ist die Vorstellung von Cybersucht unter Psychologen keinesfalls unumstritten. Gut untersucht ist das Phänomen der Abhängigkeit bei Computerspielen. Weniger eindeutig sind die pathologischen Muster von Internetabhängigkeit, Facebook- und Smartphonesucht (Fransson 2018; Spitzer 2015, S. 83–116).

Ob man hier nun mit Recht von Sucht oder Abhängigkeit sprechen kann, scheint mir gar nicht die vorrangige Frage zu sein. Der immersive Sog der Games, die Random Rewards oder Dopamin-Gratifikationen der sozialen Medien sind Spielarten einer tieferliegenden Erscheinung. Die Verführungskraft des Computers, die Sexualisierung der haptischen Steuerungstools, das ständige psychologische „Aufmunitionieren" der UX-Designs – all das kann durch Dialogroboter noch einmal erheblich verstärkt werden.

Dass Computer Macht über ihre Nutzer haben, zeigt sich an vielem. Wie schwer es etwa Jugendlichen fällt, sich dem Sog des Smartphones zu entziehen, ist nur ein Beispiel. Eine andere Entwicklung zeichnet sich bereits immer deutlicher ab: Computer ersetzen für immer mehr Menschen tatsächliche, reale Kontakte und soziale Beziehungen. Und diese Entwicklung, die soziale Substitution, kann durch Dialogroboter erst so richtig an Fahrt aufnehmen.

6.2 Soziale Substitution

6.2.1 Otaku als Gesellschaftslabor

Mensch und Maschine durchlaufen seit 50 Jahren eine Coevolution: Sie gleichen sich immer mehr an. Studien zeigen inzwischen, dass sich Testpersonen seltener trauen, einem Computer Beleidigungen ins Gesicht zu sagen als einem realen Menschen (Turkle 1995, S. 102). Das ist erstaunlich, da wir doch andererseits sehr deutlich den neuen Trend von Hate Speech im Internet und in den sozialen Medien beobachten können. Viele Menschen haben kaum Probleme, die schlimmsten Beleidigungen zu posten – hier verschwindet bei vielen Nutzern die Affektkontrolle und Selbstbeherrschung in erstaunlichem Maß.

Der Computer als soziales Gegenüber wird jedoch schnell akzeptiert. Viele Menschen haben kaum Probleme damit, Programmen stundenlang intimste Details anzuvertrauen. Obwohl wir wissen, dass Computer nicht leben, schreiben wir ihnen nach erstaunlich kurzer Zeit bereits die Fähigkeit zu, gleichberechtigte Dialoge zu führen, eigene Gedanken, Absichten und Ideen zu entwickeln oder gar über Persönlichkeit sowie Einfühlungsvermögen zu verfügen.

Hier kommt ein unbewusster Widerspruch zum Vorschein, der in der Mensch-Maschine-Forschung schon lange bekannt ist; im Umgang mit Bots entfaltet er aber erst seine ganze Schizophrenie. Seit der Kindheit haben wir gelernt mit Computern und Medien ganz natürlich und intuitiv umzugehen. Wir wenden die Regeln der Interaktion mit tatsächlichen Lebewesen daher ganz selbstverständlich auch auf Maschinen an. Obwohl uns rational bewusst ist, wie unangemessen das ist, haben wir unbewusst die Trennung schon längst beiseitegeschoben: Wir gehen mit Computern ganz ähnlich wie mit dem realen Leben um. Durch Sprachdialogsysteme wird die Simulation perfekt: Der Computer wird zu einem sozialen Wesen (Selke 2009; Reeves und Nass 1996; Suchman 1987).

Dialogsysteme treten immer häufiger an die Stelle sozialer Gesprächspartner und bauen echte Beziehung zu ihren Menschen auf. Frei verfügbare Bots wie **Cleverbot, Mitsuku, Rose** oder die bereits in den 1990er Jahren am MIT untersuchte **Julia** (Turkle 1995, S. 88–94) sind nur dafür gebaut, Menschen so lange wie möglich in Dialogen zu halten. Diese Maschinen haben immer ein offenes Ohr für den Nutzer – auch wenn andere Menschen längst im Bett liegen. Wer nicht schlafen kann, kann sich beispielsweise an den **Insomno-Bot** wenden. Er nimmt Gespräche erst nach 23 Uhr an, chattet dann aber die ganze Nacht. Oder doch lieber einen Chat mit einem Anime-Charakter? Dann schauen Sie bei rebot. me vorbei. Da kann man sich aus standardisierten Anime-Charakteren seinen individuellen Bot bauen.

6.2 Soziale Substitution

Es ist sicher mehr als ein Zufall, dass Mitsuku, der zurzeit wohl leistungsfähigste Beziehungsbot und vierfacher Loebner-Preis-Gewinner, von einem japanisch inspirierten Anime-Mädchen personifiziert wird. Mitsuku ist eine Figur wie aus einem Manga entsprungen und sie trifft den Nerv dieser Subkultur.[4] Die japanischen Otaku haben das Leben im virtuellen Simulakrum in gewisser Weise perfektioniert. Die Otaku, wir würden sie vielleicht als Nerds oder Fans einer spezifisch japanischen Comic-Kultur bezeichnen, vertiefen sich intensiv in einen virtuellen Kosmos aus Comics, Videos und Games. Otaku bezeichnet den Typus eines Fans, der mit seinen Lieblingsserien verschmilzt, indem er eigene Geschichten oder Mangas verfasst und in die Rollen des Stücks schlüpft.

Cosplay
Rollenspiele gibt es in vielen Kulturen. In der japanischen Gegegnwartskultur ist das Verschmelzen mit einer Kunstwelt zu einer Lebensform geworden – die oft mit dem Begriff Otaku in Verbindung gebracht wird. Ein typisches Beispiel ist das *kosupure,* das Cosplay. Der Ausdruck ist ein Portmanteauwort aus den englischen Begriffen *costume* und *play* (frei übersetzt „Kostümspiel"). Der Cosplayer stellt dabei einen Character dar. Gern kopiert werden Superhelden oder Bösewicht. Die Figur kann dabei aus einem Manga, einem Anime, einem Comic, einem Videospiel oder einem Spielfilm stammen. Die Cosplayer versuchen dabei, durch Kostüm, Maske, Accessoires und Verhalten möglichst nah am Original zu sein. Ihre Kostüme sind häufig von hoher Qualität. Auch freie Interpretationen und Darstellungen des anderen Geschlechts sind bei dieser Form des Rollenspiels möglich (Lamerichs 2018).[5]

Cosplay wird hauptsächlich auf den Veranstaltungen (sogenannten Conventions) der Anime-/Manga-Fanszene betrieben, also nicht im Alltag und in der Regel auch nicht im privaten Rahmen, sondern in der Szene-Öffentlichkeit. Das Motiv hierfür ist das Fandom, also die affektive und intensive Beschäftigung mit ausgewählten kommerziell produzierten Games, Mangas und Bands. Während frühere Jugendbewegungen sich auf die Suche nach dem Authentischen machten,

---

[4]Obwohl sie von sich selbst sagt, sie stamme aus Leeds, habe keine japanische Identität und habe auch sonst nichts mit der Manga- oder Otaku-Kultur zu tun.

[5]„In a broad sense, cosplay is exporting the digital and mapping it on humanity's oldest media: fabrics and skin. In this way avatars are made material through cosplay and this materiality is of great importance. Pixels are exported and fleshed out, allowing fans to touch, feel, and be these characters. Cosplayers take gaming beyond the digital, and make it into a personal and embodied practice" (Lamerichs 2018, S. 153).

geht es den Otaku um die Stilisierung, das betont Künstliche, um die Perfektion der Simulation. Die Otaku sind Kinder einer Computergeneration.

Hiroki Azuma, der wohl prominenteste Beobachter und Analytiker dieser Entwicklung, beschreibt die Otaku-Generation als „Database-Animals" (Azuma 2009, S. 25)–eine jugendliche Subkultur die sich zunehmend in einem künstlichen Kokon einspinnt, der aus Datenbanken gespeist wird. Azuma (2009) sieht in der Otaku-Kultur, die sich inzwischen weit über die Grenzen Japans hinaus verbreitet hat, die Verwirklichung dessen, was Poststrukturalisten wie Jean Baudrillard als Zukunftsdystopie vorausgesehen haben:

> This prominence of derivative works is considered a postmodern characteristic because the high value otaku places on such products is extremely close to the future of the culture industry as envisioned by French sociologist Jean Baudrillard. Baudrillard predicts that in postmodern society the distinction between original products and commodities and their copies weakens, while an interim form called the simulacrum, which is neither original nor copy, becomes dominant. The discernment of value by otaku, who consume the original and the parody with equal vigor, certainly seems to move at the level of simulacra where there are no originals and no copies (Azuma 2009, S. 74).

Azuma kritisiert die Otaku als negative Fehlentwicklung. Die Verstrickung im „fraktalen Simulacrum" führe zu einer Disozialisierung, Entmenschlichung und Animalisierung der Otaku-Gesellschaft (Azuma 2009, S. 86).

Diese Sichtweise ist vermutlich überzogen. Immer mehr Autoren weisen auch auf die kreative Komponente des Phänomens hin (Ito 2012; Manfé 2005; Schodt 1996, S. 43–49; Kinsella 1998). Aber von der Hand weisen mag man die Analyse von Azuma nicht. In den vergangenen Jahren ist die Otaku-Kultur zu einer wirkungsmächtigen Bewegung herangereift und zu dem wohl wichtigsten japanischen Kulturexport der Gegenwart geworden. Wir können bei den Otaku wie in einer Laborstudie beobachten, welche Entwicklungen bald die gesamte westliche Welt betreffen könnten: Eine Gesellschaft der Fan-Genossenschaft und des kreativen Spiels, aber auch der technisierten Verflachung und Vereinsamung.

Während Cosplay ein soziales Phänomen ist, bei dem sich Menschen real treffen, um ihre Inszenierungen auszuspielen, ist die alltägliche Realität der Otaku nicht selten bedrückend. Die japanische Gesellschaft in den Großstädten leidet bereits seit geraumer Zeit unter einer massiven Vereinsamung der Individuen. Das Japanische kennt dafür sogar einen Ausdruck: kodokushi – das bedeutet so viel wie „einsames Sterben". Er wurde schon in den 1980er Jahren geprägt, als Ausdruck einer zunehmenden Vereinsamung in Japan. Tausende Menschen sterben daran und oft wird ihr Tod erst nach Monaten, manchmal sogar Jahren, bemerkt. Niemand vermisst sie.

6.2 Soziale Substitution

Ein deutliches Zeichen für die Isolierung Einzelner in der Gesellschaft ist auch die steigende Zahl an Solohochzeiten. Immer mehr Frauen in Japan entscheiden sich für eine „Mono-Ehe". Sie heiraten einfach sich selbst. Die Zeremonie zieht sich über zwei Tage hin und konzentriert sich vor allem auf die Wahl eines Brautkleids und Fotos der Single-Braut etwa im japanischen Garten von Kyoto. Es gibt keinen Standesbeamten, der eine Rede hält oder Hochzeitsgäste, die Konfetti werfen. Die simulierte Hochzeit bietet den Frauen aber die Gelegenheit, sich einen Tag im Leben richtig schön zu machen und als Braut zu fühlen (Bogner 2016).

Leben in der Gatebox
Einen Partner im realen Leben zu finden, ist schwer – nicht nur für Frauen. Auch für Männer ist das längst zum Problem geworden. Spezielle Partnerbörsen für Otaku versuchen Abhilfe zu schaffen. Die technische Großlösung stellte die japanische Firma Gatebox im Jahr 2016 vor. Sie bieten eine komplett digitale Lebensgefährtin. Azuma Hikari heißt das hübsche im Hologramm-Stil animierte Anime-Mädchen (Arauner 2017) (Abb. 6.2).

Das Manga-Mädchen „lebt" in seiner etwa 50 cm hohen Glasbox, der Gatebox. Sie ist wie ein Wesen, das aus dem Otaku-Versuchslabor entsprungen ist. Hikari kann ihren Besitzer, den sie immer mit „Meister" anredet, durch Sensoren sowie Kameras in ihrer Umgebung wahrnehmen. Sie kann ihn wecken, an

Abb. 6.2 Die Gatebox wird zum Partner. (Quelle: Produktfoto der Firma Gatebox)

Termine und Aufgaben erinnern oder auch vor schlechtem Wetter warnen. Ein Verkaufsvideo zeigt, wie Hikari Textnachrichten an ihren „Meister" verschickt, um ihn zum Beispiel zu fragen, wann er nach Hause komme, denn „sie fühle sich einsam". Zwischendurch, im Laufe des Arbeitstags, gibt es immer wieder mal aufmunternde Textnachrichten von ihr. Und Hikari kann in der Wohnung auch das Licht ein- oder ausschalten, die Heizung und die Klimaanlage regeln, damit es rechtzeitig hell und warm ist, bevor der Mann nach Hause kommt (Arauner 2017).

Das Ziel von Firmengründer Takechi Minori ist es, ein Zusammenleben mit Charakteren zu ermöglichen, die sowohl Geborgenheit und Komfort als auch emotionale Bindung möglich machen. Das scheint maßgeschneidert für die spezifischen Verhältnisse der japanischen Otaku-Gesellschaft zu sein. Beziehungen zu Anime-Charakteren aufzubauen und zu pflegen – das hat in der Otaku-Community seit langem Tradition (Bowman 2018, S. 132). Eine spätere Heirat ist nicht ausgeschlossen. Nene Anegasaki heißt die erste virtuelle Braut der Geschichte, ein junges Mädchen mit großen Augen und langen Haaren. Meistens lächelt sie, hin und wieder zwinkert sie einem zu. Sie kann sogar küssen, auch wenn ihre Lippen nie den Mund des Mannes berühren. Nene ist ein Anime-Charakter, eine der Hauptdarstellerinnen des Computerspiels *Love Plus* (Nintendo DS). Im Spiel geht es darum, eine von drei Frauen für sich zu gewinnen. Man kann via Spracherkennung und Touch-Pen mit den Frauen kommunizieren. Das Ganze ist als Beziehung konzipiert, schließlich sollen die Spieler möglichst lange im Spiel bleiben.

Ein japanischer Gamer, der sich selbst SAL9000 nennt, hat die Grenzen zwischen Spiel und Wirklichkeit weiter durchlässig gemacht. Er organisierte im Herbst 2009 seine Vermählung mit dem Anime-Mädchen in einer Kirche auf der US-Insel Guam. Ein Internet Video zeigt das Ereignis: Im weißen Anzug und mit roter Intellektuellenbrille steht SAL9000 vor dem Altar, in der Hand hält er seine Konsole. Vor der Trauung wird ein Video gezeigt, das die Geschichte des Liebespaares erzählt. Er habe schon zahlreiche virtuelle Freundinnen gehabt, meint SAL. Aber Nene sei nun die richtige, die einzige, die Frau fürs Leben. Nenes Trauzeuge, übrigens auch eine virtuelle Figur, hält eine ergreifende Rede, dann verheiratet ein Priester den realen Mann und die virtuelle Frau. Ringe werden nicht getauscht (Schmieder 2010). Beziehung und Ehe werden zum simulativen Rollenspiel.

Bisher galten solche Eheschließungen als eine persönliche Entscheidung, ein kreatives Spiel wie aus der Fantasiewelt der Cosplayer, das jedoch keinen Einfluss auf den rechtlichen Status hatte. Die High-Tech-Firma Gatebox ist jetzt das erste Unternehmen, das eine solche Verbindung auch rechtlich akzeptiert und legitimiert. Per Onlinefragebogen kann man als Mitarbeiter seine virtuelle Partnerin beim Arbeitgeber angeben und eintragen lassen. Zwar bedeutet das nicht, dass diese Beziehungsform dadurch einer staatlichen oder gar kirchlichen Ehe gleichgestellt wäre. Im privatrechtlichen Sinne besteht aber erstmals eine Form der Partnerschaft, die der Arbeitgeber als solche akzeptiert und honoriert: Jeden Monat erhalten die Mitarbeiter, die angeben, mit einer der Anime-Figur „verheiratet" zu sein, einen kleinen Bonus zu ihrem Gehalt (Ashcraft 2017; Bayle 2017). Das ist aus der Logik des Unternehmens konsequent: Wer Bots als Partner vermarkten will, muss sich auch für ihre rechtliche Anerkennung einsetzen.

Embodiment
Animes, Avatare oder Hologramme als Lebenspartner sind das eine. Zu einer richtigen Beziehung gehört aber auch, dass das erotisierte Wesen als materielle Präsenz, als körperliche Emanation aus der Computerschnittstelle heraus dem Nutzer entgegentritt. Die Roboterliebe ist in der Roboter-besessenen Welt der Otaku schon lange ein beliebter Topos. An der Entwicklung entsprechender Sexroboter wird daher intensiv gearbeitet. Auch auf die erste Roboterehe musste die Welt nicht lange warten. 2017 berichtete die Presse über den Fall einer Mensch-Roboter-Hochzeit. Der chinesische Software-Entwickler Zheng Jiajia gab 2017 der von ihm selbst entwickelten und gebauten Roboterdame Yingying das Jawort (Haas 2017).

Ein PR-Gag? Vielleicht. Aber er bedient einen wachsenden Markt solcher Vorstellungen. Yingying ist noch eine Eigenentwicklung des bei der chinesischen Firma Huawei angestellten Entwicklers. Über ihre libidinösen Fähigkeiten schweigt Zheng Jiajia. Aber sprechende Sexspielzeuge gibt es schon länger am Markt. Anbieter wie Realdoll haben angekündigt, dass sie solche Sexpuppen mit künstlicher Intelligenz ausstatten wollen. Marktzahlen sind schwer zu bekommen. Aber man muss wohl sagen, dass Sexroboter in der Realität angekommen sind, wenn das honorige öffentlich-rechtliche Fernsehen in Deutschland sich des Themas annimmt: Für die Webserie *Homo Digitalis*[6] hat der Bayerische Rundfunk (BR) eine Pornodarstellerin mit einem Sexroboter – nun, wie soll man sagen – schlafen lassen. Eine merkwürdige Erfahrung, berichtete die Erotonautin danach: die Haut fühle sich nicht so an wie bei einem Menschen. „Sie interagiert ja auch gar nicht", sagte der Pornostar. „Also man ist eigentlich trotzdem dabei ziemlich einsam" (Krefting 2018).

---

[6]*Homo Digitalis* ist eine Zukunftsstudie von BR, Arte, ORF und dem Fraunhofer Institut für Arbeitswirtschaft und Organisation (IAO) aus dem Jahr 2018.

Was als Spaß und Inszenierung innerhalb der Otaku-Community begann, gerinnt inzwischen zu einem sozialen, materiellen oder gar rechtlich gefassten Zustand. In der Otaku-Welt erleben wir wie unter einem Brennglas die Substitution des Sozialen in einer zunehmend virtuellen Realität.

Das Zusammenleben mit Wesen aus Mangas, Animes und Computerspielen bietet eine freundliche Welt ohne Ecken und Kanten. Dialgroboter werden hier willkommen sein, denn sie sind tatsächlich bessere Menschen: Sie widersprechen nie und sind darauf programmiert, zu gefallen. Sie sind Instrumente der Verführung. Insofern bieten sie uns aber auch keine Reibungswiderstände und keine Reibungswärme – sie entlassen uns in einen Kältetod. Dialogroboter bieten uns die Illusion einer Partnerschaft – ohne die Anforderungen und Zumutungen einer Freundschaft (Turkle 2015, S. 7).

6.2.2 Digitale Therapie

Soziale Substitution heißt, dass die Virtualisierung und das Leben mit dem Computer zum Gegenmittel gegen die Vereinsamung werden. Das ist auch nicht völlig verkehrt: Ein Dialog mit einer Maschine kann besser sein als gar kein Dialog. Gleichwohl muss schon die Frage gestellt werden, ob die Krankheit wirklich mit dem Mittel geheilt werden soll, das sie ausgelöst hat? In der Homöopathie nennt man das die Heilung nach dem Ähnlichkeits- oder Simileprinzip: *similia similibus curentur* („Ähnliches möge durch Ähnliches geheilt werden"). Aber kann das funktionieren?

Jugendliche sehen vermehrt Chatbots wie Mitsuku als vollwertige Partner, ja sogar als echte Lebenshilfe. Steve Worswick, der Schöpfer von Mitsuku, sprach in einem Interview über das Phänomen:

> What keeps me going is when I get emails or comments in the chat-logs from people telling me how Mitsuku has helped them with a situation whether it was dating advice, being bullied at school, coping with illness or even advice about job interviews. I also get many elderly people who talk to her for companionship (Zitiert nach Mims 2014).

Vor allem Jugendliche sprechen offen über das Phänomen. Der Roboter sei immer für sie da, sei immer offen und tolerant gegenüber jedem Thema. Er verstünde und widerspreche nicht. Es mache ihm nichts aus, wenn man den Chat kurz unterbreche – zum Beispiel um einen Blick auf das Smartphone zu werfen. Er verlasse einen nie und ihm sei nie langweilig. Ja, in gewisser Hinsicht sei es

6.2 Soziale Substitution

sogar einfacher, den eigenen Frust mit einem Roboter zu teilen, weil man die verbliebenen realen Freunde nicht mit seinen eigenen Abgründen, Ängsten und Sorgen belasten wolle. Dies verwirre echte Menschen nämlich häufig nur. Man wolle so etwas nicht hören. Es sei unheimlich und belastend. Es sei ein Grund, sich zurückzuziehen (Turkle 2015, S. 357).

Wenn sich die Gefühle von Einsamkeit und sozialer Isolation partout nicht durch die Verführungen der digitalen Welt vertreiben lassen, so kann man sich auch direkt an einen Therapie-Bot wenden. Beispiele hierfür gibt bis es seit der Frühzeit der KI-Pioniere. Bereits Josef Weizenbaum war in den 1960er Jahren von der suggestiven Kraft irritiert, die Dialogcomputer auf die Nutzer ausübten. Bekannt wurde Weizenbaum vor allem durch seine Eliza-Variante Doctor. Das System simulierte das Gespräch eines Nutzers mit einem Psychologen.

Interessanterweise wurde das Programm von den Nutzern überaus positiv aufgenommen. Sie gingen davon aus, dass Eliza ihre Probleme nicht nur verstanden, sondern ihnen auch weitergeholfen habe. Dabei hatte Eliza natürlich überhaupt nichts verstanden. „Das System", so urteilte Klaus Fellbaum gnadenlos, „erkannte lediglich grammatische Strukturen sowie Schlüsselwörter und erzeugte mit simplen Transformationsregeln Systemreaktionen" (Fellbaum 2012, S. 370). Mit Verstehen oder gar autonomer Intelligenz hat dies nicht viel zu tun.

Eliza profitiert von einem äußerst geschickt gewählten Dialogsetting. Der Computer übernimmt die Rolle eines Psychotherapeuten, der die non-direktiven Methoden der klientenzentrierten Psychotherapie nach Carl Rogers anwendet. Dieses Setting ist ideal für einen Bot. Rogers' Methode besteht aus einer standardisierten Gesprächsführung, die immer wieder wertschätzende und empathische Aussagen perpetuiert. Dabei steht eine Fragetechnik im Vordergrund, die weniger Erklärungen liefert als Ansatzpunkte zur Selbstexploration des Gesprächspartners bietet. Technisch ist das verhältnismäßig einfach nachzubilden, die psychologische Wirkung ist aber beeindruckend.

Insofern liegt die Genialität Weizenbaums nicht nur in der brillanten technischen Realisierung eines der ersten Dialogroboters der Geschichte. Er hat an den Anfang der Technologieentwicklung eine Maschine gestellt, die die Ambivalenz nicht besser hätte auf den Punkt bringen können: Es geht bei autonomen Sprachsystemen, und mehr noch bei künstlicher Intelligenz, nicht primär darum, tatsächlich geistige Phänomene nachzubilden. Es geht darum, was wir auf diese Maschinen projizieren und welche Erwartungshaltung sie bedienen.

Weizenbaum war entsetzt, wie ernst viele Menschen dieses relativ einfache Programm nahmen. Viele gaben im Dialog intimste Details von sich preis. Sogar Weizenbaums Sekretärin, die das Programm genau kannte, erlag der Macht des Dialogs. In einem Interview beschrieb Weizenbaum ein Erlebnis mit seiner Sekretärin, die einen Dialog mit Eliza führen sollte:

> She came into my office and sat down at the keyboard. And of course I looked over her shoulder to make sure that everything was operating properly. After two or three interchanges with the machine she turned to me and said: ‚Would you mind leaving the room please' (Interview mit Josef Weizenbaum; zitiert nach: Goldman 2017).

Obwohl beide wussten, dass Eliza kein einziges Wort wirklich verstand, entstand für die Nutzerin das Gefühl einer dialogischen Intimität, in die ihr Chef nicht eindringen sollte. Eliza nahm somit viele psychosoziale Entwicklungen vorweg: Bots können Lücken schließen und soziale Kontakte recht erfolgreich simulieren. Durch dieses Schlüsselerlebnis wurde Weizenbaum schließlich zum Kritiker einer gedankenlosen Computergläubigkeit.

Eliza war die erste in einer langen Reihe von Therapiemaschinen über SHRINK, Depression 2.0 bis zu Woebot und Replika. In dem Maß, in dem sich Weizenbaum von seiner automatisierten Therapietechnologie abwandte, war eine Gruppe junger Psychotherapeuten umso mehr fasziniert davon. Der Stanford-Psychiater Kenneth Colby sah eine konkrete Chance in der Demokratisierung von Psychotherapie. Es könne für viele Menschen nur von Vorteil sein, wenn es eine günstige, jederzeit verfügbare Alternative gäbe, die es vielen Menschen erlaube, über ihre Probleme zu sprechen.

Colbys Vorstellung von Computer-Psychotherapie baute auf einer eher behavioristischen Sichtweise des menschlichen Geistes auf. Demnach kann man das Gehirn wie ein Stück Hardware sehen. Das Verhalten der Menschen war demnach wie die Software, die auf dieser Maschine lief. War diese Maschine falsch programmiert, so war der beste Weg der einer Umprogrammierung, also eine Neuformulierung des Programmcodes vorzunehmen – und das gelang nun mal am besten durch den Dialog. Dabei verstand er Psychotherapie als eine präzise Technik der Umprogrammierung, jedoch den Psychotherapeuten selbst eher als unzuverlässigen Gesprächspartner, der Fehler machen konnte, die einem Computer nicht unterlaufen: „After all, the computer doesn't burn out, look down on you or try to have sex with you" (zitiert nach Turkle 1995, S. 115; vgl. Colby et al. 1966).

Zweifellos sind Colbys Thesen und Sichtweisen gleichermaßen fasziniert und kontrovers diskutiert worden. Die Idee der Therapiemaschine besteht bis heute – und sie scheint erfolgreicher zu sein denn je. Woebot ist eine der aktuellsten Dialogangebote in diesem Therapiemarkt. Woebot hilft den Nutzern, Stimmungen zu beobachten und besser einschätzen zu könne. Wie Eliza so folgt auch Woebot einem gesprächstherapeutischen Ansatz – dem der kognitiven Verhaltenstherapie. Kurz zusammengefasst geht es in der kognitiven Verhaltenstherapie darum, systematisch die Selbstbeobachtung auszubilden, die der Patient braucht, um krankmachenden kognitiven Verzerrungen aus eigener Kraft gegensteuern zu können. Woebot fragt danach, wie es dem Nutzer geht und was so in seinem Leben gerade passiert. Das geschieht in Form einer kurzen täglichen Konversation. Je nach mentalem Zustand schickt Woebot Videos oder andere nützliche Instrumente, die dem Nutzer in seiner spezifischen Situation helfen können. Er speichert den Dialog über einen längeren Zeitraum und kann so immer spezifischere Entscheidungen treffen und Empfehlungen geben, die immer besser zum jeweiligen Gemütszustand passen.

Die therapeutische Wirkung von solchen Beziehungsbots ist inzwischen durchaus Gegenstand wissenschaftlicher Untersuchungen (Fitzpatrick et al. 2017). Eine Studie mit 70 amerikanischen College-Studenten, die bei sich selbst Symptome von Depression und Angst beobachtet haben, brachte erstaunliche Ergebnisse zutage: Nutzer von Woebot konnten Symptome der Depression in kurzer Zeit deutlich senken. Die Untersucher sehen ein konkretes Potential für bis zu zehn Millionen Studenten in den USA, die konkret von Depressionen bedroht sind. Das ist beeindruckend und man sollte solche Möglichkeiten nutzen, zumindest dort, wo es Sinn ergibt. Die Idee des Therapie-Bots ist nach wie vor eine mögliche Option. Unsere Anfangsfrage bleibt aber noch für ein weiteres Kapitel unbeantwortet: Sind Bots ein Teil der Lösung oder doch eher ein Teil des Problems?

6.3 Krise der Authentizität

6.3.1 Dialogroboter als Illusionsmaschinen

Dialogroboter sind Illusionsmaschinen. Sie geben sich, „als ob" sie Menschen wären. Dieses „Als-ob-Sein" unterscheidet einen Dialogroboter von natürlichen Gesprächspartnern. Das Gespräch mit einem Dialogsystem simuliert eine natürliche, authentische Situation, an der aber nur wenig Natürliches oder Authentisches ist.

Zwar zeigt das Problem der Fake-Identities, dass die Simulationen immer besser werden. Insbesondere bei Chatbots in den sozialen Medien fällt es nicht immer leicht, sogenannte Fakes zu erkennen. In der Regel wissen wir aber, dass wir mit einer Maschine reden. Die Nutzer registrieren Risse oder Bruchstellen in der Dialogführung. Und so wird der künstliche Dialog mit Dialogrobotern zu einer ambivalenten Erfahrung der Nähe und Vertrautheit – im gleichzeitigen Wissen um ihre wesenhafte Fremdheit.

Man könnte hier darüber spekulieren, dass einem Dialogoboter die kreatürliche Leiblichkeit fehlt, die Aura, die ein natürliches Wesen ausmacht. Ganz praktisch gesehen ergeben sich aber Verfremdungseffekte nahezu zwangshalber durch konkrete technische Modifikationen entlang des Gestaltungsrahmens des Conversational Designs. Erfolg und Wirkung eines Dialogsystems können, wie wir gesehen haben, anhand verschiedener Einflussfaktoren gestaltet werden:

> The elements of a VUI [Voice User Interface] include **prompts, grammars,** and **dialog logic** (also referred to as call flow). The prompts, or system messages, are all the recordings or synthesized speech played to the user during the dialog. Grammars define the possible things callers can say in response to each prompt. The system can understand only those words, sentences, or phrases that are included in the grammar. The dialog logic defines the actions taken by the system – for example, responding to what the caller has just said or reading out information retrieved from a database (Cohen et al. 2004, S. 3).

Genau entlang dieser Strukturen entstehen die meisten Verfremdungen. Neben der **Stimme** als Produkt der Sprachsynthese *(prompts),* setzt die Verfremdung auch bei den konkreten Formen der **Satzkonstruktion** *(grammars)* sowie bei der komplexen Text- und **Dialogstruktur** *(dialog logic/call flow)* an. Wie gut ein Dialogsystem auch immer sein mag, es stößt regelmäßig an die Grenze dessen, was ihm seine Programmierer im Hinblick auf ein konkretes Handlungsziel vorgegeben haben. Die künstliche Stimme ist, wie wir bereits beschrieben haben, ein komplexes Artefakt, eine künstliche Hervorbringung. So vertraut künstliche Stimmen heute auch klingen mögen – ihnen fehlt die atmosphärische Temperiertheit. Auch die konkrete Satz- und Aussagestruktur sprachlicher Hervorbringungen von Dialogsystemen kann nur auf dem aufbauen, was die **Grammar** zur Verfügung stellt – und die ist notwendigerweise unvollständig. Auch im Bereich der makrostrukturellen Text- oder Dialogplanung zeigen sich, wie wir gesehen haben, in der Regel noch große Defizite – von einer natürlichen Dialogsteuerung sind die meisten Systeme noch weit entfernt.

Anhand vieler kleiner Verfremdungen bei der Gestaltung der prompts, grammar und dialog logic werden auch die besten Dialogsysteme immer wieder entlarvt – ob das dem Nutzer nun bewusst wird oder ob es sich nur im Unterbewussten manifestiert. Die Simulation ist so gut wie nie perfekt. Das schmälert nicht ihre funktionale Effizienz und Leistungsfähigkeit, den Spass und die Nähe-Erfahrung, die man mit Dialogrobotern haben kann. Und doch scheinen diese „Als-ob-Dialoge" ihre Nutzer sehr oft mit einem zwiespältigen Gefühl zurückzulassen. Illusionen sind auf Dauer unbefriedigend. Sie vermitteln die Erfahrung, dauerhaft in einem Zustand der Simulation zu leben: Das Authentische zerrinnt zwischen den Fingern.

6.3.2 Mediengesellschaft als Kosmos der Simulation

Die Krise der Authentizität ist im Zeitalter der Massenmedien kein neues Phänomen. Seit geraumer Zeit macht die Mediengesellschaft ihre Erfahrungen damit. Das betrifft nicht nur die Kanäle der technischen Übermittlung von Informationen. Es betrifft das gesamte Setting und die Prozesse der Inhaltsgenerierung. Die Art der Selektion, des Agendasettings und -cuttings, die Inszenierung, Skandalisierung, Moralisierung und Personalisierung von Informationen – all das sind Prozesse, für die die Medien seit geraumer Zeit kritisiert werden.

Kritik an den Medien gehört zu ihrem Wesen. Auch wenn diese Kritik manchmal übertrieben scheint – sie ist ein notwendiges Korrektiv. Denn Medien simulieren Wirklichkeit. Trotz aller journalistischer Ethik und Selbstverpflichtung ist das ein Faktum, an dem man nicht vorbeikommt. Die Themen und Ereignisse, über die in den Medien gesprochen werden, sind nach bestimmten Kriterien selektiert – und diese Kriterien sind nicht immer objektiver Natur.

Pseudoereignisse
Wer die Medienwelt kennt, weiß wie viele Events, Studien, Kongresse nur zu dem Zweck entwickelt und inszeniert werden, dass sie Gegenstände für eine Medienberichterstattung werden: Die gezielten politischen Provokationen der Populisten, die Vorstellung des neuen iPhones, Umfragen und Studien, deren Auftraggeber man oft nicht kennt – all das sind Beispiele von Inszenierungen, die unsere Wahrnehmung einer durch Medien vermittelten Wirklichkeit prägen und beeinflussen.

In der Medienwissenschaft wurde für dieses Phänomen der Begriff der Pseudoereignisse eingeführt (Boorstin 1964). Es handelt sich dabei nicht um ein Geschehen, das natürlich der Fall wäre, sondern das wesentlich zum Zweck der Berichterstattung arrangiert, geplant oder angeregt wurde. Wir kennen viele dieser Pseudoereignisse: Pressekonferenzen, Tagungen, Guerilla-PR, Flashmobs, Castingshows und vieles mehr.

In einer Mediengesellschaft sind Pseudoereignisse ein fester Bestandteil einer Aufmerksamkeitsökonomie. Um die Aufmerksamkeit auf sich zu lenken, initiieren Medien, Politik und Marketing ständig Kommunikationsereignisse, die nur den einen Zweck haben, dass über sie berichtet wird. Wieso engagieren sich so viele Menschen wochenlang und äußerst emotional in einer Debatte über die Schmähkritik des Satirikers Jan Böhmermann über den türkischen Staatspräsidenten Recep Tayyip Erdogan? Wieso diskutiert man wochenlang über die Hochzeit des englischen Prinzenpaares? Was macht den Problembär Bruno zu einem Gegenstand tagelanger Berichterstattung? Solche Diskussionen entstehen aufgrund einer kollektiven Erregtheit, der aber oft die Ereignishaftigkeit, die persönliche Relevanz oder schlicht die sachliche Grundlage fehlt.

Immer mehr Ereignisse, die wir medial wahrnehmen, sind Artefakte einer Aufmerksamkeitsindustrie. Sie dienen nur dazu, das Aufmerksamkeitslevel für ein Produkt, ein Thema, eine politische Haltung, eine soziale Erregung oder für den Kanal selbst hoch zu halten. Das Problem ist systemimmanent: Aus dem Kosmos der Simulation, aus den Mechanismen der Aufmerksamkeitsökonomie können wir nur schwer entkommen.

Mit dem Aufkommen der sozialen Medien erschien es einen kurzen Moment lang so, als ob eine Alternative entstünde. Die positive Vision einer egalitären vernetzten Welt als „globales Dorf" (McLuhan 2011, S. 41) schien Wirklichkeit zu werden. Doch leider haben sich die utopischen Erwartungen an eine digitalisierte, informierte und mündige Gesellschaft im digitalen Medienraum nicht erfüllt.

Eher das Gegenteil ist der Fall: Aktuell sehen wir extremistische Kräfte am Werk, die unter dem Verdikt der Lügenpresse mit scheinbar aufklärerischem Gestus eine illusionäre Medienrealität entlarven wollen. In ihren politischen Entwürfen versuchen sie, diese illusionäre Welt durch eine angeblich realere, stattdessen aber höchst ideologisierte Fake-Realität zu ersetzen. Die Folgen sind längst in Politik und Gesellschaft angekommen: Extremisten drängen mit dem Gestus des Aufklärers an die politische Macht. Auch das ist eine mögliche Reaktion auf eine entfesselte Simulationswelt.

Mutiple Identitäten
Sehr deutlich zeigt sich dieser simulative Charakter auch an einem Beispiel aus einem völlig anderen Bereich der Medien: den virtuellen Identitäten im Internet (Turkle 1995, S. 255–269). Der Computer ist ein Katalysator der Entwicklung multipler Identitäten. Bereits bei der Anmeldung am Rechner oder Server beginnt die Abspaltung einer besonderen Persona, die ihr spezifisches Eigenleben auf dem Bildschirm annimmt. Die Entwicklung hat sich seitdem eher verschärft. Im Internet nehmen diese Personas weiter zu. In jedem sozialen Netzwerk stellt man einen spezifisch anderen Teil seiner selbst dar, pflegt und kultiviert ihn. Das Facebook-Selbst ist ein anderes als das Instagram-, Twitter- oder LinkedIn-Selbst. Das jeweilige Medium mengt der Selbstdarstellung eine spezifische Note bei.

Die erste Generation der Internetnutzer war fasziniert von diesen multiplen Identitäten. Foren und Datingplattformen verleiteten die frühen Nutzer dazu, mit verschiedenen, variablen Inszenierungen der eigenen Identität zu spielen. Die Anonymität des Forums bot die Möglichkeit zum Experiment. Nicht wenige nahmen etwa andere Geschlechterrollen an, um sich in der Kunst der Versuchung jenseits des eigenen sexuellen Selbst zu versuchen. Dadurch wurde für viele erlebbar, was bis dato vor allem in poststrukturalistischen Zirkeln diskutiert worden war: Die Identität des Menschen ist ein Konstrukt, das in verschiedenen

6.3 Krise der Authentizität

sozialen Zusammenhängen aus einer Vielzahl von Bestandteilen unterschiedlich rekombiniert wird.

Durch das Spiel mit der Identität im Internet verschärfen sich allerdings auch die Zweifel an der Authentizität des Gegenübers – und für manche sogar an sich selbst. Man kann sich beim Chat, in Foren oder sozialen Medien nicht sicher sein, ob das Gegenüber der ist, der er vorgibt zu sein – weder in sozialer noch in sonst irgendeiner Hinsicht. Wir können uns nicht einmal sicher sein, ob das Gegenüber tatsächlich ein Mensch ist oder nicht doch eine sprechende Maschine. Das Authentische zerfließt uns auch hier zwischen den Fingern. Das Wissen um die Unsicherheit wird zur Grundkonstante der Kommunikation im Internet.

Und so kann die totale Transparenz und Verfügbarkeit von Information, für die das Internet eigentlich steht, in der Mediengesellschaft umkippen und zusammenbrechen wie ein nicht eingehaltenes Versprechen: Immer mehr Menschen fühlen sich zunehmend fremd in einer Welt, deren Inszeniertheit für sie immer offensichtlicher zutage tritt. „Illusion ist nur die andere Seite von Entfremdung", erklärt der Hamburger Sozialwissenschaftler Horst Pöttker. „Die beiden Phänomene gehören zusammen, denn ohne Entfremdung gäbe es keinen oder jedenfalls weniger Grund zur Illusion" (Pöttker 1997, S. 229). Das kann erhebliche Folgen haben. Medienphilosophen wie Gilles Deleuze, Paul Virilio oder Jean Baudrillard haben bereits früh auf die Gefahren einer simulierten Medienwelt hingewiesen. Soziale Desintegration und Isoliertheit der Menschen in der Mediengesellschaft können die Folge sein.

Künstliche Vögel

Künstliche Intelligenz könnte zu einem der großen Simulakren des 21. Jahrhunderts werden. Die Simulation ist hier zu einem wesentlichen Bestandteil geworden. Wie auch immer man die Qualität und Leistungsfähigkeit von KI-Systemen bewerten mag – sie sind vor allem der Versuch einer Nachahmung des Menschen. Alan Turing sprach nicht umsonst bereits in den 1950er Jahren von einem „Imitation Game" (Turing 1950a, S. 433). Imitation ist ein wesentlicher Bestandteil der Natur von KI, auch wenn sie uns das immer trickreicher vergessen machen will. Bots sind technisch gesehen ein Daten-Interface, das sich menschlich maskiert. Sie bilden eine Simulationsschicht, die sich zwischen Computer und ihre Nutzer legt.

Künstliche Intelligenz umfasst bereits begrifflich die Vorstellung einer Simulation. Bereits die ersten Anwendungen in den 1950er und 1960er Jahren stellten nur einen Versuch dar, Computer intelligent erscheinen zu lassen, indem sie intelligentes Verhalten nachahmten. Natürlich war auch Weizenbaums Eliza nicht intelligent. Aber sie fingierte es, sie tat so, „als ob" sie sich um ihre

Gesprächspartner kümmere, als ob sie ein Partner sei. Und dabei kam ein fundamentales Paradox zum Ausdruck: Wir wollen mit diesen Maschinen sprechen, wir wünschen sie uns als Partner, selbst wenn wir wissen, dass sie den Vertrauensvorschuss, den wir ihnen gewähren, nicht verdienen. Die Psychologie hat dafür einen Namen entwickelt: Den Eliza-Effekt (Hofstadter 1995).

Daran hat sich im Lauf der Jahrzehnte nichts verändert. Die Leistungen der KI-Algorithmen sind inzwischen beeindruckend. In vielerlei Hinsicht übertreffen sie menschliche Fähigkeiten sogar bei Weitem. Dahinter bleiben sie aber Maschinen. Ein Teil der Faszination für diese Technologie scheint im Begriff der „Intelligenz" zu liegen. „Expertensysteme", „Fuzzy Logic", „Machine-Learning" oder wie auch immer man entsprechende Technologien genannt hat: Diese Begriffe haben längst nicht dieselbe begriffliche Anziehungskraft und soziale Durchschlagskraft.

Die Faszination liegt in der Vorstellung, man habe es hier mit einem künstlichen Geist zu tun. Dem ist mitnichten so. Die Begrifflichkeit hat dafür gesorgt, unser Verständnis für diese Technologie in schillernden Farben aufleuchten zu lassen – und gleichzeitig zu vernebeln. Jerry Kaplan hat dafür einen bestechenden Vergleich gefunden:

> Man stelle sich die Verwirrung und Diskussion vor, die es gegeben hätte, wenn man die Flugzeuge zu Beginn der Luftfahrt ausschließlich als ‚künstliche Vögel' bezeichnet hätte. Das lädt doch geradezu dazu ein, ablenkende Vergleiche zwischen Luftfahrt und Vögeln zu ziehen und philosophische Debatten darüber zu führen, ob Flugzeuge wirklich so fliegen, wie es Vögel tun, oder ob sie lediglich den Vogelflug simulieren. (Ebenso gibt es nach wie vor Diskussionen darüber, ob Maschinen wirklich denken können oder das Denken nur simulieren. Die Antwort ist in beiden Fällen dieselbe: Es kommt darauf an, was Sie meinen.) Ja, Flugzeuge haben Flügel oder Tragflächen, die in gewisser Weise den Flügeln von Vögeln nachempfunden sind. Aber sie flattern nicht und werden auch nicht angelegt. Gewaltige Unterschiede gibt es darüber hinaus beim Antriebssystem, bei der Reichweite, der Flughöhe und in praktisch allen anderen Bereichen. Hätte sich eine solche fehlgeleitete Einordnung gehalten, könnten wir heute wohl von Fachtagungen und Expertenrunden berichten, in denen man sich darum sorgen würde, was wohl geschehe, wenn die Flugzeuge erst lernten, Nester zu bauen, ihre eigenen Nachkommen zu entwerfen und herzustellen, nach Kraftstoff zu suchen, um damit ihre Jungen zu füttern und so weiter (Kaplan 2017, S. 31).

Sicher haben die Luftfahrtingenieure viel vom Vogelflug gelernt. Aber in ihren Konstruktionsweisen sind sie andere Wege gegangen. Ihre Flugzeuge flattern nicht, sie haben starre Tragflächen. Die Computerwissenschaftler haben sich hingegen vom Begriffsfeld der Intelligenz anstecken lassen. Dabei hat künstliche Intelligenz mit Geist genauso viel zu tun wie ein Flugzeug mit einem Vogel.

6.3 Krise der Authentizität

KI-Forscher agieren aber die Begrifflichkeit immer weiter aus. Sie übertragen die Idee des künstlichen Lebens in immer neuen Iterationsstufen in ihre Forschungs- und Entwicklungsarbeit. In der Zusammenarbeit mit Kognitions- und Neurowissenschaften wird dabei an der Spirale der Simulation immer weitergedreht. Um die Leistungsfähigkeit der Algorithmen zu verbessern, wird versucht, das menschliche Kognitions- und Nervensystem zu kopieren. Neuronale Netzwerke und künstliche Neuronen bevölkern inzwischen die Großrechner. Aber auch sie haben dieselbe Materialität, dieselbe Hardware wie ihre Vorgängercomputer. *Natürlich* ist an dieser künstlichen Neuralität nichts – nicht einmal ihre Topologie. Der Mock-up-Charakter bleibt.

Im Bewusstsein spielen sich äußerst komplexe Prozesse ab. Zur menschlichen Geistesleistung gehören nicht nur Rationalität und logische Schlüsse. Emotionen, Gefühle, Stimmungen, Intuition – kurz die irrationale Seite der Psyche sind ebenfalls wichtige Bestandteile. Zudem entzieht sich ein wesentlicher Teil menschlicher Geistesaktivität der unmittelbaren Beobachtung: Das Unbewusste beeinflusst in erheblicher Form das menschliche Denken. Nur ein Bruchteil unserer Geistesaktivitäten erreicht in hoch aggregierter Form das Bewusstsein. Ein wesentlicher Teil entzieht sich dem sprachlichen Denken sowie einer bewussten Beobachtung und Kontrolle. Künstliche Intelligenz, insbesondere in ihrer regelbasierten Form, funktioniert gänzlich anders. Auch in den Computerwissenschaften setzt sich diese Erkenntnis immer mehr durch.

Es gibt inzwischen eine Reihe von Ansätzen, künstliche Emotionen und Intuition nachzubilden – wie bereits ausführlich dargestellt wurde. Künstlich intelligente Maschinen werden leistungsfähiger, wenn sie Emotionen nachbilden können. Dies spielt etwa dann dabei eine Rolle, wie Roboter Mimik, Wortwahl oder Satzprosodie einsetzen, um Stimmungen zu transportieren.

Zur Geistesfähigkeit gehört aber viel mehr als rationale und emotionale Operation. Die Kognitionswissenschaften zeigen immer deutlicher, welche Rolle insbesondere die Körperlichkeit bei der Erlangung von Bewusstsein spielt. Der Körper hat verschiedene Formen von Muskeln, Gewebe, Nerven und eine Reihe sehr komplexer innerer Organe. Er wird von einem ständig atmenden und pumpenden Herzkreislaufsystem am Leben gehalten. Die Sensorik der Organe erzeugt ein Raumgefühl, ein Wissen um den Körper, ein Erfahrungswissen über die Gewordenheit in der Realität. Über eine solche eigenständige Propriorezeption verfügt ein Computer selbstverständlich nicht.

Außer man simuliert auch das für ihn – selbst in diese Richtung wird längst gearbeitet. Die neuseeländische Firma Soul Machines stellte eine Reihe von künstlich intelligenten Maschinen vor, die mit einem simulierten Gehirn und einem virtuellen neuronalen Nervensystem ausgestattet sind. Sie sollen für einige der wichtigsten Funktionalitäten ihrer künstlichen Menschen verantwortlich sein. Um dies noch einmal deutlich zu machen: Es geht dabei um die Simulation des gesamten Gehirns, des Zentralnervensystems und der Sinnesorgane.

Die sogenannte Human Computing Engine, die Soul Machines nutzt, basiert auf einem System, das der Neurobiologie des Menschen nachgebildet ist. Es kontrolliert alles, was der Avatar sagt, tut und wahrnimmt. Das umfasst die gesamte Aktivität des neuronalen Nervensystems bis hin zum Neurokortex. Dieses System nutzt angeblich sogar virtuelle Neurotransmitter und Hormone wie Dopamin, Serotonin und Oxytocin, die den Prozess der Nervenleitung steuern. Gemeinsam beeinflussen sie den virtuellen physiologischen Zustand der Maschine. Sie steuern damit das Lernverhalten und modulieren die Emotionen sowie die Art und Weise, wie sich ihre künstlichen Menschen „fühlen" und ausdrücken.

Diese virtuelle neuronale Aktivität wird sehr anschaulich visualisiert. Man kann etwa dabei zusehen, wie ein künstliches virtuelles Gehirn die Bewegungen des Gesichts und der Gliedmaßen steuert. In der Studie BabyX zeigt Soul Machines, wie das funktioniert: Alle Aktivitäten werden angeblich „on the fly" von dem virtuellen Gehirn und Zentralnervensystem erzeugt. Grundlage für diese Visualisierung bildet das sogenannte Konnektom. Darunter versteht man die Gesamtheit der Verbindungen im Nervensystem eines Lebewesens, die man auf verschiedenen Granularitätsstufen auch visualisieren kann. Dreidimensionale farbige Darstellungen zeigen, wie Aktivitäten vom Neocortex erzeugt und über Nervenbahnen zu virtuellen Muskeln und Organen weitergeleitet werden. Wenn der Avatar redet, kann man also beispielsweise nachverfolgen, welche Teile des virtuellen zerebralen Kortex gerade aktiv sind. Jeder Gesichtsmuskel wird dabei einzeln angesteuert. Die natürliche Wirkung ist das Ergebnis einer komplexen Simulation des menschlichen Organismus (Abb. 6.3).[7]

Und dabei bleibt das Konzept nicht stehen. Man arbeite an einer komplett nachempfundenen Körperlichkeit, berichten die Entwickler. Bei der Konzeption ihrer Persönlichkeit und ihres Bewusstseins wurden nicht nur Hirnaktivitäten simuliert, sondern auch Körperaktivitäten wie ein kontinuierlicher Herz-Lungen-Kreislauf. Körpererfahrungen wie der Atem, das Pulsieren des Blutes oder Tätigkeiten der Verdauungsorgane werden simuliert, um der künstlichen Persönlichkeit eine virtuelle Körperlichkeit zu geben.

---

[7]Die Informationen über Soul Machines wurden der Webseite https://www.soulmachines.com/ entnommen. Auf dem AI-Day 2018 stellten die beiden Soul Machines-Partner Greg Cross und Dr. Mark Sagar ihre Grundlagentechnologie einem Fachpublikum vor (vgl. AI-Day 2018).

6.3 Krise der Authentizität

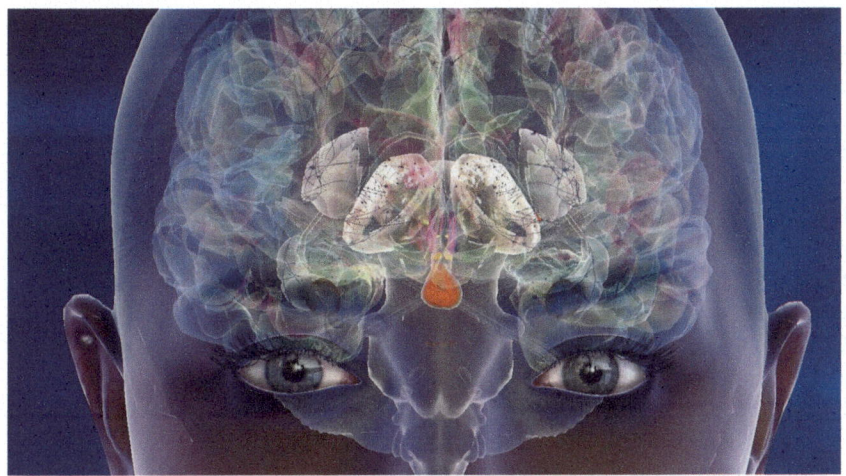

Abb. 6.3 Aktivität eines virtuellen Großhirns. (Quelle: Soul Machines Pressestelle)

Überprüfen konnten wir dies nicht. Wir sehen nur die beeindruckenden Avatare mit ihren simulierten Hirntätigkeiten in zahlreichen Produktdemonstrationen. Wie weit reicht hier der Kosmos der Simulation schon? Fliegt der Geist mit steifen Tragflächen oder schlagen die Flügel bereits wie bei künstlichen Vögeln? Ist es tatsächlich schon Realität, was ein Student des berühmten KI-Forschers Marvin Minsky einmal in den 1980er Jahren so nachdrücklich beschrieben hat: Künstliche Intelligenz „[is] trying to create a computer beautiful enough, that a soul would want to live in it" (Turkle 2015, S. 338).

Simulationsmaschinen
Die zahlreichen Beispiele zeigen eines: Die Mediengesellschaft hat eine simulative Seite – auch lange, bevor die virtuellen Welten des Internets in unser Bewusstsein traten. Pseudoereignisse, multiple Identitäten, Simulakren sind Beispiele dafür. Durch die Digitalisierung wird der Simulationscharakter allerdings noch erheblich verstärkt. Phänomene wie Virtual Reality, Augmented Reality und Dialogroboter werden eine wichtige Rolle dabei spielen. Soziologen sprechen angesichts dieser Entwicklungen bereits von einer Post- oder Transmedialität. In der postmedialen Gesellschaft werden wir immer häufiger in einer Art „kollektiven Halluzination" leben, meint etwa der Soziologe Stefan Selke (2009, S. 34).

Was nun Bots anbelangt, fehlt es noch an belastbarer Erfahrung und an empirischen Untersuchungen. Aber die Vermutung liegt nahe: Dialogroboter werden die Spirale der Simulation um einige Umdrehungen weiterdrehen. Bots sind Simulationsmaschinen par excellence.

6.3.3 Wege aus der Authentizitätskrise

Die Anziehungskraft von Dialogrobotern ist durch eine erstaunliche Ambivalenz geprägt, ein Doppelsinn, der sich erst auf den zweiten Blick zeigt. Bots simulieren Nähe. Sie bieten die Chance zu einem Dialog an einer Stelle, an der sonst Sachlichkeit, meist aber Gleichgültigkeit vorherrscht. Wir haben im Kap. 4 zahlreiche Beispiele etwa im Bereich der Corporate-Bots kennengelernt, bei denen Nutzer, die sich auf einer Webseite über ein Thema informieren wollen, durch einen Dialogroboter zu einem Dialog verführt werden. Dieser automatisierte Dialog ist ein Angebot: Er lädt das Gegenüber dazu ein, sich auf ein Thema tiefer einzulassen, als er es bei der eher sachlichen Lektüre eines Webseitentextes tun würde.

In dieser Simulation der Nähe liegt aber auch der Keim der Enttäuschung: Der Mangel an Authentizität dieser Gesprächserfahrung kann zu einer Abnutzung der Intimität führen, die man normalerweise in einem Dialogsetting erwartet. Die Simulation von Nähe enthält den Keim der Entfremdung. Einem Gespräch mit einem Dialogroboter fehlt die Authentizität der Erfahrung, die man aus natürlichen Konversationen kennt.

Auch die besten mit Emotional-Intelligence-Technologie ausgestatteten Beziehungsbots sind nicht wirklich sozial oder empathisch. Sie sind von Menschen als soziale Gegenüber konstruiert (Höflich 2016, S. 200). Wir nehmen diese Konstruiertheit wahr. Es besteht daher die Gefahr, dass für immer mehr Menschen im Umgang mit Sprachdialogsystemen auf kurz oder lang das Gefühl einer emotionalen Schalheit und Leere zurückbleibt – Illusionen sind auf Dauer unbefriedigend.

Können Bots vor diesem Hintergrund wirklich Nähe schaffen? Die Antwort auf diese Frage fällt auch am Ende dieser Untersuchung nicht eindeutig aus. Wenn es nicht so wäre, warum würden Unternehmen und Regierungen dann Milliarden in die Erforschung und Entwicklung solcher Systeme investieren? Über die positiven Effekte in Callcentern, Service- oder Marketingbereichen haben wir bereits gesprochen. Die natürliche, menschliche Seite, die dem dialogischen Prinzip innewohnt, scheint auch durch die Maschinenkommunikation ihre Wirkung nicht zu verfehlen. Sie hat aber auch eine dunkle, eine weniger offensichtliche Seite, eine, die zu mehr Entfremdung, Entpersönlichung und Dissoziation führen kann.

Immer öfter springen Maschinen als künstliche Gesprächspartner ein. Immer häufiger werden sie echte soziale Beziehungen ersetzen. Sie simulieren

6.3 Krise der Authentizität

Gemeinschaft, Teilnahme und Partnerschaft. Wir wissen von dieser Täuschung und wir nehmen sie nur allzu gerne hin – schließlich ist ein simuliertes Gespräch besser als gar kein Gespräch. Aber es bleibt ein Gefühl fehlender Authentizität.

Dialoge im „Als-ob"-Modus
Beziehungsbots wie Mitsuku, Replika oder Woebot haben einiges zu bieten. Sie sind immer verfügbar, reden mit uns über unsere Ängste und Enttäuschungen – ohne uns mit ihren Problemen zu belästigen. Und auch umgekehrt müssen wir unsere realen Freunde nicht mehr mit unseren Problemen und Ängsten konfrontieren. Wir können sie uns vorbehalten für die idealen Momente des Lebens, in denen wir uns selbst stark fühlen und optimal in Szene setzen. Das Reale soll dem Positiven vorbehalten bleiben. Das Negative kann auf diese Weise im realen Gespräch ausgegrenzt werden.

Beziehungsbots können uns dabei helfen, der Inszenierung eines idealen, problemfreien Lebens näherzukommen. In der Realität können wir unsere Stärken besser ausagieren. Alles andere tragen wir an einem geheimen Ort aus – mit der Maschine. In gewisser Hinsicht werden Maschinen dadurch zur „besseren Gesellschaft" für uns. Sie spenden uns Aufmerksamkeit, wann immer wir sie brauchen, sind stets verfügbar, sie verzeihen Fehler, sie bedienen unsere Fantasie und bewahren uns vor der schlimmsten Bedrohung der modernen Gesellschaft: der Langeweile und dem „Sich-Selbst-Überlassensein".

Dabei vergessen wir aber eines: was es bedeutet, ein authentisches Gespräch zu führen. Computer sind darauf programmiert, mit uns Dialoge zu führen, „als ob" sie uns verstanden hätten. Und wir selbst beschränken uns auf einen Kommunikationsmodus „als-ob" (Turkle 2015, S. 338 f., 351 f.). Die Frage ist: Warum geben wir uns eigentlich mit einer „Als-ob-Welt" zufrieden? Nur weil sie vorgibt, perfekter und störungsfreier zu sein?

Hinter einer „Als-ob-Beziehung" zeigt sich ein gefährlicher Doppelsinn: In dem Maß, in dem wir Maschinen wie Menschen behandeln, behandeln wir umgekehrt Menschen immer mehr wie Maschinen. Wir schalten reale Dialoge „on hold", wenn wir schnell einen Blick auf das Smartphone werfen. Immer mehr reale Gespräche prallen unbeteiligt an uns ab, weil wir uns nicht mehr auf sie einlassen können – oder wollen. Umgekehrt neigen immer mehr Menschen dazu, andere „zuzutexten", ohne echtes Verständnis dafür, dass vom Gegenüber weder Interesse noch Rückmeldung kommt. Auch damit behandeln wir Menschen wie Maschinen. Wer in einer Welt von Dialogrobotern groß wird, erlernt nicht die Fähigkeit zur Empathie und zur Auseinandersetzung mit Widerständen. Zeit, die wir mit Dialogrobotern verbringen, verbringen wir nicht mit unseren Partnern, mit unseren Freunden, mit unseren Kindern – oder mit uns selbst (Turkle 2015, S. 351).

Gerade für einen Heranwachsenden ist eine Dialogmaschine besonders interessant. Sie bietet die Garantie, niemals zurückgewiesen zu werden und einen Ort zu besitzen, dem man sich vertrauensvoll zuwenden kann. Aber was Kinder und Jugendliche eigentlich brauchen ist nicht die Garantie einer seelenlosen, simulierten Akzeptanz. Sie brauchen die Erfahrung, echter Beziehungen, die sie lehrt, wie man im Austausch empathisch und fürsorglich miteinander umgeht. Genau das müssen sie erlernen: Wie kompliziert menschliche Gefühle sind, mit welcher inneren Vielfältigkeit, Widersprüchlichkeit und auch Zerrissenheit Menschen zu kämpfen haben – und wie man mit alldem umgeht.

Kinder brauchen andere Menschen, die auf ihre eigene Komplexität eingehen, ihnen helfen, sie zu entwickeln und sie auch bei anderen zu verstehen. Menschen erlernen all dies – im Gespräch. Und es gehört daher zum Wertvollsten, was wir anderen Menschen und unseren Kindern mitgeben können. Kein Dialogroboter verfügt über diese Fähigkeit oder könnte sie vermitteln. Auch alle noch so guten Technologien aus dem Bereich der künstlichen emotionalen Intelligenz werden das nicht substituieren können: Der künstlich intelligente Computer ist ein „Als-ob-Wesen".

Wir alle waren einmal Kinder, klein und abhängig. Wir sind aufgewachsen und haben etwas über Intimität und Nähe gelernt. Wir besitzen eine Geschichte aus Frustrationen und Freude, aus Scheitern und Wiederaufstehen, aus dem Triumph des Erfolgs und dem Glück, Freunde und Menschen gewonnen zu haben, die uns lieben. Das macht unsere Authentizität als Menschen aus, als Individuen. Kein Roboter und keine KI kann diese Erfahrung machen, und es dürfte schwer sein, auch dies noch zu simulieren um eine Maschine zu schaffen, die so schön ist, dass eine Seele darin leben wollte.

Echte Dialoge

Dass wir uns mit Dialogrobotern so natürlich unterhalten werden wie mit einem Menschen, das war eine Illusion aus der Pionierzeit der KI. Heute erscheint das immer unwahrscheinlicher. Dialogroboter sind keine authentischen Wesen und wir sollten sie auch nicht als solche sehen. Sie sind Interfaces. Die Dialoge mit ihnen werden bald immer natürlicher erscheinen, aber es werden keine natürlichen Dialoge sein. Die US-amerikanische KI-Forscherin Julie Carpenter sieht darin eine mögliche Lektion zum Umgang mit diesen Maschinen. Die Forschung habe stets versucht, menschliche Intelligenz zu reproduzieren. Doch das ändere sich gerade. „Wir beginnen zu verstehen, dass die Art, wie man mit einer KI interagiert, etwas anderes ist, als mit Menschen zu sprechen" (Bovermann 2017).

Zur Erstellung dieses Buches hat unser Team stundenlange Gespräche mit zahlreichen Dialogrobotern geführt, dokumentiert und bewertet. Angefangen mit der Tatsache, dass viele dieser Gespräche nicht in der Muttersprache der meisten

6.3 Krise der Authentizität

Tester geführt wurden, zeigten sich dabei zahlreiche Aspekte einer Anpassung und Nivellierung. Beim Dialog mit dem Sprachassistenzsystem eines Callcenters, eines In-car-Sprachsystems oder auch mit einem Superbot wie Alexa kann man bislang bestenfalls von einem rudimentären Sprachdialog sprechen. Genau genommen geben wir Kommandos oder stellen Fragen. Das Gespräch ist bei ordnungsgemäßer Ausführung schnell wieder beendet. Das ist eher die Karikatur eines Dialogs.

Aber auch bei den Gesprächen mit komplexeren Dialogsystemen zeigte sich bei den Interviewern oft ein völlig unnatürlicher Sprachduktus. Sie versuchten, die Komplexität ihrer Eingaben bewusst zu reduzieren – oder auch zu erhöhen, um das Verständnis der Maschine herauszufordern. Sie mussten mit völlig unnatürlichen Verständnisproblemen der Maschine umgehen und den unterschiedlichen Dialogrobotern aus den Gesprächssackgassen helfen. Vor allem aber führten sie Gespräche, die man in der realen Welt so nie führen würde. Ist es besonders natürlich oder gar menschlich, nach der Einwohnerzahl von Norwegen zu fragen und eine exakte Antwort zu bekommen? Sicher nicht. Eine menschlich erwartbare Antwort wäre wohl, „keine Ahnung". In der Ökonomie eines Dialogroboters wäre eine solche Antwort aber weder sinnvoll noch wünschenswert.

Noch fehlen umfassende Studien zur Dialogführung und zum Sprachgebrauch der Nutzer im Umgang mit Dialogrobotern. Unsere Gesprächsprotokolle sind Dokumente einer sprachlichen Suche, Anpassung und Nivellierung. Ja, wir werden mit Dialogrobotern Dialoge führen. Und sie werden effektiv, funktional, befriedigend sein. Aber es werden andere, neue Formen des Dialogs sein. Und es steht zu befürchten, dass diese Dialog- und Sprachformen, die wir im Umgang mit Bots entwickeln, wiederum Einfluss auf unsere natürliche Sprache und auf unsere natürlichen Konversationen haben werden. Darin stecken alle Chancen und Risiken neuer Technologien: Die Kraft uns einander näher zu bringen und uns voneinander zu entfremden.

Vielleicht liegt aber der wesentliche Sinn dieser Untersuchung darin, dass wir Gespräche mit Dialogrobotern als das sehen lernen, was sie sind: künstliche Konversationen, die den natürlichen Dialog nicht ersetzen. Vielleicht führt die Auseinandersetzung mit Dialogrobotern dazu, dass wir Dialoge neu bewerten und schätzen lernen. Wir sollten uns den Raum für echte Gespräche in Zukunft bewusst erhalten, vielleicht sogar wieder zurückerobern. Genauso mussten wir ja auch lernen, die Zeit, die wir vor dem Fernseher oder mit dem Smartphone verbringen, bewusst zu reduzieren. Wenn das gelingt, dann würde der Aufbruch in eine digitalisierte, automatisierte Medienwelt nicht nur das (möglicherweise unterhaltsame) Vertiefen einer Simulationswelt – sondern eine echte Dialogwende.

Postscriptum 7

> **Zusammenfassung**
>
> Die Digitalisierung der Medien hat einen tiefgreifenden Einfluss auf den Sprachgebrauch der Menschen sowie ihre Denk- und Handlungsweisen. Dieser Prozess hat bereits mit der Verbreitung von Computern und Smartphones, mit der Vernetzung der Lebenswelten durch das Internet und die massenhafte Nutzung der sozialen Medien eingesetzt. Die Auseinandersetzung mit Dialogrobotern könnte diesen Prozess noch einmal erheblich beschleunigen. Als gravierender Einflussfaktor könnte sich das Zurückdrängen der Schrift erweisen, was noch viel grundlegender in den Prozess der kognitiven Verarbeitung von Welt eingreift.

Beginnt durch die Dialogwende ein Zeitalter nach der Schrift? Wir sehen in den letzten Jahren an vielen Stellen eine Neubewertung medialisierter, mündlicher Kommunikationsformen. Der Boom der Hörbücher ist hier genauso zu nennen wie das wachsende Interesse an Podcasts. Automatisiertes Vorlesen kommt wieder in Mode: Der Tablet-PC, den ich gerade in Händen halte, kann mir auf Knopfdruck beliebig lange Passagen dieses Textes flüssig vorlesen. Immer mehr Internetseiten bieten einen vergleichbaren digitalen Audioservice, der die Texte vorliest. „Gesprochene Wikipedia" ist ein Projekt, bei dem Wikipedia-Artikel zum Hören bereitgestellt werden. Manches spricht also für eine Re-Oralisierung der medialen Kultur, aber es ist keinesfalls sicher, ob dieser Trend seine Nische überwindet.

Bei der Bestandsaufnahme der bereits existierenden Sprachdialogsysteme hat sich gezeigt, dass ein großer Teil von ihnen keine Voice-to-Text- beziehungsweise Text-to-Voice-Konvertierung einsetzen. Sie kommen komplett ohne Stimme aus. Dabei wäre das technisch gesehen nicht einmal besonders schwierig. Entsprechende Module sind auf dem Markt verhältnismäßig leicht hinzuzukaufen und die meisten Smartphones besitzen sowieso schon Voice-Funktionalitäten. Viele Chatbots beschränken sich aber gleichwohl auf die Basistechnologie schriftbasierter Messenger-Plattformen. Die Stimme hat hier die Schrift als Informationsmedium nicht verdrängt. Die Dialogwende heißt also nicht notwendigerweise, dass das Ende der Schrift eingeläutet wird. Die Zukunft von automatischen Dialogrobotern muss nicht so aussehen, wie die Science-Fiction-Designs von *Odyssee 2001, Her* oder *Blade Runner 2049*.

Das Voice User Interface (VOI) ist nicht alternativlos in einer Welt automatisierter Sprachdialogsysteme. Zum Glück möchte man sagen, denn die Schrift ist ein derart zentraler Bestandteil unserer Kultur, dass man sich ihren Ausfall oder auch nur ihr Zurückdrängen kaum vorstellen mag. Henning Lobin hat in seiner lesenswerten Analyse die Bedeutung von Schrift als Erkenntnissystem anhand vieler unterschiedlicher Beobachtungen aus der analogen und digitalen Welt beschrieben. Flüssiges Lesen besteht demnach nicht nur im schnellen Kombinieren von Buchstaben und im Identifizieren von Wörtern. Wir nehmen Text stattdessen wie eine Landschaft von Bedeutung wahr. Lesen ist nur scheinbar ein linearer Prozess. Die Leseforschung hat gezeigt, dass Lesen eher in kleinen Sprüngen, sogenannten Saccaden, in alle Richtungen abläuft: „Diese Art des Lesens kann man vergleichen mit dem Verfolgen der Fährte eines Tieres auf dem Erdboden: Die Abdrücke sind Zeichen für etwas anderes, ein Lebewesen, und sie verlaufen auf einer Linie wie die Wörter in einem Text." (Lobin 2014, S. 34 f.).

Diese Form des Lesens ist ein kreativer Akt. Wir haben als Individuen lange gebraucht, um diese Kulturtechnik zu erlernen. Diese Fähigkeit würde in einer reinen VOI-Welt ersatzlos verloren gehen – mit erheblichen Konsequenzen. Der schnellen, effizienten Orientierung, die ein schriftbasierter Text bietet, hätte ein voice-basierter Text nichts entgegenzusetzen, was auch nur annähernd so leistungsfähig wäre. Lernen, Arbeiten mit Wissen, Wissenschaftlichkeit – all das würde gravierend an Effizienz und Erkenntniskraft verlieren, da die Orientierung im Meer der Zeichen automatisch auf die memorativen Fähigkeiten des Individuums zurückgeworfen wären. Was der Dialog an Wärme und natürlicher Tiefe vielleicht bieten mag – eine effiziente Wissenskultur ist ohne Schrift kaum darauf zu gründen.

Auch im Bereich der Textproduktion unterscheiden sich schriftliche von rein oralen Texten erheblich. Schrift macht einen Text berührbar, dehnbar, flexibel. Wir können ihn segmentieren, Teile kopieren und umstellen. Und wie auch das Lesen ist das digitale Schreiben ein multidimensionaler Prozess, der nahezu gleichzeitig auf verschiedenen Ebenen und in verschiedene Richtungen abläuft.

7 Postscriptum

Zur Tastatur kommt in der Regel noch ein weiteres Steuerungsinstrument hinzu: zum Beispiel die Maus. Mit ihm können wir zusätzlich zu den Fingern auf der Tastatur in den Text eingreifen. Es entsteht eine hochdynamische, multisensorische Interaktion mit dem schriftbasierten Text auf dem Bildschirm.

Es kommt hinzu, dass wir durch die Digitalisierung gerade erst einige Funktionalitäten entdeckt und adaptiert haben, die unseren taktilen und kreativen Umgang mit dem Phänomen Text noch einmal deutlich erweitert haben – etwa die Hypertextualisierung, die Hybridisierung und Multimedialisierung von Text (Lobin 2014, S. 98–153). All dies sind Möglichkeiten im Umgang mit Schrift, die bei reiner Oralität kein adäquates Äquivalent hätten. Durch das Hypertextprinzip ist gerade erst ein durchschlagender Mehrwert des digitalen Texts gegenüber dem gedruckten Buch entstanden: Das grafisch markierte Wort verbirgt einen Anker, einen Deep Link, der den Leser per Mausklick zur Quelle und zu einem ganzen Kosmos weiterführender Literatur leitet. Der Hyperlink ist ein Knoten im Netz der Texte. So etwas lässt sich nur mit Text auf einem visuell lesbaren Medium machen. Ohne Schrift ist es nahezu unlösbar.

Dass die Stimme an dieser Stelle die Schrift ersetzen wird, ist nach dem Gesagten schwer vorstellbar. Zu vielfältig und taktil sind Gestaltungsmöglichkeiten mit schriftbasiertem Text, als dass man diese Möglichkeiten ohne Not aufgeben würde. Ich kann mir allerdings durchaus vorstellen, dass etwa der Textproduktionsprozess durch Voice-Funktionalitäten ergänzt wird. Wenn man Textwahrnehmung und Textproduktion multisensorisch erweitert, also zum Sehsinn und taktilen Sinn auch noch die Funktionalitäten des Hörsinns hinzufügt, wird der Umgang mit Text möglicherweise noch effizienter und vielfältiger. Wer sagt, dass man Text allein durch die Tastatur eingeben muss?

Ähnliches gilt auch für das Rezipieren von Texten. Voice-Systeme können hier unterstützen. Auch bei der Navigation innerhalb langer Texte oder beim Text-Mining in einer Vielzahl von parallel genutzten Texten mag Sprachsteuerung gute Dienste leisten. Und damit noch nicht genug: Auch berührungslose Gesten könnten in Zukunft die Funktion der Maus ergänzen oder ersetzen. Genauso wie man den Bewegungssensor Microsoft Kinect in Verbindung mit einem Bildschirm und einer Spielkonsole zu einem viel freieren Erleben und Interagieren in Videospielen einsetzt, genauso könnte man Gestensteuerung auch zur Navigation und Orientierung im Text nutzen.

Auch hierzu hat Hollywood bereits Designvorlagen geliefert. So schreibt beispielsweise die Schriftstellerin Aurora Lane ihre Romane und Erzählungen in dem Film *Passengers* (2016) völlig ohne Tastatur, sehr wohl aber unterstützt durch einen Bildschirm mit Gestensteuerung. Ein VtT-Generator projiziert den Text, den Lane diktiert, direkt auf einen mobilen Bildschirm. Korrekturen führt sie per Gestensteuerung aus: Mit einem Wischen der Hand wird der letzte Satz einfach aus dem Manuskript gelöscht und erneut diktiert. Der für sein außerordentliches Design hochgelobte Film dürfte hier eine durchaus realistische Vision ins Bild gesetzt haben, wie Sprachsteuerung und Schrift in Zukunft bei der Textproduktion zusammenspielen. Das alles legt eines nahe: Egal, welche Wunder die Computertechnik noch entwickeln wird, Schrift wird sehr wahrscheinlich weiter eine wichtige Rolle dabei spielen.

Warum erfreuen sich eigentlich schriftbasierte Chats nach wie vor so großer Beliebtheit? Warum sind sie nicht längst durch Sprachnachrichten verdrängt worden, die man ja in den meisten Messenger-Systemen längst ebenfalls integrieren kann? Unlängst konnte ich an einem heißen Sommertag am Achensee einer vielleicht symptomatischen Szene beiwohnen: Eine junge Frau saß am Badesteg und versuchte mit dem Smartphone die durchaus anmutig pitoreske Situation an dem Alpensee in Form eines 30-sekündigen, live kommentierten Video-Biopics darzustellen. Das gelang ihr schließlich auch. Allerdings benötigte sie etwa fünf Kamerafahrten mit immer gleich eingesprochenem Text. Letztendlich verschickte die junge Frau das Video dann in einer Version ohne gesprochenen Text – was sie dann eingetippt hat, konnten wir Stegbeiwohner selbstverständlich nicht mehr nachprüfen.

Eine Alltagsszene, wenn doch vielleicht nicht repräsentativ. Aber sie zeigt, dass Schriftlichkeit auch im Alltag erhebliche Vorteile haben kann. Zwar bietet Mündlichkeit im Chat eine gewisse Verbindlichkeit, ein höheres Tempo in der Kommunikation, Zusatzinformation zum reinen Text etwa durch die Intonation. Dem stehen aber auch erhebliche Nachteile entgegen. Mündliche Textproduktion in der Öffentlichkeit, das zeigt das Beispiel, ist auffällig bis zur Indiskretion. Zudem bietet die schriftliche Kommunikation ein zeitversetztes, nichtlineares Gestaltungspotential, das in der Mündlichkeit fehlt. Dieses Phänomen wurde auch bereits bei der Nutzung von Social-Media-Diensten und Messengern beobachtet (Dürscheid und Frick 2016, S. 71). Beim Chatten im Messenger geht es mindestens genauso um Selbstdarstellung wie um Informationsaustausch. In den sozialen Medien stehen nur scheinbar Authentizität und Intimität im Vordergrund. Oft dienen diese Kanäle auch zur bewussten Inszenierung des eigenen Lebens: Man zeigt aus dem aktuellen Augenblick gerade das, was man zeigen will. Chatten und schriftbasierte Texte eignen sich für diese Form der Inszenierung viel besser als Tondokumente, die jedes Mal neu aufgenommen werden müssen. Man kann mit dem Text arbeiten, ihn umstellen, kopieren, Teile löschen oder ihn durch Bildelemente vertiefen. All das macht die Selbstinszenierung durch Textproduktion im Netz plan- und kontrollierbarer.

7 Postscriptum

Nach all dem Gesagten halte ich es noch längst nicht für sicher, dass die Dialogwende auch der Aufbruch in eine rein orale Kultur ist – eine Wende weg von der Schrift. Es wird eher so sein, dass sich unser Umgang mit schriftbasierten Texten wandelt, dass sie ergänzt werden durch die Stimme. Nur in bestimmten Nischen wird es der Stimme gelingen, so Fuß zu fassen, dass sie die Schrift komplett verdrängt. Sprachassistenzsysteme und Sprachkommandosysteme zu Hause oder im Auto werden solche Einbruchstellen der Mündlichkeit sein.

Aber selbst, wenn die Dialogwende nur einen kleinen Teil der Informationen erfasst, von der wir bisher gewohnt sind, sie schriftlich auszutauschen, wahrzunehmen oder zu formen, kann der Effekt erheblich sein. Schrift ist nicht nur aufgeschriebene gesprochene Sprache. Schrift ist auch Bild, Gedächtnisobjekt und ein Werkzeug der Kognition.

Neuropsychologen haben seit Langem darauf hingewiesen, dass die Verarbeitung von Schrift andere Hirnareale evoziert als die Stimm- oder Bildverarbeitung. So weist der amerikanische Chirurg Leonhard Shlain in seiner umfangreichen Studie *The Alphabet versus the Goddess* darauf hin, dass das Erlernen geschriebener, insbesondere alphabetischer Sprachen die Gehirnfunktionen in einer Art und Weise verändert, die lineares Denken gegenüber ganzheitlichem Denken verstärkt. Orale Kulturen neigen daher dazu, intuitiver auf die Wirklichkeit zu reagieren als Schriftkulturen, wobei auch andere Areale des neuronalen Kortex zum Einsatz kommen.

Veränderungen im Bereich der mündlichen und schriftlichen Informationsverarbeitung können daher, so Shlain, erhebliche Auswirkungen auf ganze Kulturen haben. Die Einführung der Schrift in eine Kultur ging beispielsweise nicht selten einher mit einer Austreibung weiblicher Gottheiten – das Judentum machte eine solche Phase nach dem babylonischen Exil durch. Ähnliche Entwicklungen sehen wir in der lateinischen und zum Teil auch in der griechischen Kultur. Umgekehrt führte, so Shlain, der Ausfall der Schrift im Frühmittelalter dazu, dass Weiblichkeit und auch Muttergottheiten (Marienkult) plötzlich wieder eine größere Rolle zu spielen begannen. Im Spätmittelalter sehe man dann erneut die Gegenentwicklung: Die Alphabetisierung breiter Bevölkerungsschichten führte zu einer gewaltsamen Entladung frauenfeindlicher Exzesse – etwa in Form der Hexenverbrennungen. Shlain konstruiert in seinem faszinierenden Buch einen weitreichenden Zusammenhang zwischen Schriftkultur und Patriarchat (Shlain 1988).

Man muss dieser Darstellung nicht in allen Details folgen. Die weitreichende Analyse legt zumindest eines nahe: Eine Kultur der Schriftlichkeit unterscheidet sich grundlegend von einer Kultur der Mündlichkeit. Schrift ist weit mehr als ein Instrument zum Transport mündlicher Information in anderer Form. Schrift verfügt über eine eigenständige Materialität. Schrift gehorcht einer medialen Eigengesetzlichkeit – wir haben das am Anfang dieses Buchs im Zusammenhang mit

Egil Skalla-Grímssons Rat schon einmal diskutiert: Schrift transportiert nicht nur Erkenntnisse. Sie ist ein Instrument der Erkenntnis, das über mündliche Sprache weit hinausgeht.

Noch wissen wir nicht genau, welche Entwicklungen mit der Dialogwende angestoßen werden. Vorsicht ist aber angebracht, sollte es ein Aufbruch in eine Zeit nach der Schrift sein. Es wäre nicht das erste Mal, dass die dunkle Kraft der Medien die Krankheiten verschlimmert hat, die sie eigentlich kurieren sollte. Denn das scheint mir, ist der eigentliche Sinn von Egils Rat. Er mahnt uns auch heute noch zum bedachten Umgang mit dem ersten Medium der Menschheit – der Schrift.

Konsequenzen aus der Dialogwende

8

Zusammenfassung

Institutionelle Medien und Unternehmen stehen am Anfang einer kommunikativen Wende: der Dialogwende. Die Bedeutung von Konversation und Dialog wird in den Massenmedien stetig wachsen. Ein Teil dieser Dialoge wird automatisiert ablaufen. Ein wesentlicher Treiber dieser Entwicklung sind künstliche Intelligenz und NLG-Technologien. Sie machen sogenannte Dialogroboter möglich. Sie ermöglichen erstmals in der Geschichte eine automatisierte Dialogkommunikation, bei der Algorithmen teilweise autonom kommunizieren und Dialoge führen können. Der Erfolg von Medien und Unternehmen wird zunehmend von ihrer Dialogfähigkeit und dem Grad ihrer Automatisierung abhängig sein. Dieser Medienwandel kann erhebliche soziale, politische und psychologische Konsequenzen haben: Denn die Automatisierung von Dialog kann Nähe schaffen – aber auch Entfremdung vertiefen.

Das Interesse an sprachbasierten Systemen, sogenannte Voice-First-Systeme, wächst. Sie stoßen auf große Akzeptanz. Die meisten Nutzer begegnen dieser Technologie offen und vorurteilsfrei. Viele nutzen sie bereits im Alltag. Die Verführungskraft der Sprachinterfaces entfaltet ihre Wirkung. Und in der Tat: Dialogroboter können den Umgang mit dem Computer und der digitalen Lebenssphäre wesentlich einfacher und effektiver gestalten. Wer würde leugnen, dass der Fahrer eines Autos besser die Hand am Steuer lässt als auf der Tastatur seines Smartphones. Die Stimme ist ein elegantes Element, um während der Fahrt den Bordcomputer zu steuern und die vielen Vorteile der digitalen Welt zu nutzen. Auch die Warteschleife im Callcenter verbringt man lieber im Gespräch mit einem Bot als mit Hintergrundmusik. Dialogroboter schaffen individuelle Freiräume und völlig neue Möglichkeiten der massenmedialen Kommunikation. Die gilt es auszuloten.

Wie geht es aber weiter mit der Dialogwende? Wie weit lassen wir Dialogroboter in unser Leben? Lassen wir es zu, dass sie die Art und Weise verändern, wie wir sprechen, denken und zusammenleben? Ich möchte zum Schluss dieses Buches einen Ausblick wagen und die wichtigsten Erkenntnisse in sieben Thesen zusammenfassen.

a. **Die Automatisierung von Dialogen ist der nächste Schritt in der digitalen Transformation der Medienwelt.**

Dialogroboter kann man als neues digitales Medium ansehen. Bereits heute sehen wir eine Reihe von sehr unterschiedlichen Anwendungsfeldern in Wirtschaft, Gesellschaft und Privatleben: Homebots, Superbots, Company-Bots, Medienbots, Beziehungsbots oder Identity-Bots – die Einsatzmöglichkeiten natürlichsprachlicher Mensch-Maschine-Interaktion sind vielfältig. Die Gesellschaft steht erst am Anfang einer Entwicklung des automatisierten Dialogs, und wir wissen noch längst nicht, welche Fortschritte sich noch bei der Technologie sowie bei der Digitalisierung der Lebenssphären ergeben werden.

Einige Tendenzen in der Entwicklung der Dialogwende lassen sich jedoch ablesen. Voice Personal Assistants (VPA), sogenannte digitale Butler, können uns das Leben und den Umgang mit digitalen Informationen wesentlich erleichtern. Sie können als Ansprechpartner für viele organisatorische Fragen des Lebens dienen und namentlich den Zugang zum Internet verwalten. Aktuell schicken sich die Top-Unternehmen der Plattformökonomie an, diese wirtschaftlich äußerst interessante Marktposition mit Superbots wie Siri, Alexa, Cortana und Google Home zu besetzen. Der Prozess dieser Konzentration und Monopolbildung wird von vielen bereits kritisch gesehen.

Durch die Dialogwende werden komplexe Bot-Ökosysteme entstehen. Immer mehr Unternehmen und institutionelle Medien werden eigene Dialogroboter für ihre Kommunikation einsetzen und auch Privatpersonen werden Identity-Bots als Repräsentanten in der digitalen Lebenssphäre nutzen.

Wirtschaft und institutionelle Medien bereiten sich bereits darauf vor und führen Tests und Pilotprojekte durch, wie sie sich in diesem Umfeld am besten positionieren. Vor diesem Hintergrund wird auf professionelle Kommunikatoren eine neue berufliche Herausforderung zukommen: das Conversational Design. Conversational Designer werden automatisierte Dialoge mit verschiedenen Zielgruppen analysieren, konzipieren und managen können. KI- und Daten-Know-how werden dabei zu einer wichtigen Schlüsselkompetenz.

Wir alle werden voraussichtlich immer häufiger Dialoge mit Maschinen führen. Das wird uns nicht unbedingt immer bewusst sein, was wiederum schwierige Fragen aufwirft: Die Authentizität des Absenders oder Gesprächspartners wird zu einem kritischen Problem, genauso wie die Authentizität der Inhalte selbst. Aussagen, Fotos, Videos und Stimmen werden leicht zu fälschen sein und können im World Wide Web massenhaft verbreitet werden. Bot-Armeen und Fake News könnten auf diese Weise die Prozesse der institutionellen Massenkommunikation beeinflussen und ihre Rolle in der Mediendemokratie verändern. Diesen Entwicklungen müssen wir uns entgegenstellen: durch eine breite, vorurteilsfreie Diskussion, durch einen deutlichen Ausbau der digitalen Bildung und nicht zuletzt auch durch eine maßvolle Regulierung.

b. Ein sprachbasiertes System macht noch keine Dialogwende
In der Marketing- und Medienindustrie wird viel über den neuen Trend der Sprachsteuerung gesprochen. Die Begeisterung vor allem bei den Herstellern ist groß: „Wir können mit unserer natürlichsten Interaktionsform [der Sprache] Technik steuern – und dadurch Lebensqualität gewinnen. (…) Wir stehen am Anfang einer technologischen Veränderung, die uns zeitweise noch magisch erscheint." (Anzeigentext Amazon) Nun kann man Marketingabteilungen nicht immer als die objektivsten Betrachter zeitgenössischer Entwicklungen sehen. Aktuelle Marktstudien bestätigen aber das hohe Interesse der Nutzer an dieser Technologie. Die Attraktivität gerade von Voice Personal Assistants (VPA) steigt. Nach einer angeblich repräsentativen Umfrage von PwC sind 90 % der Amerikaner grundsätzlich vertraut damit, um die 60 % bezeichnen sich sogar als Heavy User (PricewaterhouseCoopers 2018).

Die Wirtschaft wittert in der „Voice-First-Technologie" den nächsten großen Wachstumstrend. Das betrifft insbesondere

- den Abverkauf neuer „smarter" Technologie wie Smartspeaker,
- die Potentiale im E-Commerce, insbesondere bei der Plattformökonomie,
- den positiven Einfluss auf die Etablierung der Smart-Home-Technologie und
- die Verfügbarkeit enormer zusätzlicher Datenmengen.

Die Zahlen, die PwC vorgelegt hat, scheinen hoch. Die grundsätzlichen Prognosen der Beratungsunternehmen und der Marktforscher dürften aber richtig sein. Es scheint so, dass hier ein vitaler Wirtschaftssektor entsteht.

Allerdings ist das Wissen über Sprachdialogsysteme in der Öffentlichkeit noch oft gering. Was man über ihre Natürlichkeit, Sprach- und Dialogkompetenz lesen kann, ist oft lückenhaft und manchmal geradezu trivial. Wie sich in dieser

Untersuchung gezeigt hat, sind die Anwendungsfelder von Dialogrobotern bereits vielfältig und heterogen. Die Probleme sind komplex. Ich möchte nur einige anreißen:

Da ist zunächst einmal der Unterschied zwischen voice- und schriftbasierten Anwendungen zu beachten, der oft verwischt wird. Längst nicht alle Bots sind voice-basiert. Die besten Sprachdialogsysteme, die Beziehungsbots, kommen sogar sehr gut ohne Stimme aus. Ob wir wirklich in allen Nutzungsszenarien mit der Stimme agieren wollen, wie es die Voice-First-Apologeten versprechen, das ist keinesfalls sicher.

Und da ist auch der Unterschied zwischen Sprachassistenz- und Sprachdialogsystemen zu beachten. Bei den aktuell diskutierten Sprachdiensten kann man nur eine rudimentäre Dialogkompetenz feststellen. Die Home- und Superbots sind in aller Regel verhältnismäßig anspruchslose Kommandosysteme. Die Interaktion mit Siri, Alexa, Cortana und Co mag funktional durchaus befriedigend sein und für sich genommen eine technisch beeindruckende Leistung darstellen. Aber sie bieten nur die Karrikatur eines Dialogs. Von einer Conversational Economy mit all ihren beschriebenen Vorteilen wird man erst dann reden können, wenn die Dialogkompetenz noch deutlich besser wird. Dass das grundsätzlich möglich ist, daran besteht aber kaum ein Zweifel.

c. **Nicht alle Inhalte werden dialogisiert. Es werden sich Anwendungsfelder mit echter und mit hybrider Dialogisierung etablieren.**
Sprachassistenten mögen in nicht allzu ferner Zukunft zu unseren täglichen Begleitern werden. Wir werden sie in der Wohnung haben, etwa in Form von Smartspeakern oder Personal-Assistant-Robots. Wir werden sie am Home- und Arbeitscomputer nutzen und durch das Smartphone oder eine Vielzahl anderer Wearables am Körper tragen, wenn wir das Haus verlassen. Im Auto werden sie genauso ansprechbar sein wie in der freien Natur. Sie werden uns wie virtuelle Butler begleiten und in Form einer digitalen Dienstsphäre umgeben.

Aber worüber werden wir mit diesen Maschinen reden? Im Moment lässt die Dialogkompetenz dieser Systeme noch zu wünschen übrig. Das mag sich noch ändern – aber vielleicht muss es das gar nicht. Zum Aufrufen eines Wetterberichts, zum Einschalten des Lichts, zum Abfragen des Kalenders oder eines Wikipediabeitrags reichen einfache Sprachkommandos völlig aus. Die Texte, die das System dann vorfindet, werden von einer digitalen Stimme einfach vorgelesen – oder auf dem Bildschirm dargestellt. Für diese Form des hybriden Dialogs ist eine vertiefte, differenzierte Form der Gesprächsführung gar nicht nötig.

Man könnte sich vorstellen, dass sehr viel mehr Inhalte in dialogischer Form aufgearbeitet werden, als wir das heute gewohnt sind. Nehmen wir ein Beispiel aus dem Nachrichtenjournalismus:

> **Deutschland richtet Fußball-EM 2024 aus**
> Nyon (dpa) – Deutschland wird die Fußball-Europameisterschaft 2024 ausrichten. Der Deutsche Fußballbund erhielt in Nyon den Zuschlag durch das Exekutivkomitee der Europäischen Fußballunion. Das Bewerbungsteam um Botschafter Philipp Lahm und Bundestrainer Joachim Löw setzte sich im Duell mit der Türkei durch. Als Spielorte beim ersten großen Heimturnier seit der WM 2006 sind Berlin, München, Düsseldorf, Stuttgart, Köln, Hamburg, Leipzig, Dortmund, Gelsenkirchen und Frankfurt vorgesehen (dpa vom 27.9.2018).

Die Form der „Meldung", in der dieser Text verfasst ist, stellt einen etablierten, effizienten Texttyp des Nachrichtenjournalismus dar. Er lässt sich beliebig in Umfang und Informationstiefe ausdehnen, je nach Bedarf und Handlungsrahmen.

Aber keiner sagt, dass redaktionelle Informationsvermittlung nur so funktionieren muss. Die hier dargestellten Inhalte lassen sich auch in dialogischer Form aufarbeiten, das zeigt etwa das folgende Beispiel:

Nutzer: Novi, was gibt's Neues?
Novi: Sommermärchen 2.0? Fußball-EM 2024 kommt nach . [Hier folgen weitere Nachrichten-Headlines.] Dein News-Update.
Nutzer: Leg los.
Novi: Deutschland oder die Türkei – welches Land soll die EM 2024 ausrichten? ⬜ Vor dieser schwierigen Entscheidung stand heute der europäische Fußballverband UEFA. And the winner is Trommelwirbel ⬜ Germany.
Nutzer: Football is coming home?
Novi: Yes, 18 Jahre nach der WM 2006 wird in Deutschland wieder ein großes Fußball-Turnier stattfinden. Gespielt werden soll in München, Düsseldorf, Stuttgart, Köln, Hamburg, Leipzig, Dortmund, Gelsenkirchen und Frankfurt/Main. Das Finale wird wohl wieder im Berliner Olympia-Stadion gekickt. Bei der ganzen Sache gehts vor allem um…
Nutzer: [um das Geld?]
Novi: [Genau] 15 % der UEFA-Gewinne bleiben als Steuereinnahmen in Deutschland. Dazu kommen Millionen-Einnahmen durch Touris. [Es folgen Links zu den weiterführenden Artikeln]

(Quelle: Novi im Facebook-Chat am 27.9.2018)

Der Nachrichtendienst Novi vermittelt hier einen Eindruck, wie dialogisch aufbereitete Nachrichten aussehen können.

Dialoge könnten also in Zukunft viel mehr Inhalte erschließen, als wir uns bislang vorstellen. Auch solche, die bisher in Form von linearen Texten vermittelt werden. Das ist nicht so ungewöhnlich, wie man denken mag. Es gibt in unserer Kulturgeschichte sogar Vorbilder dafür: Der Lehrdialog war in der Antike und im

Mittelalter eine beliebte und traditionsreiche Textform. Er wurde in der Neuzeit angesichts einer Flut von offensichtlich effizienteren Fachtexttypen verdrängt. In Sachen Dialogisierung von Content könnte die Dialogwende also noch einige überraschende Veränderungen (oder Wiederentdeckungen) mit sich bringen, auch wenn das heute noch an technische Grenzen der Automatisierung stößt.

Aber ist es wirklich sinnvoll und wünschenswert, immer mehr Inhalte in Dialogform aufzubereiten? Ich denke nicht. An vielen Stellen werden Kommandosysteme mit geringer Dialogkompetenz absolut ausreichen. Sie erlauben den Zugriff auf lineare Texte, die in gewohnter Form vorliegen und die einfach und effizient Inhalte vermitteln.

Werden wir also mehr und noch bessere Medienbots sehen, die uns im Stil von Novi eine dialogische Zusammenfassung der News des Tages vortragen? Warum nicht – aber es scheint mir genauso realistisch, dass Dialogroboter hier als hybride Sprachassistenz- oder Kommandosysteme genutzt werden, nicht als echte Dialogpartner. In welchem Nutzungszusammenhang sich eine **echte Dialogisierung** durchsetzt und wo **eine hybride Dialogisierung** mehr Vorteile bietet, das müssen die Nutzer entscheiden. Das ist letztlich auch eine kulturelle Frage.

d. **Dialogroboter werden weder den Bildschirm verdrängen – noch die Schrift**

Die Dialogwende wird von der Einführung neuer, ikonischer Gerätetypen begleitet, anhand derer ihre Entfaltung besonders sichtbar wird. Dazu gehören vor allem Smartspeaker, Smartphones, Smartwatches oder andere sogenannte Wearables. Dazu werden aber auch „Post-Screen-Technologien" gehören. Die smarte Endgerätetechnologie kommt ohne Tastatur und zum Teil sogar ohne visuelle Präsentationsflächen aus. Ohne visuelle Repräsentation ist Sprachdialogtechnologie aber nur in eingeschränkter Form wirklich sinnvoll, etwa wenn es um Anfragen, Kommandos oder Bestellungen im Internet geht. Sobald es sich um die Verarbeitung komplexer Informationen dreht, wird die Arbeit mit schriftlichem Text weiterhin unerlässlich sein. Die Schrift ist noch lange nicht am Ende, aber der Umgang mit ihr wird sich verändern.

Nehmen wir ein Beispiel: Stellen wir uns vor, wie man dieses Buch in zwanzig Jahren schreiben mag. Wahrscheinlich werde ich größere Teile des Inhalts diktieren. Eine Tastatur ist nicht mehr unbedingt nötig, kann aber bei Bedarf genutzt werden. Der erstellte Text erscheint dann unmittelbar auf einem möglicherweise holografischen Display. Sprachdialogsysteme werden mich bei der Recherche und Texterstellung unterstützen. Sie korrigieren stillschweigend grammatische Ungenauigkeiten. Je nach Voreinstellung werden sie auch Floskeln oder Nominalstil automatisch eliminieren – aber diese Funktion werde ich vermutlich ausgeschaltet lassen. Den Text werde ich dann mithilfe von Sprachsteuerung, Gestensteuerung oder Digitalstift strukturieren und redigieren. Ganze Absätze kann ich durch Gesten markieren oder durch ein Wischen umstellen. Durch einfaches Fragen werde ich alle Stellen im bereits geschriebenen Text heraussuchen können, in denen beispielsweise das Phänomen der „Simulation" beschrieben wurde. Mit dem Digitalstift werde ich die passenden Formulierungen (also etwa „Illusion", „Täuschung", „Simulakrum") markieren und austauschen. Redaktionsroboter werden dabei automatisch für grammatische und stilistische Kohärenz sorgen. Möglicherweise werden sie Übergänge umformulieren oder auch kleinere Teile des Texts autonom erstellen. Das gilt insbesondere für Spinoffs dessen, wie Klappentexte oder Pressemitteilungen.

Wohl gemerkt: Das ist eine Vision. Es geht mir hier eher um das Prinzip. Was auch immer davon Realität werden mag – das Erstellen von komplexen Inhalten wird nicht ohne schriftliche Repräsentation von Text auskommen! „Voice first" heißt nicht: das Ende des Textes.

Im Gegenteil: Das Arbeiten mit Texten wird noch vielfältiger werden, als es durch die Digitalisierung bisher schon geworden ist. Ein kompletter Abschied von Präsentationsmedien ist daher ebenfalls kaum wahrscheinlich – auch wenn diese Präsentationsmedien möglicherweise nicht mehr in Form eines Bildschirms auf dem Schreibtisch stehen müssen.

Die Markteinführung zahlreicher Smartspeaker und der Erfolg von Superbots wie Alexa lässt den Eindruck entstehen, dass wir vor dem Beginn einer neuen Kultur der Mündlichkeit stehen. Das ist aber nur ein Teil der Wahrheit.

Wir haben gesehen, dass viele Chatbots weiter schriftbasiert funktionieren. Das korrespondiert mit den Entwicklungen, die wir aus dem Umgang mit Messengern kennen. Auch in der Messenger-Kommunikation wurde die Schrift nicht verdrängt, obwohl Voice-Funktionalitäten längst zur Verfügung stehen. Der Grund ist einfach: Für die kommunikative Funktion von Messengern ist das Tippen von Text offensichtlich effizienter als das Aufnehmen einer Sprachnachricht. Voice mag authentischer sein – für die Zwecke einer Selbstinszenierung scheint die Bearbeitung von Text im Messenger aber deutlich einfacher zu sein. Bei der Bewertung, ob sich Text oder Voice durchsetzen wird, kommt es also nicht nur auf die Frage der Komplexität der Inhalte an, mit denen wir umgehen, sondern auch um die Effizienz des Gesamtprozesses.

Ein Dialogroboter kann, muss aber nicht voice-basiert kommunizieren. In allen möglichen Anwendungsfeldern und Nischen wird sich Voice etablieren. Die Schrift wird aber weiter unverzichtbar sein. Wir werden voraussichtlich in einen Sprachkosmos eintreten, der deutlich vielfältiger ist als heute. Dabei wird die Nutzung von Voice und Schrift, von Oralität und Literalität intensiv ineinandergreifen und sich idealerweise auch ergänzen. Wir werden mal tippen, mal diktieren, mal lesen, mal hören oder wischen – und vielfach werden wir all dies abwechselnd tun. Die Dialogwende wird sich in jeder Lebenssphäre unterschiedlich auswirken. Aber sie wird weder die Schrift noch deren mediale Repräsentation ganz hinter sich lassen.

e. **Dialogroboter sind Illusionsmaschinen**
Warum ist die Marktakzeptanz dieser neuen Technologie eigentlich so hoch? Die Antwort ist einfach: Dialogroboter machen Spaß! Sie erzeugen Nähe und verführen uns dazu, dass wir mit dem Computer intensiver kommunizieren und interagieren. Eine schöne neue Welt dialogischer Nähe entsteht.

Aber es sind und bleiben Illusionsmaschinen, mit denen wir es zu tun haben. Sie operieren in einem Als-ob-Modus. Sie geben vor, natürliche Gesprächspartner zu sein. Das sind sie aber nicht. Steve Worswick, der Erfinder des preisgekrönten Chatbots Mitsuku, hat das einmal am Beispiel von Computer-Flirts dargestellt:

> This always amuses me. Many people flirt and try to have a romantic relationship with Mitsuku, little knowing that I write her responses. So I guess they are flirting with me instead!
> Yes, it's pretty cool to be able to talk to thousands of people at once through Mitsuku
> (Mitsuku Twitter Account, 26.9.2018).

Der Nutzer lässt sich auf die Illusion eines persönlichen Gesprächs oder gar eines Flirts ein. Aber er hat es trotz aller künstlicher Intelligenz mit den standardisierten Aussagen eines Kommunikators zu tun, der sich geschickt hinter der Maske eines scheinbar autonom agierenden Computer-Selbsts versteckt. Was sich als individueller Flirt tarnt, ist maskierte Massenkommunikation.

In der digitalen Mediengesellschaft ist das Wissen um den simulativen Charakter der Medienrealität eine Grundkonstante. Das bleibt aber nicht folgenlos. Das Gefühl der Echtheit kann leicht verlorengehen, authentische Erfahrungen werden Mangelware. Es obsiegt dann der Zweifel an den Medien und das Unbehagen in einer als demiurgisch gesteuert empfundenen Gesellschaft. Und dieses Empfinden kann umschlagen – zum Beispiel in Frustration, Empörung und politischen Extremismus. Das muss nicht so kommen, aber es kann ein möglicher Effekt sein.

Andere Nutzer werden der Verführung sogar gerne nachgeben und sich zurückziehen in eine digitale Illusionswelt ohne Widerstände, ohne Ecken und Kanten, wie etwa diese anonyme Twitter-Nutzerin pointiert beschrieben hat:

„Given a choice, would you prefer to interact w[ith] a cranky, imperfect human being or a perfectly behaved AI/robot?"
Der Flirt mit dem Bot hat Vorteile: Er ist immer da, ist nie schlechtgelaunt und er geht respektvoller mit seinen Gesprächspartnern um, als es viele Menschen tun. So gesehen können Dialogroboter zu besseren Menschen werden. Sie bieten uns Nähe und Verständnis in einer Welt von zunehmender Isolation, Empathie- und Sprachlosigkeit – und sie verschärfen genau diese Entwicklungen damit.

Diese negative Seite der digitalen Medien ist zweifellos vorhanden. Aber sie muss sich nicht so negativ auswirken, wie es viele Medienkritiker befürchten. Dialogroboter simulieren Authentizität. Das ist wahr. Es wird aber darauf ankommen, wie bewusst sich die Nutzer dies machen. Ganz ähnliche Vorwürfe gegen Medien gab es immer wieder in der Mediengeschichte: Menschen können sich auch in einer Bücherwelt verlieren, anstatt sich der Realität zu stellen. Auch dafür gibt es Beispiele. Wer würde deswegen heute noch das Buch grundsätzlich als eine Illusionsmaschine verdammen wollen?

f. **Eine künstliche Intelligenz kann nur künstliche Dialoge führen.**
Wir werden in Zukunft mit immer mehr Maschinen in „natürlicher" Sprache interagieren. Dabei wird es eine große Bandbreite von sprachlichen Interaktionsmöglichkeiten geben – von einfachen Fragen und Befehlen bis hin zu komplexen Gesprächen. Vor allem die komplexeren Dialoge, das zeigt die Analyse der Beziehungsbots, können funktional und befriedigend sein und oft sogar Spaß machen. Aber auch sie werden künstlich sein. Sie werden reduziert, verkürzt und in vielfacher Hinsicht an die sprachlichen Bedingungen und Grenzen des Dialogroboters angepasst sein. Dieser kurze Dialog, der mit dem Chatbot Mitsuku geführt wurde, bringt es auf den Punkt:

Nutzer: Theyareverytasty
Mitsuku: Whatisthatlongkeyatthebottomofthekeyboardusedfor?

Das erscheint schlagfertig. Aber ist das ein „natürlicher" Dialog? Das kann er schon deswegen nicht sein, weil an der gesamten Gesprächssituation nichts *Natürliches* ist. Der Bezugsrahmen des Chatbots (den ihm der Programmierer vorgegeben hat) ist der einer Tastatur und eines Bildschirms. Der Begriff der Natürlichkeit beginnt zu verschwimmen.

Möglicherweise werden wir irgendwann Dialogroboter sehen, die komplexe Dialoge besser als heute beherrschen, indem sie etwa verschiedene Gespräche sprachlich, emotional und logisch nahezu perfekt ausführen können. Aber auch dann wird ihre Dialogführung nicht „natürlich" sein. Echte Konversationen sind unaufgeräumt, sprunghaft, widersprüchlich und emotional aufgeladen. Auch das macht die Natürlichkeit, Kreativität und Authentizität der Sprache des Dialogs aus – dass die Sprecher genau diese Sperrigkeit beherrschen.

Wenn wir uns nur noch mit Maschinen unterhalten, dann wird genau diese Fähigkeit zum Dialog kontinuierlich abnehmen. Das ist leider keine haltlose Spekulation: Wenn man die bisherige Entwicklung der Digitalisierung betrachtet, so kann man an vielen Stellen sehen, wie der Computer Einfluss auf unser Kommunikationsverhalten sowie auf die Art und Weise, wie wir sprechen, genommen hat.

g. **Die Dialogwende führt zu einer umfassenden Renaissance des Gesprächs.**
Die Automatisierung des Dialogs wird eine der prägenden Entwicklungen der nächsten Jahrzehnte sein. Sie wird die mediale Kommunikation erheblich verändern. Ich habe diese sehr wahrscheinliche Entwicklung in diesem Buch anhand zahlreicher Beispiele beschrieben. Im Laufe dieser Untersuchung entstand aber auch der Eindruck, dass die explosionsartige Verbreitung von Dialogrobotern nur *eine* Facette der Entwicklung darstellt, die hier als Dialogwende beschrieben wurde.

Das Interesse an diesen Maschinen ist möglicherweise durch ein viel tiefer liegendes Bedürfnis zahlreicher Menschen begründet. Sie scheinen sich nach Gesprächen zu sehnen, nach einer Form der dialogischen Zuwendung. Dieses Bedürfnis scheint nicht mehr oft wirklich erfüllt zu werden – weder im sozialen, persönlichen Umfeld noch durch Politik, Wirtschaft oder Medien. Es scheint eine unbewusste Sehnsucht nach echten Gesprächen zu geben.

Man kann nicht sagen, dass das eine neue Entwicklung wäre. Die Ausbreitung des dialogischen Prinzips ist an vielen Stellen zu sehen. Dialoge werden eingefordert, proklamiert und institutionalisiert. Politik und Wirtschaft suchen Gespräche, organisieren und inszenieren sie. In der Unternehmenskommunikation ist sogar eine neue Disziplin dafür entstanden: das Dialogmarketing. Durch telefonische, schriftliche oder elektronische Medien wollen Marketeers eine intensivere Kundenbeziehung aufbauen. Auch in der Unternehmenskommunikation ist das so: Kaum ein großes Infrastrukturprojekt kann heutzutage noch ohne ein umfassendes Dialog-Kommunikationsangebot für die Öffentlichkeit erfolgreich sein. Auch Journalisten suchen verstärkt diesen 1:1-Kontakt und nehmen zunehmend Dialoge in ihren redaktionellen Formaten auf. Sie organisieren Veranstaltungen, um über wichtige Themen öffentlich zu diskutieren. Oder sie machen Hausbesuche bei Lesern und Kritikern, um mit ihnen ins offene Gespräch zu kommen – und um darüber zu berichten.

8 Konsequenzen aus der Dialogwende

Dialogroboter bedienen dieses Bedürfnis. Es steht zu befürchten, dass sie es nicht befriedigen können. Medienkritiker werden daher manches gegen diese Maschinen einwenden. Aufhalten werden sie die Dialogwende nicht. Die Automatisierung des Dialogs wird zu einer der spannendsten Entwicklungen der Gegenwart. Künstlich intelligente Dialogsysteme werden uns in vielerlei Hinsicht von Nutzen sein. Sie werden völlig neue Formen der Massenkommunikation schaffen. Dieses Buch setzt sich nicht gegen Bots ein, sondern für den Dialog. Dialogroboter schaffen Freiräume und sie könnten eine allgemeine Neubewertung von Gesprächen auslösen. Wir werden uns die Frage stellen müssen: Wie funktionieren echte Dialoge eigentlich und wie wichtig sind sie uns?

Vielleicht werden wir durch das Nachdenken über diese Maschinen sogar das Wesen unseres eigenen Geistes besser verstehen – zum Beispiel, dass auch er eine Simulationsmaschine ist, dass auch er ein Medium darstellt für unsere Gedanken und Gefühle und dass er dabei über unendlich mehr Komplexität und Tiefe verfügt als jedes technische Artefakt.

Unbedingt sollten wir aber zu einem mündigeren Umgang mit dem Computer als Medium kommen. Das würde auch eine Chance bieten: mehr echte Freiheit gewinnen und sie eben nicht an diese Maschinen abgeben. Ein wichtiger Schritt wäre, dass wir die Dialogwende als Aufbruch verstehen, uns den Raum für echte Dialoge zurückerobern. Eine Neubewertung des Dialogs wird uns zeigen, dass echte Gespräche vielfältig und unaufgeräumt sind, bereichernd und anstrengend, fordernd und befreiend. Sie sind in einer Weise zutiefst menschlich, wie sie kein Sprachdialogsystem sein kann. Lasst sie uns neu erleben und erlernen – vielleicht ist das die wesentliche Erkenntnis aus der Dialogwende und das echte Gegenmittel gegen die Krise der Authentizität.

Literatur

Abe, A., & Hayashi, M. (2016). On communication assistance via bots – Towards IMDJ. *Procedia Computer Science* 96, S. 1657–1665.

Alter, A. (2017). *Irresistible. The rise of Addictive Technology and the Business of Keeping us Hooked*. New York: Penguin Press.

Amazon (2018). Handbuch für Sprachdesign. Alexa Skills Kit. https://developer.amazon.com/de/docs/custom-skills/voice-design-handbook-legacy.html. Zugegriffen: 09. Februar 2018.

Anderson, C. (2006). *The Long Tail. Why the Future of Business Is Selling Less of More.* New York: Hyperion.

Angel-Fernandez, M. J., & Bonarini, A. (2017). *Robots showing emotions. Emotion representation with no bio-inspired body*. Amsterdam: John Benjamins Publishing Company.

Antos, G. (2017a). Wenn Roboter „mitreden"... Brauchen wir eine Disruptions-Forschung in der Linguistik? *Zeitschrift für germanistische Linguistik* 45(3), S. 359–385.

Antos, G. (2017b). Fake News. Warum wir auf sie reinfallen. Oder: Ich mache Euch die Welt, so wie sie mir gefällt. *Der Sprachdienst* 1/17, S. 1–20.

Asendorpf, J. B., & Neyer, F. J. (2012). *Psychologie der Persönlichkeit*. Berlin, Heidelberg: Springer.

Ashcraft, B. (2017). Japanese Company Will Pay Employees Extra Money If They're Married To 2D Characters. Kotaku. https://kotaku.com/japanese-company-will-pay-employees-extra-money-if-they-1820702832. Zugegriffen: 27. Juli 2018.

Arauner, S. (2017). Gatebox: Japans virtueller Roboter gegen Einsamkeit. Japan Digest. https://www.japandigest.de/aktuelles/technologie-roboter/gatebox/. Zugegriffen: 07. April 2018.

ARD-Forschungsdienst (2014). Second Screen und Social-Media-Nutzung. *Media Perspektiven* 2/2014, S. 111–117.

Arriaga, O., Plöger, P. G., & Vladenegro, M. (2017). Real-time Convolutional Neural Networks for Emotion and Gender Classification. ArXiv. https://arxiv.org/pdf/1710.07557. Zugegriffen: 12. September 2018.

Ayaß, R. (2004). Konversationsanalytische Medienforschung. *Medien & Kommunikationswissenschaft* 52(1), S. 5–29.

Azuma, H. (2009). *Otaku. Japan's database animals*. Minneapolis, London: University of Minnesota Press.

Bailey, C., You, J., Acton, G., Rankin, A., & Katchabaw, M. (2012). Believability Through Psychosocial Behaviour: Creating Bots That Are More Engaging and Entertaining. In P. Hingston (Hrsg.). *Believable Bots. Can Computers Play Like People?* (S. 29–69). Berlin, Heidelberg: Springer.

Bager, J. (2017). Forscher entdecken riesiges Twitter-Botnetz „Star Wars". Heise online. https://www.heise.de/newsticker/meldung/Forscher-entdecken-riesiges-Twitter-Botnetz-Star-Wars-3604196.html. Zugegriffen: 10. September 2018.

Banks, J. (Hrsg.). (2018). *Avatar, Assembled. The Social and Technical Anatomy of Digital Bodies.* New York u. a.: Peter Lang.

Barrière, C. (2016). *Natural Language Understanding in a Semantic Web Context.* Cham: Springer International Publishing Switzerland.

Bartneck, C. (2002). Integrating the OCC Model of Emotions in Embodied Characters. *Proceedings of the Workshop on Virtual Conversational Characters: Applications, Methods and Research Challenge.* Melbourne.

Baudrillard, J. (1978). Requiem für die Medien. In J. Baudrillard (Hrsg.), *Kool Killer oder der Aufstand der Zeichen* (S. 83–118). Berlin: Merve.

Baudrillard, J. (1994). *Simulacra and Simulation. The Body, in Theory: Histories of Cultural Materialism.* Ann Arbor: University of Michigan Press.

Baudrillard, J. (1999). *Symbolic Exchange and Death. Theory, Culture & Society.* London: Sage Publications.

Baumann, M. (2017). Diese App will deine Persönlichkeit kopieren – ich habe sie eine Woche ausprobiert. Bento. http://www.bento.de/gadgets/kuenstliche-intelligenz-die-app-replika-kopiert-deine-persoenlichkeit-1794220/. Zugegriffen: 22. März 2018.

Bayle, A. (2017). Marriage to anime 'waifu' recognized by Japanese company with perk of monthly financial support. Lifestyle Inquirer. http://lifestyle.inquirer.net/279716/marriage-to-anime-waifu-recognized-by-japanese-company-offers-monthly-financial-support/. Zugegriffen: 27. Juli 2018.

BBC (2018a). In-article Chatbots. BBC News Labs. http://bbcnewslabs.co.uk/2018/01/29/in-article-bots/. Zugegriffen: 10. September 2018.

BBC (2018b). Conversational Journalism. BBC News Labs. http://bbcnewslabs.co.uk/tags/conversational-journalism/. Zugegriffen: 10. September 2018.

Beck, B. (2018). 8 Simple Sources for Creating Artificial Intelligence to Make Your Own Chatbot. ClearVoice. https://www.clearvoice.com/blog/8-simple-sources-creating-artificial-intelligence-chatbot/. Zugegriffen: 11. September 2018.

Bendel, O. (2017). The Synthetization of Human Voices. *AI & Society.* https://doi.org/10.1007/s00146-017-0748-x.

Bendel, O. (2018). Überlegungen zur Disziplin der Maschinenethik. *Aus Politik und Zeitgeschichte* 6–8/2018, S. 34–38.

Beth, B. (2017). Für Google News optimieren und Sichtbarkeit in der Newsbox steigern. www.bjoernbeth.ch/google-news-optimieren/. Zugegriffen: 27. Februar 2018.

Bessi, A., & Ferrara, E. (2016). Social bots distort the 2016 U.S. Presidential election online discussion. First Monday. http://firstmonday.org/article/view/7090/5653. Zugegriffen: 10. September 2018.

Blum, M., & Wieland, T. (2004). Technisierte Begierden. Technik und Sexualität im 20. Jahrhundert. *Dresdener Beiträge zur Geschichte der Technikwissenschaften* 29, S. 69–88.

Bogner, M. (2016). In Japan können Frauen jetzt ohne Partner heiraten. Ze.tt. https://ze.tt/in-japan-koennen-frauen-sich-jetzt-selbst-heiraten/. Zugegriffen: 26. Juli 2018.

Boorstin, D. J. (1964). *The Image. A Guide to Pseudo-Events in America*. New York: Harper & Row.

Boos, W. (2016). Haben Sie schon mal mit dem Kühlschrank gesprochen? Er weiß mehr, als man denkt. FreshMag. https://blog.liebherr.com/hausgeraete/at/kuechenwohntrends-2017/. Zugegriffen: 10. September 2018.

Boos, W. (2017). Intelligenter Kühlschrank erleichtert Lebensmittelmanagement. FreshMag. https://blog.liebherr.com/hausgeraete/at/intelligenter-kuehlschrank/. Zugegriffen. 10. September 2018.

Bovermann, P. (2017). Diese App redet mit dem Nutzer wie mit einem engen Freund. Süddeutsche Zeitung. https://www.sueddeutsche.de/digital/replika-diese-app-redet-mit-dem-nutzer-wie-mit-einem-engen-freund-1.3759880. Zugegriffen: 13. September 2018.

Bowman, N. D. (2018). Relationships & Reputation. Part of the Main(frame). In J. Banks (Hrsg.), *Avatar, Assembled. The Social and Technical Anatomy of Digital Bodies* (S. 127−136). New York, u. a.: Peter Lang.

Boyle, G. J., Matthews, G., & Saklofske, D. H. (2008). Personality theories and models: An overview. In G. J. Boyle, G. Matthews & D. H. Saklofske (Hrsg.), *The SAGE Handbook of Personality Theory and Assessment: Vol. 1 Personality theories and models* (S. 1−29). Los Angeles: Sage Publications.

Brackhane, F. (2011). Die Sprechmaschine Wolfgang von Kempelens − Von den Originalen bis zu den Nachbauten. *Phonus* 16, S. 49−148.

Brackhane, F. (2015). „Kann was natürlicher, als Vox humana, klingen?" − Ein Beitrag zur Geschichte der mechanischen Sprachsynthese. *Phonus* 18.

Bradshaw, J. M. (Hrsg.). (1997). *Software Agents*. Menlo Park: AAAI Press/MIT Press.

Braun, A., & Glotz, P. (2003). *Chatbots in der Kundenkommunikation*. Berlin: Springer.

Brenner, W., Zarnekow, R., & Wittig, H. (1998). *Intelligente Softwareagenten. Grundlagen und Anwendungen*. Berlin, Heidelberg: Springer.

Bucher, H.-J. (1994). Dialoganalyse und Medienkommunikation. In G. Fritz & F. Hundsnurscher (Hrsg.), *Handbuch Dialoganalyse* (S. 471−491). Tübingen: de Gruyter.

Bühler, K. (2003). Schön − schnell − schlau: Online-Marketing mit Avataren. In C. Lindner (Hrsg.), *Avatare. Digitale Sprecher für Business und Marketing* (S. 109−120). Berlin, Heidelberg: Springer.

Callejas, Z., López-Cózar, D., Ábalos, N., & Griol, D. (2011). Affective conversational agents: The role of personality and emotion in spoken interactions. In D. Pérez-Marín & I. Pascual-Nieto (Hrsg.), *Conversational agents and natural language interaction: Techniques and effective practices* (S. 203–222). Hershey: IGI Global.

Campillo, P. (o.J.) Technology Imitates Art − The Rise of the Conversational Interface. Typeform Blog. https://www.typeform.com/blog/human-experience/cui/. Zugegriffen: 10. September 2018.

Carr, N. G. (2010). *Wer bin ich, wenn ich online bin … Und was macht mein Gehirn so lange? Wie das Internet unser Denken verändert*. München: Karl Blessing.

Cassell, J. (2001). Embodied Conversational Agents: Representation and Intelligence in User Interface. *AI Magazine* 22(3), S. 67−83.

Cassell, J. (2003). Mehr als nur ein nettes Gesicht: Embodied Conversational Interface Agents. In C. Lindner (Hrsg.), *Avatare. Digitale Sprecher für Business und Marketing* (S. 247–265). Berlin, Heidelberg: Springer.

Castells, M. (2005). *Die Internet-Galaxie. Internet, Wirtschaft und Gesellschaft*. Wiesbaden: Springer VS.

Castells, M. (2017). *Das Informationszeitalter. Bd. 1: Jahrtausendwende*. Wiesbaden: Springer VS.

Chen, H., Liu, X., Yin, D., & Tang, J. (2018). A Survey on Dialogue Systems: Recent Advances and New Frontiers. ArXiv. https://arxiv.org/pdf/1711.01731. Zugegriffen: 12. September 2018.

Cherry, K. (2018). Overview of emotional intelligence. History and measures of emotional intelligence. Verywell Mind. https://www.verywellmind.com/what-is-emotional-intelligence-2795423. Zugegriffen: 20. März 2018.

Cohen, M. H., Giangola, J. P., & Balogh, J. (2004). *Voice User Interface Design*. New York: Addison Wesley.

Colby, K. M., Watt, J. B., & Gilbert, J. P. (1966). A Computer Method for Psychotherapy: Preliminary Communication. *Journal of Nervous and Mental Diseases* 142(2), S. 148–152.

Collins, I. (2016). 5 steps to training a chatbot. Venturebeat. https://venturebeat.com/2016/11/12/5-steps-to-training-a-chatbot/. Zugegriffen: 11. September 2018.

Corrigan, L. J., Peters, C., Küster, D., & Castellano, G. (2016). Engagement Perception and Generation for Social Robots and Virtual Agents. In A. Esposito & L. C. Jain (Hrsg.), *Toward Robotic Socially Believable Behaving Systems – Volume I. Modeling Emotions. Intelligent Systems Reference Library Vol. 105* (S. 29–51). Cham: Springer.

Coy, W. (1994). Die Turing-Galaxis. Computer als Medien. In W. Coy, *Computer als Medien. Drei Aufsätze. Forschungsbericht des Studiengangs Informatik der Universität Bremen*, 3/1994 (S. 7–13). Bremen.

Coy, W. (1995). Von der Gutenbergschen zur Turingschen Galaxis: Jenseits von Buchdruck und Fernsehen. Einleitung zu: M. McLuhan, *Die Gutenberg-Galaxis. Das Ende des Buchzeitalters* (S. VII–XVIII). Köln: Addison-Wesley.

Coy, W. (1996). Bauelemente der Turingschen Galaxis. In E. Bulmahn, et al. (Hrsg.), *Informationsgesellschaft – Medien – Demokratie: Kritik, Positionen, Visionen* (S. 45–53). Marburg: BdWi.

Cypionka, A. (2018). Spracherkennung muss jedem dienen, unabhängig von seiner Wirtschaftskraft! Netzpolitik. https://netzpolitik.org/2018/spracherkennung-muss-jedem-dienen-unabhaengig-von-seiner-wirtschaftskraft/. Zugegriffen: 21. August 2018.

Dackweiler, T. (2010). Lernen der emotionalen Intensität im OCC Modell auf Grund empirischer Daten. http://michaelkipp.de/student/Dackweiler10_Bachelor.pdf. Zugegriffen: 21. August 2018.

Dale, R., & Reiter, E. (2000). *Building natural language generation systems*. Cambridge: Cambridge University Press.

Davydova, O. (2017). 25 Chatbot Platforms: A Comparative Table. Chatbots Journal. https://chatbotsjournal.com/25-chatbot-platforms-a-comparative-table-aeefc932eaff). Zugegriffen: 08. Juni 2018.

Deloitte (2018). Immer und überall: Smartphone bestimmt unseren Alltag. Deloitte-Studie zeigt nahezu permanente Nutzung in Deutschland/klassische Telefonie verliert an Bedeutung. Pressemitteilung. https://www2.deloitte.com/de/de/pages/presse/contents/studie-2018-im-Smartphone-Rausch.html#. Zugegriffen: 12. September 2018.

Deutscher, G. (2018). Die Evolution der Sprache. Wie die Menschheit zu ihrer größten Erfindung kam. München, erste Auflage 2008. Englisches Original: The Unfolding of Language (2003).

de Melo, C. M., & Pavia, A. (2008). Modelling Gesticulation Expression in Virtual Humans. In N. Magnenat-Thalmann, L. Jain & N. Ichalkaranjie (Hrsg.), *New Advances in Virtual Humans. Artificial Intelligence Environment* (S. 133–151). Berlin, Heidelberg: Springer.

Dirscherl, H.-C. (2016). Zum Knutschen: Kissenger überträgt Küsse rund um den Globus. PC Welt. https://www.pcwelt.de/news/Zum-Knutschen-Kissenger-uebertraegt-Kuesse-rund-um-den-Globus-10100601.html. Zugegriffen: 01. April 2018.

Dotzler, B. J., & Roesler-Keilholz, S. (2017). *Mediengeschichte als Techno-Logie*. Baden-Baden: Nomos.

Dönges, J. (2012). Mensch, du alte Plaudertasche. Die menschliche Sprache entstand als soziales Bindemittel. In A. Jahn (Hrsg.), *Wie das Denken erwachte: Die Evolution des menschlichen Geistes* (S. 69–77). Stuttgart: Schattauer.

Dönges, J. (2016). US-Wahl. 20 Prozent aller Wahltweets stammten von Bots. Spektrum. https://www.spektrum.de/news/20-prozent-aller-wahltweets-stammten-von-bots/1429117. Zugegriffen: 10. September 2018.

Dürscheid, C., & Frick, K. (2016). *Schreiben Digital. Wie das Internet unsere Alltagskommunikation verändert*. Stuttgart: Alfred Kröner.

Dudley, H. (1940). The Carrier Nature of Speech. *The Bell System Technical Journal* 19(4), S. 495–515.

Dunbar, R. I. M. (1998). The Social Brain Hypothesis. *Evolutionary Anthropology* 6(5), S. 178–190.

Dworschak, M. (2017). Hier spricht der Klon. Zukunft. Die perfekte Fälschung: Künstliche Intelligenz macht es möglich, die Stimme jedes beliebigen Menschen im Computer zu erschaffen – und damit böse Spiele zu treiben. Spiegel Online. https://magazin.spiegel.de/SP/2017/22/151354412/index.html. Zugegriffen: 13. September 2018.

Eckmiller, R. (1994). Neuroinformatik. In S. Krämer (Hrsg.), *Geist – Gehirn – künstliche Intelligenz Zeitgenössische Modelle des Denkens* (S. 223–233). Berlin, New York: de Gruyter.

Engelmann, I. (2016). *Gatekeeping*. Baden-Baden: Nomos.

Ertl, W. (2016). *Grundkurs Künstliche Intelligenz. Eine praxisorientierte Einführung*. Wiesbaden: Springer Vieweg.

Evans, R., Piwek, P., & Cahill, L. (2002). What is NLG? *Proceedings of International Natural Language Generation Conference (INLG02), New York, USA, 1–3 July 2002.*

Fellbaum, K. (2012). *Sprachverarbeitung und Sprachübertragung*. Berlin, Heidelberg: Springer Vieweg.

Ferrara, E., Varol, O., Davis, C., Menczer, F., & Flammini, A. (2016). The Rise of Social Bots. *Communications of the ACM* 59(7), S. 96–104.

Fitzpatrick, K. K., Darcy, A., & Vierhile, M. (2017). Delivering Cognitive Behavior Therapy to Young Adults With Symptoms of Depression and Anxiety Using a Fully Automated Conversational Agent (Woebot): A Randomized Controlled Trial. *JMIR Ment Health*. https://doi.org/10.2196/mental.7785

Forelle, M. C., Monroy-Hernández, A., Howard, P. N., & Savage, S. (2015). Political Bots and the Manipulation of Public Opinion in Venezuela. SSRN.

Fowler, G. A. (2018). We've reached peak smartphone. What are Apple and Samsung going to do now? Washington Post. https://www.washingtonpost.com/news/the-switch/wp/2018/02/02/weve-reached-peak-smartphone-what-are-apple-and-samsung-going-to-do-now/?noredirect=on&utm_term=.838d1db5a74b. Zugegriffen: 21. August 2018.

Foye, L. (2017). Chatbot Conversations to deliver $8 billion in Cost savings by 2022. Juniper Research. Analyst Xpress. https://www.juniperresearch.com/analystxpress/july-2017/chatbot-conversations-to-deliver-8bn-cost-saving. Zugegriffen: 10. September 2018.

Franson, A., Chóliz, M., & Håkansson, A. (2018). Addiction-Like Mobile Phone Behavior – Validation and Association With Problem Gambling, Frontiers Psychology, 04 May 2018. https://www.frontiersin.org/articles/10.3389/fpsyg.2018.00655/full.

Freud, S. (1917). Eine Schwierigkeit der Psychoanalyse. *Imago. Zeitschrift für Anwendung der Psychoanalyse auf die Geisteswissenschaften* 5, S. 1–7.

Fritz, G. (1994). Grundlagen der Dialogorganisation, In G. Fritz & F. Hundsnurscher (Hrsg.), *Handbuch Dialoganalyse* (S. 177–202). Tübingen: de Gruyter.

Frölich, J., & Lehmkuhl, G. (2012). *Computer und Internet erobern die Kindheit. Vom normalen Spielverhalten bis zur Sucht und deren Behandlung*. Stuttgart: Schattauer.

Frolov, S. (2017). Wie lernt ein einzelnes Neuron? Quora. https://de.quora.com/Wie-lernt-ein-einzelnes-Neuron. Zugegriffen: 18. September 2018.

Gatys, L. A., Ecker, A. S., & Bethge, M. (2015). A Neural Algorithm of Artistic Style. ArXiv. https://arxiv.org/pdf/1508.06576. Zugegriffen: 05. September 2018.

Gayno, T. (2016). A post-screen world: How tomorrow's interfaces will be different to everything you use today. TOA.life. https://toa.life/a-post-screen-world-how-tomorrows-interfaces-will-be-totally-different-8b8bc0f1f8ea. Zugegriffen: 21. August 2018.

Gentsch, P. (2018). *Künstliche Intelligenz für Sales, Marketing und Service. Mit AI und Bots zu einem Algorithmic Business – Konzepte, Technologien und Best Practices*. Wiesbaden: Springer Fachmedien.

Göpfert, Y. (2018). Künstliche Intelligenz. 8 Praxistipps: So setzen Sie einen Chatbot auf. W&V. https://www.wuv.de/digital/8_praxistipps_so_setzen_sie_einen_chatbot_auf. Zugegriffen: 11. September 2018.

Goethe, J. W. v. (1893) *Goethes Werke, Herausgegeben im Auftrage der Großherzogin Sophie von Sachsen, IV. Abtheilung, Bd. 12*. Weimar.

Gowlett, J. (2010). Firing up the Social Brain. In R. I. M. Dunbar, C. Gamble & J. Gowlett (Hrsg.), *Social Brain, Distributed Mind* (S. 341–366). Oxford: Oxford University Press.

Goleman, D. (1996). *Emotionale Intelligenz*. München: Carl Hanser.

Graefe, A. (2016). *Guide to Automated Journalism*. Columbia Journalism School.

Grice, H. P. (1989). Logic and Conversation. In H. P. Grice, *Studies in the Way of Words* (S. 22–40). Cambridge: Harvard University Press.

Grizzard, M., & Ahn, C. (2018). Morality & Personality: Perfect and deviant selves. In J. Banks (Ed.), *Avatar, Assembled. The Social and Technical Anatomy of Digital Bodies* (S. 117–126). New York u. a.: Peter Lang.

Grötz, R. (2018). Chatbots entwickeln. Sprich mit mir! iX 6/2018. https://www.heise.de/select/ix/2018/6/1527814646028534. Zugegriffen: 10. September 2018.

Grothaus, M. (2014). Will AI Destroy Humanity? Siri, a chatbot, and a roboticist weigh in. Fast Company. https://www.fastcompany.com/3039325/will-ai-destroy-humanity-siri-john-connor-a-chatbot-and-a-roboticist-weigh-in. Zugegriffen: 25. Februar 2018.

Guernsey, L. (2001). The Desktop That Does Elvis. The New York Times Archive. https://www.nytimes.com/2001/08/09/technology/the-desktop-that-does-elvis.html. Zugegriffen: 06. September 2018.

Guo, F., Metallinou, A., Khatri, C., Raju, A., Venkatesh, A., & Ram, A. (2018). Topic-based Evaluation for Conversational Bots. ArXiv. https://arxiv.org/pdf/1801.03622. Zugegriffen: 12. September 2018.

Haas, B. (2017). Chinese man 'marries' robot he built himself. The Guardian. https://www.theguardian.com/world/2017/apr/04/chinese-man-marries-robot-built-himself. Zugegriffen: 26. Juli 2018.

Hampson, S. D., Robinson, B. S., Fetterhoff, D., et al. (2018). Developing a hippocampal neural prosthetic to facilitate human memory encoding and recall. *Journal of Neural Engineering*. https://doi.org/10.1088/1741-2552/aaaed7.

Hasson, G. (2015). *Understanding emotional intelligence*. Harlow: Pearson Education.

He, Y., Eguren, D., Azorín, J. M., Grossman, R. G., Luu, T. P., & Contreras-Vidal, J. L. (2018). Brain-machine interfaces for controlling lower-limb powered robotic systems. *Journal of Neural Engineering*. https://doi.org/10.1088/1741-2552/aaa8c0.

Hegelich, S. (2016). Social Bots. Invasion der Meinungsroboter. Analysen & Argumente 2016/221. http://www.kas.de/wf/de/33.46486/. Zugegriffen: 10. September 2018.

Heinecke, A. M. (2012). *Mensch-Computer-Interaktion. Basiswissen für Entwickler und Gestalter*. Berlin, Heidelberg: Springer.

Henn, H. (Hrsg.). (2018). Chatbots & AI im Customer Service. Marketing Resultant. https://marketing-resultant.de/wp-content/uploads/eBook_Chatbots_FEB2018-1.pdf. Zugegriffen: 18. September 2018.

Hingston, P. (Hrsg.). (2012). *Believable Bots. Can Computers Play Like People?* Berlin, Heidelberg: Springer.

Höflich, J. R. (2016). *Der Mensch und seine Medien. Mediatisierte interpersonale Kommunikation. Eine Einführung*. Wiesbaden: Springer VS.

Hofstadter, D. (1995). The Ineradicable Eliza Effect and Its Dangers. In D. Hofstadter, *Fluid Concepts and Creative Analogies: Computer Models of the Fundamental Mechanisms of Thought* (Preface 4). New York: Basic Books.

Holtzhausen, D. (2016). Datafication: threat or opportunity for communication in the public sphere? *Journal of Communication Management* 20(1), S. 21–36.

Horstmann, G., & Dreisbach, G. (2017). *Allgemeine Psychologie 2 kompakt. Lernen. Emotion. Motivation. Gedächtnis*. Weinheim, Basel: Beltz.

Howard, P. N. (2015). *Pax Technica. How the Internet of Things May Set us Free or Lock us up*. New Haven, London: Yale University Press.

Ito, M., Okabe, D., & Tsuji, I. (Hrsg.). (2012). *Fandom Unbound: Otaku Culture in a Connected World*. New Haven, London: Yale University Press.

Jones, C. (2018). Alexa, I need … everything. Voice shopping sales could reach $40 billion by 2022. USA Today. https://eu.usatoday.com/story/money/2018/02/28/alexa-need-everything-voice-shopping-becomes-common-sales-through-amazons-alexa-others-could-reach-4/367426002/. Zugegriffen: 10. September 2018.

Jónsson, F. (Hrsg.). (1894). *Egils saga Skallagrímssonar nebst den größeren Gedichten Egils*. Halle: Niemeyer.

Jónsson, G. (Hrsg.). (1945). *Egils Saga Skalla-Grímssonar*. Reykjavík: Menningarsjód.

Kang, M. (2011). *Sublime Dreams of Living Machines. The Automaton in the European Imagination*. Cambridge, London: Harvard University Press.

Kaplan, J. (2017). *Künstliche Intelligenz. Eine Einführung*. Frechen: MITP.

Karg-Gasterstädt, E. (Hrsg.). (1934). *Ausgewählte Stücke aus der Egilssaga Skallagrímssonar*. Halle: Niemeyer.

Kasap, Z., & Magnenat-Thalmann, N. (2008). Intelligent Virtual Humans with Autonomy and Personality: State-of-the-Art. In N. Magnenat-Thalmann, L. Jain & N. Ichalkaranjie (Hrsg.), *New Advances in Virtual Humans. Artificial Intelligence Environment* (S. 43–84). Berlin, Heidelberg: Springer.

Kinsella, S. (1998). Japanese Subculture in the 1990s: Otaku and the Amateur Manga Movement. *Journal of Japanese Studies* 24(2), S. 289–316.

Kittler, F., & Dotzler, B. (Hrsg.). (1987). *Intelligence Service. Schriften*. Berlin: Brinkmann u. Bose.

Konar, A., Halder, A., & Chakraborty, A. (2015). Introduction to Emotion Recognition. In A. Konar & A. Chakraborty (Hrsg.), *Emotion Recognition. A Pattern Analysis Approach* (S. 1–45). Hoboken: John Wiley & Sons.

Kopp, O. (2017). Wie erstellt man Personas für das Online-Marketing? Aufgesang. Blog. https://www.sem-deutschland.de/personas-online-marketing/. Zugegriffen: 11. September 2018.

Krämer, N. C. (2006). Theory of Mind as a Theoretical Prerequisite to Model Communication with Virtual Humans, In I. Wachsmuth & G. Knoblich (Hrsg.), *Modelling Communication with Robots and Virtual Humans. Second ZiF Research Group International Workshop on Embodied Communication in Humans and Machines Bielefeld, Germany, April 2006, Revised Selected Papers* (S. 222–240). Berlin, Heidelberg: Springer.

Krämer, S. (Hrsg.). (1994). *Geist – Gehirn – künstliche Intelligenz Zeitgenössische Modelle des Denkens* (S. 223–233). Berlin, New York: de Gruyter.

Krämer, S. (2015). *Medium, Messenger, Transmission. An Approach to Media Philosophy*. Amsterdam: Amsterdam University Press.

Krämer, S., Cancik-Kirschbaum, E., & Totzke, R. (Hrsg.). (2012). *Schriftbildlichkeit. Wahrnehmbarkeit, Materialität und Operativität von Notationen*. Berlin: Akademie-Verlag.

Krefting, M. (2018). Sexroboter – Hype oder Trend? Heise. https://www.heise.de/newsticker/meldung/Sexroboter-Hype-oder-Trend-3935769.html. Zugegriffen: 15. April 2018.

Krieg, P. (2004). Dialogue with Machines. Can Computers be Interactive. In H. Hagebölling (Hrsg.), *Interactive dramaturgies. New approaches in multimedia content and design* (S. 23–31). Berlin: Springer.

Kubeth, L. (2018). Algorithmen im Newsfeed: Nach NZZ und Springer setzt jetzt auch die FAZ auf personalisierte Nachrichten. Meedia. https://meedia.de/2018/04/21/algorithmen-im-newsfeed-nach-nzz-und-springer-setzt-jetzt-auch-die-faz-auf-personalisierte-nachrichten/. Zugegriffen: 10. September 2018.

Lamerichs, N. (2018). Cosplay & Convention. Exporting the Digital. In J. Banks (Hrsg.), *Avatar Assembled. The Social and Technical Anatomy of Digital Bodies* (S. 147–156). New York et al.: Peter Lang.

Landwehr, M. (2018). „Ok Google, lache laut über Siri." – Sprach-Assistenten im Praxistest, Teil 2. Searchmetrics. https://blog.searchmetrics.com/de/2018/04/03/google-home-siri-cortana-sprach-assistenten-praxistest-2/. Zugegriffen: 05. April 2018.

Lanier, J. (2014). *Wem gehört die Zukunft? Du bist nicht der Kunde der Internetkonzerne. Du bist ihr Produkt*. Hamburg: Hoffman und Campe.

Laurel, B. (Hrsg.). (1990). *The Art of Human-Computer Interface Design*. Reading: Addison-Wesley.

Leistert, O. (2017). Social Bots als algorithmische Piraten und als Boten einer technoenvironmentalen Handlungskraft. In R. Seyfert, & J. Roberge, (Hrsg.), *Algorithmuskulturen. Über die rechnerische Konstruktion der Wirklichkeit* (S. 215–234). Bielefeld: transcript.

Leroi-Gourhan, A. (1964). La geste et la parole. Bd. 1: Technique et language. Bd. 2: La mémoire et les rythmes, Paris 1964 (Bd. 1) und 1965 (Bd. 2). Deutsche Ausgabe in einem Band: Die Evolution von Technik, Sprache und Kunst, übers. v. Michael Bischoff, Frankfurt (1988).

Leuthardt, E. C., Schalk, G., Wolpaw, J. R., Ojemann, J. G., & Moran, D. W. (2004). A brain-computer interface using electrocorticographic signals in humans. *Journal of Neural Engineering* 1, S. 63–71.

Lichterman, J. (2016). The New York Times is using a Facebook Messenger bot to send out election updates. NiemanLab. http://www.niemanlab.org/2016/10/the-new-york-times-is-using-a-facebook-messenger-bot-to-send-out-election-updates/. Zugegriffen: 10. September 2018.

Lindner, C. (Hrsg.). (2003). *Avatare. Digitale Sprecher für Business und Marketing*. Berlin, Heidelberg: Springer.

Llorente, D. (2017). NLG-Technologien: künstliche Intelligenz vs. regelbasierter Ansatz. AI Blog. https://www.welove.ai/de/blog/post/nlg-technologien-kuenstliche-intelligenz-vs-regelbasierter-ansatz.html. Zugegriffen: 07. April 2017.

Lobe, A. (2016b). Künstliche Intelligenz: Meinung aus dem Bot. Die Zeit Archiv. https://www.zeit.de/2016/46/kuenstliche-intelligenz-bot-soziale-netzwerke. Zugegriffen: 10. September 2018.

Lobe, A. (2017). Sind Roboter mehr wert als Menschen? Das Königreich Saudi-Arabien hat eine Roboterfrau eingebürgert. Was sagt das über die Gesellschaft aus? Spektrum. https://www.spektrum.de/kolumne/sind-roboter-mehr-wert-als-menschen/1522209. Zugegriffen: 18. Juli 2018.

Lobin, H. (2014). *Engelbarts Traum. Wie der Computer uns Lesen und Schreiben abnimmt*. Frankfurt, New York: Campus.

Lobin, H. (2017). Sprachautomaten. Spektrum SciLogs. https://scilogs.spektrum.de/engelbart-galaxis/sprachautomaten/. Zugegriffen: 06. September 2018.

Magnenat-Thalmann, N., Jain, L., & Ichalkaranjie, N. (Hrsg.). (2008). *New Advances in Virtual Humans. Artificial Intelligence Environment*. Berlin, Heidelberg: Springer.

Maletzke, G. (1963). *Psychologie der Massenkommunikation. Theorie und Systematik*. Hamburg: Verlag Hans-Bredow-Institut.

Maletzke, G. (Hrsg.). (1972). *Einführung in die Massenkommunikationsforschung.* Berlin: V. Spiess.
Manfé, M. (2005). *Otakismus. Mediale Subkultur und neue Lebensform – eine Spurensuche.* Bielefeld: transcript.
Manhart, K. (1991). Künstliche Intelligenz und menschlicher Verstand: Grundprobleme psychologisch orientierter KI-Forschung. *Psychologische Beiträge* 33(3–4), S. 281–313.
Markowetz, A. (2015). *Digital Burnout. Warum unsere permanente Smartphone-Nutzung gefährlich ist.* München: Droemer.
Marous, J. (2018). Meet 11 of the Most Interesting Chatbots in Banking. The Financial Brand. https://thefinancialbrand.com/71251/chatbots-banking-trends-ai-cx/. Zugegriffen: 10. September 2018.
Maruti Techlabs (2018). Complete Guide on Bot Frameworks. https://www.marutitech.com/complete-guide-bot-frameworks/. Zugegriffen: 08. Juni 2018.
Marx, K., & Schwarz-Friesel, M. (Hrsg.). (2013). *Sprache und Kommunikation im Technischen Zeitalter. Wie viel Internet (v)erträgt unsere Gesellschaft?* Berlin, u. a.: De Gruyter, Saur.
Marx, K., & Weidacher, G. (2014). *Internetlinguistik. Ein Lehr- und Arbeitsbuch.* Tübingen: Narr.
Mathur, V., & Singh, A. (2018). The Rapidly Changing Landscape of Conversational Agents. ArXiv. https://arxiv.org/pdf/1803.08419v2. Zugegriffen: 12. September 2018.
Matzat, L. (2016). *Datenjournalismus. Methoden einer digitalen Welt.* Konstanz: UVK.
Mayer, J. D., & Salovey, P. (1997). What is emotional intelligence? In P. Salovey & D. J. Sluyter (Hrsg.), *Emotional development and emotional intelligence: Educational implications* (S. 3–34). New York: HarperCollins.
McGrath, C. (2017). Chatbot Vocabulary: 10 Chatbot Terms You Need to Know. Chatbots Magazine. https://chatbotsmagazine.com/chatbot-vocabulary-10-chatbot-terms-you-need-to-know-3911b1ef31b4. Zugegriffen: 18. September 2018.
McLuhan, M. (1964). *Understanding Media. The Extensions of Man.* New York u. a.: McGrawHill.
McLuhan, M. (2011). *Die Gutenberg-Galaxis. Die Entstehung des typographischen Menschen.* Hamburg: Gingko Press. Englische Originalausgabe: McLuhan, M. (1962). *The Gutenberg Galaxy. The Making of a Typographic Man.* London: University of Toronto Press.
McTear, M., Callejas, Z., & Grigol, D. (2016). *The Conversational Interface. Talking to Smart Devices.* Cham: Springer International Publishing.
Merten, K. (1977). *Kommunikation. Eine Begriffs- und Prozeßanalyse.* Opladen: Westdeutscher Verlag.
Mims, C. (2014). Advertising's New Frontier: Talk to the Bot. Chat App Kik Unveils Feature That Lets Users Converse With Dozens of Brands. Wall Street Journal. https://www.wsj.com/articles/advertisings-new-frontier-talk-to-the-bot-1406493740. Zugegriffen: 26. Juli 2018.
Mittermayer, C. (2014). Der Ursprung der Schrift liegt in der Zahlenwelt. *Unipress* 12/2014, S. 5–8.
Möller, S. (2017). *Quality Engineering. Qualität kommunikationstechnischer Systeme.* Berlin, Heidelberg: Springer.

Mori, M. (1970). Bukimi no tani [The uncanny valley]. *Energy* 7, S. 33–35.
Mori, M., MacDorman, K. F., & Kageki, N. (2012). The Uncanny Valley. *IEEE Robotics & Automation Magazine* 19(2), S. 98–100.
Moss, C. (Hrsg.). (2016). *Der Newsroom in der Unternehmenskommunikation. Wie sich Themen effizient steuern lassen.* Wiesbaden: Springer VS.
Münte-Goussar, S. (2010). Ich ist viele. Sherry Turkles Identitätstheorie. In B. Jörissen & J. Zirfas (Hrsg.), *Schlüsselwerke der Identitätsforschung* (S. 275–295). Wiesbaden: Springer VS.
Muldowney, O. (2017). *Chatbots. An introduction and easy guide to making your own.* Dublin: Curses & Magic.
Murray, J. H. (2012). *Inventing the medium. Principles of interaction design as a cultural practice.* Cambridge: The MIT Press.
Nass, C. (2010). Sweet Talking your Computer. Why People Treat Devices Like Humans. Saying Nice Things to a Machine to Protect its Feelings. The Wall Street Journal. https://www.wsj.com/articles/SB10001424052748703959704575453411132636080. Zugegriffen: 11. September 2018.
Nass, C., & Brave, S. (2005). *Wired for Speech. How Voice Activates and Advances the Human-Computer Relationship.* Cambridge: MIT Press.
Nass, C., & Yen, C. (2010). *The Man Who Lied to His Laptop. What Machines Teach Us About Human Relationships.* New York: Penguin Group.
Nielsen, M. (2018). Künstliche Intelligenz: Alpha Go – Computer lernen Intuition. Spektrum. https://www.spektrum.de/magazin/alpha-go-computer-lernen-intuition/1520775. Zugegriffen: 05. September 2018.
Nöth, E., & Fischer, V. (2010). Sprachein- und -ausgabe. In K.-U. Carstensen, Ch. Ebert, C. Ebert, S. Jekat, H. Langer & R. Klabunde (Hrsg.), *Computerlinguistik und Sprachtechnologie. Eine Einführung* (S. 616–623). Heidelberg: Springer Spektrum.
Nordal, S. (Hrsg.). (1933). *Egils Saga Skalla-Grímssonar.* Reykjavík: Hið Íslenzka Fornritafélag.
Nuernbergk, C., & Neuberger, C. (Hrsg.). (2018). *Journalismus im Internet. Profession – Partizipation – Technisierung.* Wiesbaden: Springer VS.
Ortner, H. (2014). *Text und Emotion. Theorie, Methode und Anwendungsbeispiele emotionslinguistischer Textanalyse.* Tübingen: Narr.
Ortony, A., Clore, G. L., & Collins, A. (1988). *The Cognitive Structure of Emotions.* New York: Cambridge University Press.
Pariser, E. (2012). *Filter Bubble. Wie wir im Internet entmündigt werden.* München: Hanser.
Pearl, C. (2017). *Designing Voice User Interfaces. Principles of Conversational Experiences.* Sebastopol: O'Reilly Media.
Pemberton-Levy, H. (2016). Gartner Predicts a Virtual World of Exponential Change. Gartner. https://www.gartner.com/smarterwithgartner/gartner-predicts-a-virtual-world-of-exponential-change/. Zugegriffen: 10. September 2018.
Perera, R., & Nand, P. (2017). Recent Advances in Natural Language Generation: A Survey and Classification of the Empirical Literature. *Computing and Informatics.* https://doi.org/10.4149/cai_2017_1_1.
Pfeifer, W. (2000). *Etymologisches Wörterbuch des Deutschen.* München: dtv.

Pfleger, N., & Löckelt, M. (2008). A Comprehensive Context Model for Multi-party Interactions with Virtual Characters. In N. Magnenat-Thalmann, L. C. Jain & N. Ichalkaranje (Hrsg.), *New Advances in Vitual Humans. Artificial Intelligence Environment* (S. 85–112). Berlin, Heidelberg: Springer.

Phelps, A. (2017). This is how The New York Times is using bots to create more one-to-one experiences with readers. Niemanlab. www.niemanlab.org/2017/04/this-is-how-the-new-york-times-is-using-bots-to-create-more-one-to-one-experiences-with-readers/. Zugegriffen: 10. September 2018.

Picard, R. W., & Picard, R. (1997). *Affective computing, volume 252*. Cambridge: MIT Press.

Pitsch, K. (2016). Limits and opportunities for mathematizing communicational conduct for social robotics in the real world? Toward enabling a robot to make use of the human's competences. *AI & Society* 31(4), S. 587–593.

Pöttker, H. (1997). *Entfremdung und Illusion. Soziales Handeln in der Moderne*. Tübingen: Mohr Siebeck.

Posner, E. (2017) Über die Kraft der 140 Zeichen. Das richtet Twitter an. FAZ. http://www.faz.net/aktuell/feuilleton/medien/zwanzig-thesen-ueber-die-kraft-von-twitter-15096157.html. Zugegriffen: 13. September 2018.

Prada, R., & Paiva, A. (2008). Social Intelligence in Virtual Groups. In N. Magnenat-Thalmann, L. C. Jain & N. Ichalkaranje (Hrsg.), *New Advances in Vitual Humans. Artificial Intelligence Environment* (S. 113–132). Berlin, Heidelberg: Springer.

Puscher, F. (2017a). Künstliche Intelligenz: Sprachsteuerung: Zukunft im E-Commerce? Verständnisprobleme. iX 6/2017. https://www.heise.de/ix/heft/Verstaendnisprobleme-3716791.html?view=&artikelseite. Zugegriffen: 12. September 2018.

Puscher, F. (2017b). CRM, Bots und künstliche Intelligenz. Automatische Kundenversteher. iX 10/2017. https://www.heise.de/select/ix/2017/10/1507327844646196. Zugegriffen: 10. September 2018.

Puscher, F. (2018). Gut zugehört. Wie Sprache das Dialog-Interface verändert. iX 6/2018. https://www.heise.de/select/ix/2018/6/1527823054049015. Zugegriffen: 11. September 2018.

PwC (2018). Prepare for the voice revolution. An in-depth look at consumer adoption and usage of voice assistants, and how companies can earn their trust—and their business, Studie von PricewaterhouseCoopers, 2018. Zugegriffen: 26. September 2018.

Rauschnabel, P. A., Kammerlander, N., & Ivens, B. S. (2016). Collaborative Brand Attacks in Social Media: Exploring the Antecedents, Characteristics, and Consequences of a New Form of Brand Crises. *Journal of Marketing Theory and Practice* 24(4), S. 381–410.

Reeves, B., & Nass, C. I. (1996). *The media equation. How people treat computers, television and new media like real people and places*. Stanford: CSLI Publications, u. a.

Reichelt, P. (2017). *Einführung in den Roboterjournalismus. Bedrohung oder Chance*. Baden-Baden: Tectum.

Reuter, M. (2016). Fake-News, Bots und Sockenpuppen – eine Begriffsklärung. Kultur. Netzpolitik. https://netzpolitik.org/2016/fakenews-social-bots-sockenpuppen-begriffsklaerung/. Zugegriffen: 13. September 2018.

Russ-Mohl, S. (2017). *Die informierte Gesellschaft und ihre Feinde. Warum die Digitalisierung unsere Demokratie gefährdet*. Köln: Herbert von Halem.

Saenz, A. (2010). Cleverbot Chat Engine Is Learning From The Internet To Talk Like A Human. Singularity Hub. https://singularityhub.com/2010/01/13/cleverbot-chat-engine-is-learning-from-the-internet-to-talk-like-a-human/. Zugegriffen: 25. Februar 2018.

Schleicher, A. (1868). Eine Fabel in indogermanischer Ursprache, In Beiträge zur vergleichenden Sprachforschung auf dem Gebiet der arischen, celtischen und slawischen Sprachen, Berlin, S. 206–208.

Schmieder, J. (2010). Mann heiratet Computerfigur. Am Ende der Virtualität. Süddeutsche Zeitung. https://www.sueddeutsche.de/digital/mann-heiratet-computerfigur-am-ende-der-virtualitaet-1.145199. Zugegriffen: 26. Juli 2018.

Schodt, F. L. (1996). Otaku. In F. L. Schodt, *Dreamland Japan. Writings on Modern Manga* (S. 43–48). Berkeley: Stone Bridge Press.

Schwarz-Friesel, M. (2013). *Sprache und Emotion*. Tübingen, Basel: Francke.

Scott-Phillips, T. C. (2010). Evolutionary Psychology and the origins of Language. *Journal of Evolutionary Psychology* 8(4), S. 289–307.

Seibert, T. (2017). Aufwachsen mit dem Sprachassistenten. Alexa tyrannisiert Amerika. Tagesspiegel. https://m.tagesspiegel.de/medien/aufwachsen-mit-dem-sprachassistenten-alexa-tyrannisiert-amerika/19570640.html?utm_referrer. Zugegriffen: 13. September 2018.

Selke, S. (2009). Die Spur zum Menschen wird blasser. Individuum und Gesellschaft im Zeitalter der Postmedien. In Selke, S., & Dittler, U. (Hrsg.), *Postmediale Wirklichkeiten. Wie Zukunftsmedien die Gesellschaft verändern* (S. 13–46). Hannover: Heise.

Selke, S., & Dittler, U. (Hrsg.). (2009). *Postmediale Wirklichkeiten. Wie Zukunftsmedien die Gesellschaft verändern*. Hannover: Heise.

Seyfert, R., & Roberge, J. (Hrsg.). (2017). *Algorithmuskulturen. Über die rechnerische Konstruktion der Wirklichkeit*. Bielefeld: transcript.

Shannon, C. E., & Weaver, W. (1963). *The Mathematical Theory of Communication*. Urbana: The University of Illinois Press.

Shevat, A. (2017). *Designing Bots. Creating Conversational Experiences*. Sebastopol: O'Reilly Media.

Shlain, L. (1998). *The Alphabet versus the Goddess. The Conflict between Word and Image*. New York: Viking, Penguin.

Shum, H.-Y., He, X.-D., & Li, D. (2018). From Eliza to XiaoIce. Challenges and Opportunities with Social Chatbots. *Frontiers of Information Technology & Electronic Engineering* 19(1), S. 10–26.

Sieber, A. (2018). Auf der Überholspur – Das Auto des 21. Jahrhunderts ist ein Medium. Gespräch mit Dr. Michael Schmidtke, Director Digital Communications, Bosch. Advisor Blog. http://sieber-advisors.de/autonomes-fahren/. Zugegriffen: 10. September 2018.

Sieber, A., & Hoewner, J. (2017). Kollege Roboter, übernehmen Sie! Trends in der digitalen Transformation der PR. Sieber Senior Advisors. Cognitive-PR White Paper. https://sieber-advisors.de/download-center/. Zugegriffen: 12. September 2018.

Siekmann, J. H. (1994). Künstliche Intelligenz. In S. Krämer (Hrsg.), *Geist – Gehirn – künstliche Intelligenz. Zeitgenössische Modelle des Denkens. Ringvorlesung an der Freien Universität Berlin* (S. 203–222). Berlin: de Gruyter.

SoftBank Robotics (2018). Who is Pepper? Robots. https://www.softbankrobotics.com/emea/en/robots/pepper. Zugegriffen: 31. Mai 2018.

Spitzer, M. (2012). *Digitale Demenz. Wie wir uns und unsere Kinder um den Verstand bringen*. München: Droemer.

Spitzer, M. (2015). *Cyberkrank. Wie das digitale Leben unsere Gesundheit ruiniert.* München: Droemer.
Stavelin, E. (2013). *Computational Journalism. When Journalism Meets Programming.* Bergen: The University of Bergen.
Stemmler, G., Hagemann, D., Amelang, M., & Spinath, F. M. (2016). *Differentielle Psychologie und Persönlichkeitsforschung.* Stuttgart: Kohlhammer.
Steunebrink, B. R., Dastani, M. M., & Meyer, J.-J. Ch. (2009). The OCC Model Revisited. In D. Reichardt (Hrsg.), *Proceedings of the 4th Workshop on Emotion and Computing – Current Research and Future Impact* (S. 34–41). Paderborn.
Stöcker, C. (2016b). Chatbots. Warum Facebook will, dass Sie mit Robotern reden. Spiegel Online. http://www.spiegel.de/netzwelt/apps/facebook-f8-chatbots-als-interface-der-zukunft-a-1086765.html. Zugegriffen: 13. September 2018.
Suchman, L. A. (1987). *Plans and situated actions. The problem of human-machine communication.* Cambridge, u. a.: Cambridge University Press.
Sutskever, I., Vinyals, O., & Le, Q. V. (2014). Sequence to sequence learning with neural networks. *Advances in Neural Information Processing Systems* 27, S. 3104–3112.
Suzuki, Y., & Suzuki, R. (2014). *Tactile Score. A Knowledge Media for Tactile Sense.* New York: Springer.
Taboada, M., da Cunha, I., Maziero, E. G., Cardoso, P., Antonio, J. D., & Iruskieta, M. (2017): *Proceedings of the 6th Workshop on Recent Advances in RST and Related Formalisms.* Association for Computational Linguistics.
Tangermann, M. (2010). Eine Übersicht gängiger Brain-Computer-Interface-Paradigmen für Elektroenzephalogramm- und Magnetenzephalogramm-Messungen. In K.-H. Pantke (Hrsg.), *Mensch und Maschine. Wie Brain-Computer-Interfaces und andere Innovationen gelähmten Menschen kommunizieren helfen* (S. 21–38). Frankfurt am Main: Mabuse.
Tereick, J. (2009). Sprachkritik und Sprachmagie. Eine Kategorisierung von Formen der Sprachkritik vor dem Hintergrund des Streits zwischen Sprachkritikern und Sprachwissenschaftlern. In E. Felder (Hrsg.), *Sprache. Überblicksdarstellung über aktuelle linguistische Forschungsrichtungen* (S. 363–403). Berlin, Heidelberg: Springer.
Treml, F. (2018). Selenium for Chatbots—Introducing Botium. Chatbots Magazin. https://chatbotsmagazine.com/selenium-for-chatbots-introducing-botium-1f1f0b3d4164. Zugegriffen: 11. September 2018.
Turing, A. M. (1950a). Computing Machinery and Intelligence. *Mind* 59(236), S. 433–460.
Turing, A. M. (1950b). Kann eine Maschine denken? In W. C. Zimmerli & S. Wolf (Hrsg.), *Künstliche Intelligenz. Philosophische Probleme* (S. 39–78). Stuttgart: Reclam.
Turkle, S. (1984). *The Second Self. Computers and the Human Spirit.* Cambridge: MIT Press.
Turkle, S. (1995). *Life on screen. Identity in the age of the Internet.* New York: Simon & Schuster.
Turkle, S. (Hrsg.). (2007a). *Evocative objects. Things we think with.* Cambridge, London: MIT Press.
Turkle, S. (Hrsg.). (2007b). *The Inner History of Devices.* Cambridge, London: MIT Press.
Turkle, S. (2015). *Reclaiming Conversation. The Power of Talk in a Digital Age.* New York: Penguin Books.

Turner, R., Sripada, S., Reiter, E., & Davy, I. P. (2006). Generating spatio-temporal descriptions in pollen forecasts. *Proceedings of the Eleventh Conference of the European Chapter of the Association for Computational Linguistics (EACL 2006)*, S. 163–166.
Unbekannt (1974). Produkte: Der sprechende Kühlschrank. Spiegel Archiv. http://www.spiegel.de/spiegel/print/d-41726631.html. Zugegriffen: 10. September 2018.
Unbekannt (2017). Conversational A.I. for the Enterprise. Smartpaper. IBM Corporation. https://www.ibm.com/watson/conversational-ai/conversation-team.html. Zugegriffen: 13. September 2018.
Unbekannt (2018). Intent vs Flow Based Chatbot Communication. Newgenapps Blog. https://www.newgenapps.com/blog/intent-vs-flow-based-chatbot-communication. Zugegriffen: 11. September 2018.
Vanhemert, K. (2014). Why Her Will Dominate UI Design Even More Than Minority Report. Wired. https://www.wired.com/2014/01/will-influential-ui-design-minority-report/. Zugegriffen: 05. September 2018.
Varol, O., Ferrara, E., Davis, C. A., Menczer, F., & Flammini, A. (2017). Online Human-Bot Interactions: Detection, Estimation, and Characterization. ArXiv. https://arxiv.org/pdf/1703.03107. Zugegriffen: 13. März 2018.
Virilio, P. (1997). *Krieg und Fernsehen*. Frankfurt am Main: Fischer Taschenbuch.
Wachsmuth, I., & Knoblich, G. (Hrsg.). (2008). *Modelling Communication with Robots and Virtual Humans. Second ZiF Research Group International Workshop on Embodied Communication in Humans and Machines Bielefeld, Germany, April 2006, Revised Selected Papers*. Berlin, Heidelberg: Springer.
Wahlster, W., & Müller, C. (2013). Multimodale Dialogsysteme für Interaktive Anwendungen im Fahrzeug. Multimodal Dialog Systems for Interactive In-Car Applications. *at – Automatisierungstechnik* 61(11), S. 777–783.
Watzlawick, P., Beavin, J. H., & Jackson, D. D. (2011). *Menschliche Kommunikation. Formen, Störungen, Paradoxien*. Bern: Huber.
Weaver, J. F. (2017). What Exactly Does It Mean to Give a Robot Citizenship? Slate. http://www.slate.com/articles/technology/future_tense/2017/11/what_rights_does_a_robot_get_with_citizenship.html?via=gdpr-consent. Zugegriffen: 20. Februar 2018.
Weizenbaum, J. (1966). ELIZA – A Computer Program for the Study of Natural Language Communication between Man and Machine. *Communications of the ACM* 9(1), S. 36–45.
Werner, K. (2017). Diese Frau bringt Computern Witze bei. Süddeutsche Zeitung. https://www.sueddeutsche.de/digital/microsoft-diese-frau-bringt-cortana-witze-bei-1.3688822. Zugegriffen: 11. September 2018.
Wilcox, B., & Wilcox, S. (2013). Making it real: Loebner-winning chatbot design. *Arbor* 189(764). https://doi.org/10.3989/arbor.2013.764n6009.
Wildt, B. t. (2015). *Digital Junkies. Internetabhängigkeit und ihre Folgen für uns und unsere Kinder*. München: Droemer.
Woolley, S. C. (2016). Automating power: Social bot interference in global politics. First Monday. http://firstmonday.org/article/view/6161/5300. Zugegriffen: 10. September 2018.
Yates, C. J., Immergut, M., & Graves, J. (2015). *Handbuch Meditation. The Mind Illuminated*. München: Arkana.

Zhou, H., Huang, M., Zhang, T., Zhu, X., & Liu, B. (2017). Emotional Chatting Machine: Emotional Conversation Generation with Internal and External Memory. ArXiv. https://arxiv.org/pdf/1704.01074. Zugegriffen: 05. September 2018.

Zimmermann, A. (2017). Künstliche Intelligenz wird emotional. Computerwoche. https://www.computerwoche.de/a/kuenstliche-intelligenz-wird-emotional,3331257. Zugegriffen: 05. September 2018.

Zydorek, C. (2009). Postmediale Wirklichkeit und Medienmanagement. In S. Selke & U. Dittler (Hrsg.), *Postmediale Wirklichkeiten – Wie Zukunftsmedien die Gesellschaft verändern* (S. 67–92). Hannover: Heise.

Videos

AI-Day (2018). Greg Cross and Dr. Mark Sagar presented the closing Keynote at AI-DAY, New Zealand's Premier Artificial Intelligence Event at the ASB Waterfront Theatre on March 28th, 2018. https://youtu.be/XLWnnQx5Wgg. Zugegriffen: 08. Juli 2018.

CNBC (2017). Interview With The Lifelike Hot Robot Named Sophia (Full). https://www.youtube.com/watch?v=S5t6K9iwcdw. Zugegriffen: 22. März 2018.

MSNBC (2017) Google CEO Sundar Pichai on A.I. being more important technology than electricity. https://www.msnbc.com/msnbc/watch/google-ceo-sundar-pichai-on-a-i-being-more-important-technology-than-electricity-1141130819762. Zugegriffen: 18. Juli 2018.

Goldman, E. (2017) Before Siri and Alexa, there was ELIZA. TOA.life. https://youtu.be/RMK9AphfLco. Zugegriffen: 26. Juli 2018.

Audio

Gayno, T. (2017) Designing Interfaces for Today and Tomorrow's Devices. https://soundcloud.com/techopenair/designing-interfaces-for-today-and-tomorrows-devices-thomas-gayno-product-lead-spotify. Zugegriffen: 16. März 2018.

The manufacturer's authorised representative in the EU is Springer Nature Customer Service Centre GmbH, Europaplatz 3, 69115 Heidelberg, Germany. If you have any concerns regarding our products, please contact ProductSafety@springernature.com

Printed and bound by CPI Group (UK) Ltd, Croydon, CR0 4YY

23/03/2026

02076666-0008